基于机器视觉的
汽车底盘 PVC 涂胶检测技术

赵时璐　著

北　京
冶金工业出版社
2021

内 容 提 要

本书系统介绍了车身底盘 PVC 涂胶的机器视觉检测技术，通过设计硬件结构与软件，有效控制了 PVC 涂胶的边界范围，改善了 PVC 涂胶的喷涂效果，稳定了车身底盘的扇面喷涂区域，消除了影响下序安装零件的质量风险。

全书共 9 章，分别介绍了 PVC 涂胶机器视觉检测技术、PVC 涂胶喷涂技术、检测系统硬件结构、检测系统软件程序及生产通信系统的原理、特点及展望。

本书可供汽车涂装质量控制领域的研究人员阅读，也可供材料检测专业的本科生和研究生参考。

图书在版编目(CIP)数据

基于机器视觉的汽车底盘 PVC 涂胶检测技术/赵时璐
著 . —北京：冶金工业出版社，2021.7
ISBN 978-7-5024-8877-2

I.①基… Ⅱ.①赵… Ⅲ.①汽车—底盘—聚氯乙烯
糊树脂—检测 Ⅳ.①U472.41

中国版本图书馆 CIP 数据核字(2021)第 153128 号

出 版 人　苏长永
地　　址　北京市东城区嵩祝院北巷 39 号　邮编　100009　电话　(010)64027926
网　　址　www.cnmip.com.cn　电子信箱　yjcbs@cnmip.com.cn
责任编辑　杨盈园　美术编辑　彭子赫　版式设计　郑小利
责任校对　王永欣　责任印制　李玉山
ISBN 978-7-5024-8877-2
冶金工业出版社出版发行；各地新华书店经销；三河市双峰印刷装订有限公司印刷
2021 年 7 月第 1 版，2021 年 7 月第 1 次印刷
710mm×1000mm　1/16；15.75 印张；306 千字；241 页
96.00 元

冶金工业出版社　投稿电话　(010)64027932　投稿信箱　tougao@cnmip.com.cn
冶金工业出版社营销中心　电话　(010)64044283　传真　(010)64027893
冶金工业出版社天猫旗舰店　yjgycbs.tmall.com
(本书如有印装质量问题，本社营销中心负责退换)

前　言

　　车辆的安全稳定性、驾驶舒适性、行驶加速性是车辆使用性能的重要指标，也是人们选择车型的基本标准。但是，车辆在快速行驶的过程中，道路凹凸不平致使车辆底部不断与外界产生碰撞，易破坏汽车底盘表面防腐层，使其失去防腐性能。因此，为了有效增加车辆的安全性能及使用寿命，在车身底盘增喷 0.5~1cm 厚度的 PVC 涂胶，可以增强车身底盘间的密封性。在工业现代化生产条件下，传统的 PVC涂胶因其工作效率较低，易受操作人员状态等影响，存在诸多不规范因素，远远不能满足现代工业生产对汽车底盘使用性能、检测标准的要求。为了快速实现工业自动化的检测，使用机器视觉与人工智能检测方法，能够大幅度提高企业的生产效率，并有效规范汽车行业的生产标准。

　　本书系统介绍了车身底盘 PVC 涂胶的机器视觉检测技术，针对系统待检测的需求进行了分析，并根据所需设计了软件及硬件结构。通过检测结果有效地控制了 PVC 涂胶的边界范围，从而改善了 PVC 涂胶的喷涂效果，稳定了车身底盘的扇面喷涂区域，消除了对下序总装车间安装零件干涉的质量风险。首先，在系统需求的基础上研究设计出了系统的总流程，根据设计出的总流程对检测位置的需求进行了研究，并在此基础上完成软件系统和硬件系统的模拟研究。其次，对于采集图像系统部分进行了分析，根据机器视觉检验类型及检测精度要求，确定 500 万像素的 CCD 作为采集图像的检测相机，选用 16mm 焦距镜头进行测试，相机及镜头确认后设计照明方式，通过调节光亮度对所需光源进行了设定，以检测点图像清晰度确定出光源照射亮度范围为120~204 灰度级，并设定 120 灰度级进行系统采集光亮度。再次，对系统的检测流程进行了分析，设计了基于组态并行的相关算法流程，并对图像的处理流程进行了系统研究，设计图像为 30%预处理、图像二值化阈值为 50，进行了图像分割、消除两两重复节点及结果输出等算法，并使系统自行学习优化，通过不断补充样本数量，将检测算法作为整体插件安装于检测软件中，为新出现的检测区域作预备。最后，对车身底盘 PVC 涂胶进行机器视觉检测。在无干预的测试环境下，系统每天可长达 16h 进行检测，验证了机器视觉检测系统的可实施性及安全稳定性，系统同时存储了数据结果图像以便后期进行数据查询。

本书的完成得益于沈阳大学表面改性技术与材料研究所的研究生何新宇、王爽、刘爽、任双超、赵天宇的有益讨论和大力支持。本书还参考了国内外相关文献，均列于书后，在此向文献的作者致以深切的谢意。

由于作者水平有限，本书难免存在疏漏之处，敬请读者批评指正。

作 者
2021 年 3 月于沈阳大学

目　　录

1 绪　　论

1.1　技术研究概述

本书结合了数字图像处理技术与人工智能技术，采用 CCD 摄像机进行图像采集、数据传输及图像处理，并通过硬件系统和软件系统的搭建，最终实现车辆底盘 PVC 涂胶喷涂点的智能检测技术。研究内容主要从系统的硬件搭设、系统的图像采集、系统的软件程序搭设、视觉系统与生产系统通信构建及质量反馈系统组建等几方面展开，具体如下：

（1）对于车身底盘表面的视觉缺陷进行总体分析，明确出搭建机器视觉检测系统的目的，分析出机器视觉检测系统的特点，构建出机器视觉检测系统的整体模型，设计出机器视觉系统硬件框架。

（2）对检测环境进行分析研究，明确出检测识别位置，确定出相机、镜头以及光源的类型特点，设计出合理的车身底盘图像采集系统，研发出系统整体流程及软件系统，提出基于组态情况下易于并行的机器视觉检测机制。

（3）最终可实现两种 PVC 涂胶使用性能的检测点位：一是车身胶堵有无检测；二是车身底盘 PVC 涂胶未喷涂部位检测。

1.2　章节安排

本书通过查阅大量相关资料，针对人工智能与机器视觉检测技术的背景及意义进行了详尽的阐述，并对机器视觉检测系统进行了整体设计，包含相机、镜头、光源等硬件系统选型以及软硬件系统的整体搭建，同时对于车辆底盘 PVC 涂胶喷涂分布的图像处理算法进行了系统设计，并在实际应用中进行了测试且验证成功。本书主要分为以下七大部分：

（1）绪论。这一部分主要对人工智能、机器视觉以及 PVC 检测技术的背景以及研究意义进行了阐述，并对本书的主要研究工作进行了总体概述。详见第 1 章。

（2）理论知识概述。这一部分主要对机器视觉技术、PVC 涂胶喷涂技术及 PVC 涂胶关键技术参数进行了详细论述。详见第 2~4 章。

（3）PVC 涂胶底盘机器视觉检测系统框架。这一部分主要对机器视觉检测系统进行了介绍，提出了能实现检测车辆底盘 PVC 涂胶喷涂质量的设计，并给出了系统的实际操作原理、工作流程及其组成部分。详见第 5 章。

（4）系统硬件程序的组装研究。这一部分主要介绍了机器视觉系统的检测相机、镜头、光源等部件的选型及方法，以及硬件采集图像的模块接口原理等。详见第 6 章。

（5）系统软件程序的搭建研究。这一部分主要对机器视觉检测系统进行了总体构建，针对系统核心算法进行了设计，以及对机器视觉检测系统中软件进行了构建等。详见第 7 章。

（6）机器视觉技术生产检测。这一部分详细讨论与研究了视觉系统与生产系统通信及其质量反馈系统。详见第 8 章。

（7）结论与工作展望。本书对机器视觉检测系统进行了整体分析，同时对该系统的发展方向进行了工作展望。详见第 9 章。

2 机器视觉技术

2.1 研究背景与应用

随着人工智能技术的快速发展，大量的智能化生活产品进入到我们的生活中，小到智能扫地机器人、智能门锁、智能开关、智能遥控等家用产品，大到智能车辆、智能环境、智能健康等智能化产品。在结构化环境下，不同的智能化机器视觉系统可以对不同的工业产品进行检测，但是由于检测产品的工作环境不同，例如光照射强度、物体间遮挡、检测物件变换等不同因素，这为检测系统制造了诸多难题与挑战。一项完整的基于机器视觉的检测系统一直是人工智能、图像处理、自动化监控等领域关注的热点，其可进行试样表面缺陷检测、试样安装位置检测、芯片焊接尺寸检测等诸多精确技术检测。

机器视觉检测系统是一个非常复杂的人工智能化产品之一，需与多方智能化算法相关联，例如：HOG分类器分类、迭代法阈值设置、图像特征点提取、BP神经网络设置等。其通过复杂的算法系统联系后，产生多样化智能产品，如：人脸识别系统、车标牌识别系统、检测芯片识别系统、手机金属边缺陷识别系统等。该检测系统的样本识别难度明显比人工肉眼检测方式的难度增大。由于产品样本的指定特征通常无法确定，因此需要每一套机器视觉检测系统具有自学习功能，通过不断补充检测样本，使机器视觉系统能针对检测部位与未检测部位，具有显著的区分识别能力。

在工业化产业中，机器视觉产品的应用领域主要有三种：产品测量、视觉引导及视觉检测。

(1) 机器视觉的产品测量主要针对精确度要求较高的一些零部件，这些零部件的精确度基本达到毫米，微米甚至纳米级别，例如芯片焊接质量检测。人眼根本无法达到的精确度测量，需要借助智能产品对该零部件进行检测，以确保零部件间连接尺寸的精确度。

(2) 机器视觉的视觉引导主要对设备起引导作用，基于机器视觉能使设备进行更快更准的定位操作，例如机器人车身底部涂胶，通过机器视觉系统进行定位孔定位后喷涂，以确保流水线中每次喷涂产品的效果一致性。

(3) 机器视觉的视觉检测主要是针对流水线生产的产品使用性能进行检测，可以对产品的外表美观度、产品样本缺陷、产品样本性能等进行系统检测。如今，国内外对于车身底部 PVC 喷涂胶的检测基本实现了使用机器视觉检测系统。机器视觉检测系统的统一性是很难人工完成，并且这一系统还可替代人工在较危险的区域进行，在大批量生产中最大化地减少了人工的使用，提高了产品的生产率和生产质量，并节省了大量的成本浪费。

2.2　国内外研究现状

自从 Alpha Go 在围棋大赛击败了全国冠军围棋天才柯洁后，人工智能也成为了人们讨论的热点话题，诸多产业都想给自己的产品贴上 AI 的标签。谷歌前总裁李开复表示，基于当前科技的发展速度及趋势，合理推测在 15 年内人工智能产品及自动化产品将取代国内 40%~50% 的工作岗位。这些岗位主要集中在重复性工作、固定式内容对话、简单的数据分类等，而智能化机器视觉系统将替代人工检测岗位，并大幅度提高生产质量及效率，促进智能化产业的发展。

机器视觉技术是在 20 世纪 60 年代中期由美国学者 L. R 罗伯兹开始研究的。他通过运用图像预处理、边缘检测、轮廓线构成、对象建模等技术理解多面体积木世界，从而发现了机器视觉技术。20 世纪 70 年代，机器视觉技术已经出现了应用系统，随着计算机技术的成熟及摄像技术的进步，也使得机器视觉技术的应用领域不断增加，其涵盖了工业、农业、医疗、航空航天等国民经济的各个领域。在机器视觉的发展过程中，也产生了二维图像提取三维信息、视觉系统知识库等研究分支。

国外对机器视觉的研究早于国内，技术也相对成熟。虽然国内对机器视觉理论的研究相对较晚，但目前我国在视觉自动化领域得到了前所未有的发展。国内高校的大量科研人员对机器视觉领域也产生了浓厚的兴趣，并成立了课题小组专门研究机器视觉相关理论，许多机器视觉产品也被国内外知名自动化公司应用并推广。随着我国机器视觉技术的不断进步，2010 年我国机器视觉市场呈爆发式增长，市场规模达到 8.3 亿元，同比增长 48.2%。2011 年，中国机器视觉市场步入后增长调整期，虽增长率较 2010 年有所下降，但仍保持着很高的增长水平。

机器视觉系统的快速发展更归功于大规模集成电路技术，集成电路与机器视觉计算机软件，尤其是图像处理分析及多媒体技术，使机器视觉系统不仅在理论上有了很大的提高，同时在实际应用中也得到了极大的推广。

2.3　机器视觉技术特点

机器视觉检测技术是一种人工智能技术，其主要原理是模拟人的眼睛进行测量和判断。该技术具有检测效率高、自动化水平高、精准度高以及存储数据实时性高等检测特点，所以已广泛应用于生产制造的各个领域。

机器视觉技术的特点包括：

（1）机器视觉检测系统主要针对精确度要求较高的工业产品，这些产品精确度基本达到毫米、微米甚至纳米等更小的数级。例如，应用在航空航天领域的芯片尺寸，其是人眼无法检测到的精度，需要借助人工智能产品对该样品进行检测，以确保该芯片尺寸的精度。

（2）机器视觉检测系统对设备起引导作用，机器视觉系统可以使设备进行定位操作。例如，通过机器视觉系统对定位孔定位喷涂，确保生产线上每次喷涂产品样本的效果一致。

（3）机器视觉检测系统主要针对生产线上产品样本的使用性能进行检测。例如样本缺陷、样本缺陷类型等。

（4）机器视觉检测系统具有统一性，其是人工很难完成的，并且这一系统还可以替代人们在危险环境中进行工作。

（5）机器视觉检测系统具有易于数据信息集成与信息反馈的特点，并能够快速建立信息库，为计算机集成应用提供技术支持。在工业生产领域中，该检测方法可以实现高效率生产，加强自动化生产程度，改善计算机集成制造技术等。

2.4　机器视觉工作原理

机器视觉检测系统是一个在工业生产上可替代人眼工作的光学设置，与传感器联合对客观事物进行三维感知的检测工具。该系统通过获取图像，利用专门的软件模拟人眼及大脑的功能对检测事物进行识别、检测和判断。传统的机器视觉系统开发的结构相对复杂，存储容量大，对计算机的硬件要求也非常高，正是由于这些硬件的支持，使机器视觉的检测性能达到了高速度、高精确度的标准，并实现了对复杂机械设备的检测。而嵌入式机器视觉系统相对于传统机器视觉系统来说，其具有容易安装、容易操作、容易维护等优势，并在很大程度上节省了系统开发时间，提高了检测速度。

常见的机器视觉检测系统一般包含图像采集系统、数据处理系统、数据存储系统等部分。

（1）图像采集系统一般包括硬件的选择及安装，即确认相机并选择适用像素、镜头焦距及光源设计照射方案等，其为下一步图像处理做准备工作。

（2）数据处理系统一般是针对采集的数据进行图像预处理，去除数据中的噪声和滤波，增强图像对比度等，为图像进行二值化阈值分割做准备工作。

（3）图像二值化阈值分割法是用迭代法处理图像，提取出的特征图像应具有一致性。通常提取出的特征包括形状特征、颜色特征和轮廓特征等，通过特征区分别处理图像中的最佳阈值。

机器视觉系统的具体工作原理如图 2-1 所示。

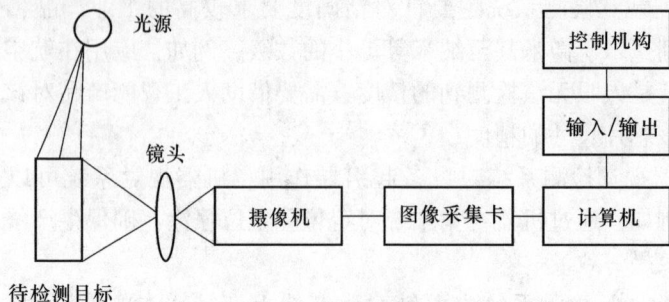

图 2-1　机器视觉系统的工作原理图

2.5　本章小结

机器视觉检测系统是一个非常复杂的人工智能化产品之一，其是一个在工业生产上可替代人眼工作的光学设置，与传感器联合对客观事物进行三维感知的检测工具。该系统通过获取的图像，利用专门的软件模拟人眼及大脑的功能对检测事物进行识别、检测和判断。该技术具有检测效率高、自动化水平高、精准度高以及存储数据实时性高等检测特点。在工业化产业中，机器视觉产品的应用领域主要有三种：产品测量、视觉引导及视觉检测。

3 PVC 涂胶喷涂技术

3.1 研究背景与现状

PVC 材料是在引发剂的作用下通过聚合反应而生成的聚合型热塑性树脂。早在 19 世纪 30 年代被发现于美国，并发现聚氯乙烯于日光照射下会由白色粉末状态生成白色固体。20 世纪初期，俄国 Ivan Ostromislensky 和德国 Fritz Klatte 两人同时尝试进行商业运用，但是如何加工成为了当时的难题。PVC 材料在 20 世纪 30 年代初开始实现工业化生产，并在很长一段时间内占据了世界塑料使用量第一名。直到 20 世纪 60 年代开始，PVC 材料逐渐被乙烯所取代，虽然名列第二名，但是仍占据总塑料产量的 1/4 以上，产量仍然不可小觑。

中国虽然拥有全球最大的 PVC 生产基地，但受乙烯价格下跌的影响，PVC 整体销量大幅度下滑。但 PVC 外贸市场仍具有一定前景，多项数据显示 PVC 交易量较同期具有很大程度的回升。随着原材料价格的变化及国家政策的补贴，销售数据正在逐步回升，可以看出国家宏观经济发展趋势越好，PVC 材料产品的需求就越大。

聚氯乙烯用途广泛，年消耗量巨大但仍能源源不断地供应，主要原因是石灰石和盐是制作聚氯乙烯的原材料，原材料价格低廉且产量极高，售价低，不容易受到其他因素的影响。PVC 可以制作成各种形态的制品，比如质地坚硬、半硬、发泡以及软制品等。涂料、人造革、腻子等制品也可以由它制造而来。氯原子存在于聚氯乙烯树脂分子中，使得聚氯乙烯的阻燃性和抗老化性优良，也比较容易染色以及具有良好的外观性。

3.2 PVC 涂胶特点

车辆的安全稳定性、驾驶舒适性、行驶快速性是车辆使用性能的重要指标，也是人们选择车型的基本要求。为了有效地增加车辆的安全性能及使用寿命，在车身底盘喷涂 0.5~1cm 厚度的 PVC 涂胶（Poly Vinyl Chloride），可以增强车身底盘的密封性与耐用性。

PVC 涂胶也称为"聚氯乙烯涂料"，是一种膏状胶体，具有黏稠性，固体成分可达 95% 以上，可挥发物小于 5%，具有强耐腐蚀性能，强密封性能及强耐磨损性能，因此在汽车生产领域中得到了广泛的使用。

在车身底盘中，常用的 PVC 涂胶分为两种：一种是焊缝间的密封胶条，另一种是扇面密封抗石击表层涂胶。两者成分相同，但是性能区别很大。焊缝间的 PVC 密封胶条具有很高的硬度，很大的抗拉强度及高的伸长率。而扇面密封抗石击表层涂胶则要求涂层表面黏度低，易于高压喷涂，便于进行高温烘烤胶化，并依附于车身表面，从而实现抗腐蚀、隔声、密封、防石击、抗震及保护车体等优良性能，如图 3-1 所示。

图 3-1 PVC 表层涂胶

3.3 PVC 涂胶分类

在汽车涂装工艺生产中，PVC 涂胶应用极其广泛，主要有焊缝密封胶、抗石击涂料和指压密封胶。它们均是以聚氯乙烯为基体，并通过高压涂装设备进行喷涂而成。

（1）焊缝密封胶。焊接完成后的车身焊缝处的涂胶称作焊缝密封胶，车身的密封性和抗腐蚀性在很大程度上是由焊缝密封性决定，同时填补焊缝还可以增加车体的美感。焊缝密封胶需要有突出的触变性，当喷涂达到一定厚度时要保持棱角，表面张力大，加热后胶层有弹性，外观平滑完整，并与色漆涂层具有良好的兼容性。

焊缝密封胶带是具有一定形状的密封材料，采用预先成型的密封胶带可以简化施工步骤并加快生产进度，其外形规整并对环境友好，目前在汽车行业中具有很好的发展前景。

（2）防石击涂料。喷涂在汽车底盘上的聚氯乙烯称作防石击涂料，常被人们称作"底盘装甲"。该涂料可以缓冲行车过程中道路上杂物的冲击，提高底盘的耐腐蚀性，还能除声降噪，现已被各汽车厂商广泛应用。

（3）指压密封胶。指压密封胶实际上是一种密封腻子，可以用手涂抹并夯实，常用于涂抹较大的焊缝以及车身不平处的修补。手工操作要求具有无毒无味，使用时不粘手，与钢板附着性好，与面漆烘干过程中同步固化，烘干不流淌不缩小等特点。在涂装工序中，指压密封胶也是不可缺少的一个重要环节，其在客车、越野车、重型卡车等焊接需求较高的车型中应用较多。

3.4　PVC 喷涂工艺

随着现代科技化产业的高速发展，带动了诸多产业智能化及程序化的进步，车辆行业同样也是科技化下的产物。人们对车辆的需求不仅仅是满足于简单的代步，还需要具有更强的安全性、稳定性、舒适性及高速性等。车辆车身在生产过程中，为了使车身具有高效的防腐性能，车身涂装时需要进行电泳操作。但是在实际行驶过程中，路面的凹凸不平导致沙石与汽车底盘撞击，其对车身损害性极大。因此，车身在进行电泳烘干之后，必须对车身底部进行 PVC 喷涂。PVC 材料对于光和热的抗稳定性较差，PVC 材料在光和热的条件下分解并产生氯化氢，随后继续分解变色，致使 PVC 材料的综合性能下降，因此最终需在喷涂位置进行检测，确定无误后对胶雾进行烘干处理。

传统的车身底部喷涂 PVC 涂胶采用手喷方式，手喷枪嘴对车身底部扇面及胶条进行喷涂，可以提高车身的整体舒适性及车缝间的密封性。但是，由于人工方式喷涂不能保证每次喷涂同一位置的一致性，且易产生胶雾堆积、密封不严等缺陷。为了统一产品样本的标准化并提高生产效率，采用机器人进行 PVC 喷涂是大幅提高车身底部使用性能的首选，具体如图 3-2 所示。

3.4.1　细密封工艺

3.4.1.1　胶枪分类

利用胶枪将焊缝密封胶覆盖在车身焊缝处时，由于车身内部结构复杂，不同车型焊缝位置及形状均不尽相同。因此可以采用多种尺寸、多种形状的胶枪，目前使用的枪嘴有圆枪嘴、扁枪嘴、卡位扁枪嘴、七字形钩枪嘴等。

其中，卡位枪嘴连接着定位杆，定位杆起定位作用。枪嘴会在其约束下沿着焊缝运行，不会偏离焊缝。卡位扁枪的特点是涂胶均匀，覆盖焊缝的宽度更宽、外观更具有美感，其操作简单，对工人技术水平要求不高，适用于大盖、后盖，以及车门的喷涂作业。

另外，七字形钩枪喷涂的部位都比较狭窄，工艺难度较高，主要用于车门铰

图 3-2 PVC 涂胶喷涂方式

链的涂胶作业，普通枪嘴则很难进入这些部位。使用七字形喷枪喷涂可以一次成型，胶条连续不间断，宽度厚度适中，整车的美感及质量也随之提高。

3.4.1.2 输胶系统

在涂胶输送过程中，输胶系统主要由气动泵、过滤器、连接输胶主管道、输胶减压阀、使用胶管和胶枪连接等部分组成。气动泵结构简单，可以稳定输出压力、维护简单；过滤器需要过滤胶体中的颗粒杂质等，避免出现凹凸不平的外观；输胶减压阀装有稳压装置，可以控制涂胶量，让胶条稳定连续地输出，提高胶条的美感，开枪和收枪时造成的堆胶也能有效地避免，减少工人的操作步骤，从而提升生产效率。

3.4.1.3 细密封工位

细密封工艺主要负责的工位有：撑具工位、铰链工位、机器人工位、车内及尾灯工位、后盖工位、前盖工位、刷后备箱工位、刷发动机舱工位、流水槽工位、胶板工位、尾灯工位、四门工位、侧围工位及检查工位等。

（1）撑具工位：主要将先前处理出来的电泳车的浸式撑具换成喷式撑具，并将前后盖打开，方便细密封机器人喷涂，并安装四门气撑夹具，以方便后续工位开关门作业。

（2）铰链工位：对涂装四门铰链进行涂胶密封，并安装部分堵件及后备箱胶板。

（3）机器人工位：主要对四轮、发动机舱、尾灯及灯罩进行焊缝的密封喷涂。

（4）车内及尾灯工位：主要对车内及尾灯机器人未喷涂处进行焊缝密封的喷涂。

（5）后盖工位：主要对后盖及后备箱两侧焊缝进行涂胶密封。

（6）前盖工位：主要对前盖四周进行涂胶密封。

（7）刷后备箱工位：对前工序进行完善，将打过胶的部位刮平保证覆盖率，还需要把后备箱盖焊缝修缮，增加车身美观程度。

（8）刷发动机舱工位：主要修补胶条连接处的不美观区域，对喷涂没有涉及的区域进行修补。

（9）流水槽工位：主要对车顶流水槽位置进行涂胶，并将涂胶后两侧区域进行修补覆盖。此工位用胶性能比较特殊，外观成深黄色，覆盖流水槽部分焊缝比较隐蔽。因此，此处的涂胶需要有覆盖隐蔽焊缝的能力，涂胶在保证黏度的同时还应具有较好的流动性与渗透性。

（10）胶板工位：铺车胶板主要作用是降低噪声，其可以提高整车品质，改善汽车驾驶环境。

（11）尾灯工位：主要对前序细密封机器人和人工喷涂的尾灯及灯罩区域胶的衔接处进行完善以保证密封性，此工位重要性高，车辆防水。

（12）四门工位：此工位涂胶位置较为明显，需要对四门门边的焊缝涂胶，对门边胶衔接处进行修缮，并要求胶条完整平滑。

（13）侧围工位：主要对车边的车位裙边进行涂胶，以保证密封。

（14）检查工位：对之前所有位置的涂胶状况进行总检。尽管流程控制得很严格，但是总会有疏忽，必须在质量控制方面严格把关，全面提高质量。

3.4.2　底盘喷涂工艺

3.4.2.1　底盘喷涂 PVC 工艺

底盘喷涂 PVC 工艺又称为 UBC 工艺，其利用涂装机器人将聚氯乙烯均匀地喷涂在车底和轮罩部位。枪嘴保持适当的距离，喷涂速度要匀速。不可以出现流胶、漏喷和堆积，也不能喷到车身内部以及外表面。胶膜要平整均匀并且达到一定厚度。生产线每隔一段时间都会抽检测评胶膜的厚度，做记录来保证涂胶质量。

3.4.2.2　工艺工位

底涂 UBS 工艺主要负责的工位有：上遮蔽堵件工位、刷前轮罩工位、底涂机器人喷涂工位、刷底盘工位、刷后轮罩工位、去遮蔽工位及擦车工位。

（1）上遮蔽堵件工位：主要负责安装永久性和一次性堵件及遮蔽，由于总装装配时需要工艺孔具有极高的洁净度，为了防止涂胶过程中残胶进入工艺孔，因此必须安装一次性遮蔽。

（2）刷前轮罩工位：修补轮罩未覆盖涂胶的部位、胶条衔接处应该刮平，以保证覆盖率。

（3）底涂机器人喷涂工位：对车底焊缝进行涂胶密封以及利用扇面对底盘和轮罩进行涂胶覆盖。底涂机器人枪嘴分为喷涂胶条和扇面两种枪嘴，两种枪嘴有两套供胶系统，而且使用的涂胶种类也不相同。

（4）刷底盘工位：刷补底涂机器人没有喷涂到的位置以及胶条连接区域，保证100%的涂胶覆盖率。

（5）刷后轮罩及去遮蔽工位：将后轮罩没有喷胶的位置进行补涂，以保证全面覆盖。去除一次性堵件和遮蔽后，PVC密封工作即完成。

3.4.3 PVC涂胶缺陷

3.4.3.1 涂胶空洞

当焊缝处涂胶量不足，没有完全覆盖住焊缝时，会影响车身的密封性、降噪性，甚至可能造成漏水、漏风等严重问题。产生的主要原因可能是工人涂胶时没有对准焊缝、涂胶位置不正确、焊缝间隙过大不符合国家标准等。因此应该检查焊缝的大小，改进工人的涂胶技术；枪嘴必须紧密贴合焊缝，匀速进行涂胶；倘若焊缝过大则应该增加涂胶量等，以有效避免涂胶空洞缺陷。

3.4.3.2 涂胶开裂

涂胶开裂的主要原因是烘烤时车身焊接应力释放使应力变大，从而引发胶条的车身黏结处开裂。

涂胶开裂主要原因如下：（1）密封胶烘烤时间太短，胶条固化不完全。当烘烤温度低，烘烤时间不充裕时，密封胶条的固化性能相对较差，力学性能表现也较差，涂胶在车身上不容易附着，密封胶条在受到较大应力的作用下容易产生开裂缺陷。（2）车身焊缝的影响。焊缝处钢板包裹性能较差，在温度的影响下，焊缝过大导致应力变大，当超过应力极限时将导致开裂。（3）涂胶效果。在保证外观的前提下，胶条要有一定的厚度，而且胶条应该将焊缝全部覆盖上。当胶条位置发生改变且厚度不足，其抗剪切能力不足，容易产生开裂现象。

3.4.3.3 胶条起泡

当涂料中混有空气，烘烤时胶条迅速升温，空气在排出的过程中就会产生胶泡。胶泡呈现凹凸不平的小突起，肉眼观察像颗粒一般，而在高倍显微镜下观察出的是气泡形貌。从外观上看，胶泡会导致表面不顺滑，美感变差。从性能上看，它会降低胶条的力学性能，胶条容易损坏、密封效果降低、附着力下降，容易造成脱落。

通常焊缝密封胶的标准固化条件为 140℃×30min。单位体积的空气在从常温 T_1 变化到固化温度 T_2 时，压强 p 的变化情况如下：

由 $pV = nRT$（其中，V 为气体体积，n 为物质的量，R 为理想气体常数，T 为绝对温度），得出 $p_2/p_1 = T_2/T_1 = (140 + 273.15)/(25 + 273.15) = 1.39$（其中，$p_1$ 是常温时压强，p_2 是 140℃时压强）。

可见，单位体积的空气从 25℃ 加热至 140℃ 时，其压强增加到原来的 1.39 倍。

产生胶泡问题的主要原因有：其一，密封胶原材料在制造过程中，未按照标准抽真空或者抽真空不彻底，残留的空气、水气藏在密封胶中；其二，密封胶泵气密性较差，胶和空气一起进入输胶管道；其三，过滤器和管道需要清洗，使用时并没有排尽空气；其四，换胶时未让胶体充满管道，排空气不彻底，从而产生气泡现象。

3.4.3.4 炸枪现象

当混入空气的涂料经过高压喷枪后，气泡爆开就产生了炸枪现象。该现象会造成很大的噪声，聚氯乙烯胶体也会四处迸溅，溅到身上将会造成很大伤害。产生炸枪一般是由于排胶时间过短等原因。通过停止作业，抽真空将空气排净即可解决此问题。

3.5 机器人喷涂技术

3.5.1 机器人结构

喷涂机器人属于一种工业机器人，是由三大部分、五个子系统组成。三大部分分别为机械本体、传感器和控制；五个子系统分别为驱动系统、机械结构系统、感知系统、人机交互系统以及控制系统。

3.5.1.1 驱动系统

喷涂机器人运转的首要条件是具有驱动系统，需要给机器人各个关节安装动力装置。该驱动系统具有多样性，液压、气动、电动都可以作为驱动系统；或者以轮系、同步带、齿轮、链条等可以进行间接传动。

3.5.1.2　机械结构系统

机身、手臂、末端执行器这三大机械部分构成了喷涂机器人机械结构。每一部分均需要多个自由度组成整体。如果加装移动装置，就形成了行走机器人；若机身不具备行走及腰转机构，即为单机械臂机器人。机械臂一般由上臂、下臂和手腕组成，手腕上加装的末端执行器是非常重要的零件，负责喷涂作业。

3.5.1.3　感知系统

机器人的感知系统由内部传感器和外部传感器构成，它可以获得机器人周围信息，同时给控制系统作出反馈。其中内部传感器主要为伺服控制系统提供信息，包括速度变量以及各个关节的位置；外部传感器有识别周围环境和矫正修正两方面的用途，主要测量距离远近、接近程度、接触情况等。

3.5.1.4　人机交互系统

人机交互系统是工作人员操控机器人的装置，例如计算机的标准终端、指令控制台、信息显示板、危险信号警报器、示教盒等。此系统可以分为信息显示设备和命令给定装置两大类。

3.5.1.5　控制系统

喷涂机器人控制系统的任务是根据机器人的工作程序，从传感器接收反馈信息，控制机器人的仿形，完成喷涂作业规定的行走路线。控制系统分为开环控制系统和闭环控制系统两大类。其中，开环系统不要求机器人具有反馈信息能力，而闭环系统要求机器人具有反馈信息能力。

3.5.2　机器人数量

机器人的使用数量是根据车型的喷涂位置、喷涂大小以及喷涂质量要求来计算的。在满足生产节拍和喷涂质量的基础上，应尽量减少机器人的数量。选择机器人数量过多，会使各台机器人负荷低，设备利用率降低，从而造成设备投资成本的浪费；反之，选择机器人数量不足，会造成喷涂能力下降，还需要增加人员进行手工喷涂作业，无法达到无人化人工智能的目的。

通常，PVC喷涂机器人数量的计算公式如下：

$$x = \sum SD \times vwd / (T-t)K \tag{3-1}$$

式中　S——各喷涂区域面积，mm^2；

　　　D——各喷涂区域膜厚，mm^2；

　　　T——生产节拍，s；

　　t——工件运输时间，s;

　　K——设备有效工作效率,%;

　　v——喷涂速度，mm/s;

　　w——喷幅宽度，mm;

　　d——单枪一次的最大喷涂膜厚，mm。

3.5.3　机器人型号

　　目前，喷涂机器人应用较多的是来自杜尔公司的机器人产品，主要型号为 EcoRP6F 型、EcoRPE 型、EcoRL 型机器人。

　　(1) EcoRP6F 型机器人采用固定的底座喷涂，EcoRPE33 型机器人采用移动的底座，喷涂更为灵活，而且喷涂较大面积车型时优势更明显。

　　(2) EcoRPE32 与 EcoRPE33 主要区别：喷涂时机器人可选用不同的手腕，单机手腕安装 2 个运动轴用于 EcoRPE32，单机手腕安装 3 个运动轴用于 EcoRPE33。内径为 75mm 的手腕适用于旋转雾化器或空气喷枪，90°的环氧材料手腕专用于旋转雾化器。

　　(3) EcoRPL 涂装机器人具有 7 个可以活动的转向轴，根据零部件的涂装设计灵活移动，可以独立固定、自由移动或者轨道运行等。

3.5.4　机器人本体

3.5.4.1　机器人轴

　　机器人本体共有 6 个轴，即 A1～A6 轴，具体特点如下：

　　(1) A1 轴。1 轴，旋转移动，轴 1 和轴 2 的驱动装置壳体在基体上绕垂直线旋转移动。

　　(2) A2 轴。2 轴，绕轴旋转移动，轴 1 和轴 2 驱动装置壳体上的回转体绕轴旋转移动。

　　(3) A3 轴。3 轴，绕轴旋转移动，回转体上的机臂 2 绕轴旋转移动。

　　(4) A4 轴。4 轴，手轴旋转移动，机臂法兰上的手轴旋转。

　　(5) A5 轴。5 轴，手轴绕轴旋转运动。

　　(6) A6 轴。6 轴，手轴旋转移动，附加法兰上的手轴旋转。

　　机器人由于受空间因素与本体因素的限制，各轴均有限位，具体见表3-1。

表3-1　A1～A6 轴的限位角度

轴	A1	A2	A3	A4	A5	A6
运动区域/(°)	−86.25～176.25	−35～155	−158～128	−350～350	−130～130	−350～350

3.5.4.2　机器人坐标系

DURR 机器人分为 Axis、World、Tool、Object 四大坐标系，DURR 除了 Axis 坐标系之外，其他三个坐标系统都遵循右手定则。

（1）Axis 即轴坐标系，以坐标系为基准，包含 A1～A6 轴及 A7 轴（用户自定义轴，PVC 机器人导轨）的坐标值。

使用轴坐标系时，机器人各轴要进行单独调节，例如用示教盘调节 A5 轴 "+" 或 "-"，此时机器人只有 A5 轴转动。

编程中 PTP 点所用的坐标系就是 Axis，当查看一个 PTP 点的数据文件时，里面记录的是机器人每个轴的坐标值，其中 A1～A6 轴以（°）为单位、A7 轴以 mm 为单位。

（2）World 即世界坐标系，包含 X、Y、Z、A、B、C。

1）零点：机器人空间中心点；

2）XW：平行于 PVC 生产线，以车行进的方向为 "+"；

3）YW：水平垂直于 PVC 生产线，以车行进的方向左侧为 "+"；

4）ZW：竖直垂直于 PVC 生产线，以空间向上为 "+"；

5）A：以 TCP 点为圆心，绕 X 轴旋转；

6）B：以 TCP 点为圆心，绕 Y 轴旋转；

7）C：以 TCP 点为圆心，绕 Z 轴旋转。

当编程示教点时常用 World 坐标系，该坐标系的优势是在空间内水平、竖直移动以及绕轴旋转均非常方便。利用 X 和 Y 轴可以控制 TCP 点水平移动，利用 Z 轴可以控制其竖直移动，利用 A、B 和 C 轴可以控制机器人手臂绕 X、Y 和 Z 轴旋转。

（3）Tool 即工具坐标系，其坐标同样包含 X、Y、Z、A、B、C 轴，但是以 A6 轴法兰盘的圆心为零点。

1）XT：垂直于出胶方向上的胶面，以出胶方向的左侧为 "+"；

2）YT：平行于胶条的宽度方向，以枪头上方为 "+"；

3）ZT：平行于出胶方向，以靠近车身为 "+"；

4）A：以 TCP 点为圆心，绕 X 轴旋转；

5）B：以 TCP 点为圆心，绕 Y 轴旋转；

6）C：以 TCP 点为圆心，绕 Z 轴旋转。

当编程示教点时，通过调节 Z 轴正负方向移动来控制枪嘴与车身的距离。尤其需注意的是 Z 轴的移动是沿着出胶方向，而不是沿着枪头方向。当使用 0° 枪嘴时调节 Z 轴，其移动方向与枪头平行；而当使用 45° 和 90° 枪嘴时，枪头与出胶方向平行。该坐标系的优点是利用 Z 轴对空间内涂胶喷涂距离进行调整，示教时非常方便。

（4）object 即车身坐标系，同样包含 X、Y、Z、A、B、C 轴，但该坐标系是以车身前轮轴的空间中心点作为零点。

1）XB：平行于 PVC 生产线，以车行进的反方向为"+"；

2）YB：水平垂直于 PVC 生产线，以车行进的方向右侧为"+"；

3）ZB：竖直垂直于 PVC 生产线，以空间向上为"+"；

4）A：以 TCP 点为圆心，绕 X 轴旋转；

5）B：以 TCP 点为圆心，绕 Y 轴旋转；

6）C：以 TCP 点为圆心，绕 Z 轴旋转。

3.5.5 细密封机器人站

细密封机器人站的机器人型号为 EcoRS30L16-2，其 A1~A7 轴功能如表 3-2 所示。

表 3-2　A1~A7 轴功能

轴	功　能
A1	绕垂直线旋转
A2	机臂 1 绕轴旋转运动
A3	机臂 2 绕轴旋转运动
A4	机臂 2 手轴旋转
A5	手轴绕轴旋转
A6	法兰处绕轴旋转
A7	可选：在 EcoRail H 上运行

轴的运行数据是指轴的运动区域范围，以及在额定载荷为 16kg 时的具体运行速率（见表 3-3）。

表 3-3　A1~A7 轴运行数据

轴	运动区域/(°)	额定载荷 16kg 时速率/(°)·s^{-1}
A1	±185	100
A2	−35~+155	80
A3	−158~+120	80
A4	±350	230

轴	运动区域/(°)	额定载荷 16kg 时速率/(°)·s⁻¹
A5	±130	165
A6	±350	249
A7	0~8m	1.5m/s

重复定位精度：±0.07m。

A1~A3 轴的区域限制。作为区域限制配件，A1~A3 轴的机械限位止挡可用于限制相应的活动区域。A1 轴：从+86.25°~+176.25°和从-86.25°~-176.25°，以 22.5°为级数进行调整；A2 轴：从-35°~+155°，以 22.5°为级数进行调整；A3 轴：从-158°~+120°，以 22.5°为级数进行调整。

运行环境温度：最低温度为+10℃，最大温度为+40℃。

存放环境温度：最低温度为-20℃，最大温度为+60℃。

3.5.6 UBS 机器人站

UBS 机器人站的机器人型号为 EcoRS16-2，其 A1~A7 轴功能见表 3-2。

轴的运行数据见表 3-3。"运动区域"列中的所有规范均针对相应机器人轴的电气零点。

机器人轴及其运动可能性重复定位精度为±0.05mm。

A1~A3 轴的区域限制。作为区域限制配件，A1~A3 轴的机械限位止挡可用于限制相应的活动区域：A1 轴：从+86.25°~+176.25°和从-86.25°~-176.25°，以 22.5°为级数进行调整；A2 轴：从-35°~+155°，以 22.5°为级数进行调整；A3 轴：从-154°~+130°，以 22.5°为级数进行调整。

运行环境温度：最低温度为+10℃，最高温度为+40℃。

存放环境温度：最低温度为-20℃，最高温度为+60℃。

3.6 本章小结

本章主要介绍了 PVC 涂胶的研究背景与意义，PVC 涂胶的特点与分类，以及实际涂装生产过程中使用的具体工艺技术；在车身环境复杂的情况下如何改善喷涂效果，以及喷涂焊缝密封胶和底盘防石击涂料时，会遇到的问题及其解决办法；机器人在涂装过程中每个轴的坐标体系以及运行方式；细密封机器人站及 UBS 机器人站的存放环境，以及站内机器人机械臂的运动方式。

4 PVC 涂胶关键技术参数

针对汽车整体车身的防腐性能与密封性能，PVC 涂胶关键技术参数的精确程度起到了重要的影响作用，特别是对车身底部喷涂 700~1500μm 具有弹性的 PVC 密封胶后，对飞溅起来并高速运动的石子起到了较好的耐石击防护作用。经过大量研究后对 PVC 涂胶的关键技术进行了分析，主要表现在以下几个方面。

4.1 温　度

4.1.1 储存温度

在不同温度下，PVC 涂胶黏度的大小会受到影响，直接导致 PVC 涂胶质量及使用性能发生改变，而且 PVC 涂胶中的树脂颗粒形态、增塑剂类型等均会对 PVC 涂胶黏度性能产生影响。

随着温度的不断升高，PVC 涂胶的黏度逐渐减小。当温度升高到一定程度时，将有凝胶化现象开始发生。在实际的生产过程中，PVC 涂胶在不同季节或者地域中使用时，由于储存温度存在的相关差异性，将会导致黏度发生变化，进而影响 PVC 涂胶的使用情况及质量状态，具体见表 4-1。

表 4-1　3 种储存温度下的 PVC 涂胶黏度

25℃ 以下		25~40℃		40~50℃	
时间/h	黏度/MPa·s	时间/h	黏度/MPa·s	时间/h	黏度/MPa·s
2	1600	2	1980	2	3000
20	1700	20	2000	20	4200
40	1800	40	2100	40	8300
60	1990	60	2200	60	11000
80	2000	80	2250	80	12000

由表 4-1 可以看出，当温度在 40~50℃ 时，随着储存时间的增加，PVC 涂胶黏度大幅度增大，这表明高温度环境对 PVC 涂胶黏性的影响十分巨大，因此温度高于 40℃ 以上时已经不适合 PVC 涂胶的储存，即使在炎热的天气，也要将

PVC涂胶的储存温度控制在40℃以下；当温度在25~40℃时，黏度值相对较小，而且随着时间的变化，黏度值变化也较小，这说明此时的PVC涂胶黏度稳定性较好；若在相对较冷的天气环境下，即使温度小于25℃，PVC涂胶也可以在平衡状态下长期储存使用。

4.1.2　使用温度

由于PVC密封材料的主要成分是聚氯乙烯塑料涂胶，在40~80℃时，聚氯乙烯树脂吸取增塑剂，并产生膨润缓慢反应；在80℃以上温度时，开始急速膨润；而在140℃时保温20min后，会发生完全固化现象。

PVC涂胶初始温度对喷涂层也有着间接影响。若初始温度较高，则所添加PVC涂胶与其他附加物料黏度较小，对混合物料的化学反应速度有加快作用；若从流体力学角度研究，如果让其完全混合，两者必须都是紊流液体，液体的流层性质是根据雷诺数决定的，只有在雷诺数合理的条件下，两者在喷枪中才能形成相对稳定的紊流，从而出现聚合反应现象，并将导致涂层拉伸强度和硬度发生改变，初始温度与PVC涂胶层拉伸强度、硬度的关系见表4-2。

表4-2　初始温度与PVC涂胶层拉伸强度、硬度的关系

温度/℃	20	30	40	50	60	70
拉伸强度/MPa	10.5	11.8	11.6	11.9	11.5	9.6
硬度 HRC	69	73	81	82	80	64

从表4-2可以看出，当初始温度升高时，PVC涂层的拉伸强度与硬度值逐渐变大，但随着温度持续升高后，PVC涂层的拉伸强度与硬度值却又逐渐变小，呈现出温度较高，流体黏度相对较小的关系。

当温度较低时，流体的黏度相对较大，从而进一步对PVC涂胶喷涂层性能产生不良影响，导致PVC涂层的拉伸强度与硬度值逐渐下降。

同时，初始温度不能超过80℃，这是由于在高温环境下，PVC涂胶的内部结构会发生变化并影响其软硬结构段。因此，通过综合分析对比，PVC密封材料的最佳初始温度值在30~60℃范围内。

4.2　喷　　嘴

喷嘴作为PVC自动喷涂胶雾系统中重要零部件之一，其成分、形状、尺寸以及流量直接影响着胶雾的密度分布及质量情况。通常情况下，喷嘴性能的优劣对PVC喷涂的效果有很大的影响，喷嘴在使用过程中也会出现一系列问题，诸如产生磨损、腐蚀、堵塞以及意外损坏等，尤其喷嘴磨损往往会严重影响涂胶雾化的效果导致质量下降。经过调查发现，扇面喷嘴的更换频率为每个月更换一次。喷嘴在使用过程中出现磨损现象是不可避免的，究其原因一方面是内部因素，即喷嘴本身材质型号及其所喷涂的材料成分；另一方面是外部因素，即PVC涂胶喷雾时的外部环境条件。

4.2.1 喷嘴成分

目前，市场上PVC涂胶的种类多种多样，性质也不尽相同，因此可以根据具体条件选用不同的喷嘴。制造喷嘴的材料主要有：铜、尼龙、陶瓷、不锈钢、工程塑料及硬质合金等，具体磨损性能与使用寿命见表4-3。

表4-3　常见喷嘴材料的磨损性能与使用寿命关系

喷嘴材料	使用寿命/h	磨损性能
铜	100	较差
尼龙	200	一般
陶瓷	300	较好
不锈钢	350	较好
工程塑料	400	较好
硬质合金	500	很好

制造喷嘴使用最多的材料是金属铜，最主要的原因是铜作为一种软金属，在加工工艺上相对容易，但铜所生产出的喷嘴很快会被磨损掉，并严重缩短其使用寿命。随着技术的发展，不锈钢以及硬质合金喷嘴的出现大大增加了喷嘴的耐磨损性，从而提高了其使用的寿命。大量的实践结果表明，喷嘴的材料直接影响喷嘴的耐磨损性能与使用寿命。

选择合适的材料作为PVC涂胶喷涂喷嘴的材料，准确的研究喷嘴的磨损规律，掌握喷嘴材料磨损的性能，在不影响喷涂质量的前提下，积极解决如何减缓磨损的问题，延长其使用寿命，是PVC涂胶喷涂喷嘴材料的发展方向。

4.2.2 喷嘴尺寸

喷嘴的尺寸对其磨损也有影响，喷嘴与流体产生高速摩擦作用导致了喷嘴的严重磨损，喷嘴的尺寸大小以及施工压力大小的不同均会导致喷嘴与流体间的相互作用力不相同。开口尺寸越小、施工压力越大的喷嘴，其磨损速度也越快。喷嘴的尺寸密切影响着喷嘴磨损程度。

4.2.3　喷嘴形状

喷嘴的不同形状将会导致喷嘴与涂料产生不同的相互作用力。实践证明，喷嘴形状的影响程度大于喷嘴厚度等其他影响因素。不同形状的喷嘴使用时间不同，其磨损程度也不同。

采用磨损后的喷嘴进行 PVC 涂胶喷涂，将会导致喷涂不均匀及喷涂扇面失控，从而导致防腐性能的不稳定及胶雾飞溅，最终直接改变原始喷雾效果。这样不仅增加生产成本，而且达不到汽车行业的喷涂质量标准。因此，定期更换喷嘴是一项非常重要的任务。图 4-1 是全新的扇面喷嘴与磨损的扇面喷嘴对比，喷嘴正常工作导致的磨损均是发生在扇形喷嘴的短半轴，即短半轴的直径增大。

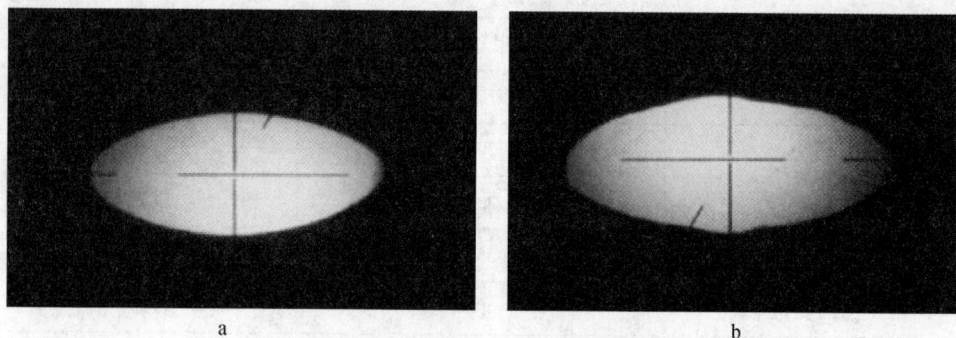

图 4-1　全新与磨损的扇面喷嘴对比

a—全新的扇面喷嘴；b—磨损的扇面喷嘴

4.2.4　喷嘴流量

PVC 涂胶的喷涂流量是生产过程中一个重要参数。在压力保持不变的情况下，喷嘴磨损会使喷涂出的 PVC 涂胶流量随之增大。这不仅仅增加了生产成本，也同时浪费了原料，影响了环境。喷嘴流量发生改变能够反映出喷嘴的磨损情况。因此，大多数喷涂工艺可以根据测量喷嘴流量，来检测喷嘴的磨损情况。

4.3　喷涂压力

在 PVC 涂胶喷涂过程中，影响涂胶层质量的因素有很多，其中喷涂压力是非常重要的影响因素之一。在喷涂 PVC 涂胶过程中，对空压机进行不同压力数值的调节，并进行附着力检验以及 PVC 涂胶层的表面质量检查。喷涂压力对 PVC 涂胶层附着力与表面质量的影响见表 4-4。

表 4-4 喷涂压力对 PVC 涂胶层附着力与表面质量的影响

调节压力值/MPa	附着力/MPa	涂胶层表面质量
8	10.8	流挂现象严重
9	10.5	流挂现象中等
10	10.1	标准
11	10.0	标准
12	9.8	标准
13	8.1	标准
14	6.3	标准

根据表 4-4 可知，喷涂压力值在 8~14MPa 之间呈现出的结果是：随着压力值不断增加，附着力逐渐下降，流挂程度逐渐消失。其主要原因是在压力值不足的情况下，经过雾化后的颗粒比较大，不利于呈现出均匀性好的表面形貌，从而产生流挂现象；反之在压力值较大时，PVC 涂胶层与基材的附着力有减弱的趋势。通过对比分析，PVC 涂胶层的最优压力值范围是 10~14MPa 之间。

4.4 走枪速度

走枪速度也是 PVC 涂胶喷涂过程中对质量的重要影响因素之一，并且也是 PVC 涂胶喷涂重要工艺技术参数之一。在 PVC 涂胶喷涂过程中，通过调节范围值在 10~70cm/s 之间的走枪速度，对 PVC 涂胶喷涂层的表面质量进行分析，具体见表 4-5。

表 4-5 走枪速度对 PVC 涂胶层表面质量影响

走枪速度/cm·s^{-1}	涂胶层表面质量
10	流挂现象严重
20	流挂现象严重
30	流挂现象轻微
40	标准
50	标准
60	漏底现象轻微
70	漏底现象严重

根据表 4-5 可知，当走枪速度值在 10~30cm/s 之间时，PVC 涂胶层均会出现不同程度的流挂现象，即涂胶层变厚现象。当走枪速度值在 40~50cm/s 之间时，PVC 涂胶层表面效果处于标准状态，即涂膜厚度符合标准规定。当走枪速度值为 70cm/s 时，PVC 涂胶层会出现严重漏底现象，即涂膜厚度过薄。通过对比分析，PVC 涂胶喷涂的最优走枪速度范围在 40~50cm/s 之间，可以呈现出平缓均匀的喷涂稳定效果。

4.5 机器人仿形

目前，汽车工业的涂装生产线大多采用先进的全自动化生产方式，诸多大中型企业开始引进喷涂机器人进行喷涂工艺。喷涂机器人将极大提高生产效率、减少环境污染，高效率利用能源及增加经济效益。

涂装生产线对 PVC 喷涂机器人的要求十分严格，机器人内部是自动喷涂供给系统，其具有高度的自动化与智能化。随着对汽车质量要求的不断提高，对 PVC 涂胶喷涂质量的要求也越来越高。在机器人进行仿形过程中，仿形标准度越高，就越能减少喷涂缺陷的发生频次。在车身底盘表面进行 PVC 涂胶时，采用喷涂机器人自动完成，其仿形程序应用技术将直接影响 PVC 涂胶喷涂质量及处理方案。显然，一套合理的新车型仿形程序导入十分重要。

在整车内表面的 PVC 涂胶喷涂过程中，喷涂机器人能严格按照内表面的形状进行喷涂，这与喷涂机器人的仿形程序有着直接的关系。仿形程序是根据表面形状所定义的路径点进行喷涂，路径点即喷涂机器人喷涂的运行轨迹。喷涂程序在不同的区域内会设置不同的喷涂参数，并由不同的路径标识所组成。图 4-2 是 PVC 涂胶喷涂仿形程序流程图。

首先，编制喷涂机器人的仿形程序；其次，根据仿形编制程序，进行 PVC 喷涂厚度、形状、次数等具体方案的调试工作；最后喷涂出符合标准的产品。

PVC 涂胶喷涂机器人的喷涂方式为相对运动方式，通过整车与喷涂机器人的相互关系，使机器人能够准确识别出车身的准确位置，同时进行运动式跟踪喷涂。在大多数情况下，PVC 的喷涂线上有多种车型共同存在，这就对机器人仿形程序的精准性能有较高的要求，一般分为现场实际测量法与置换车型法。

按照车身内表面的形状进行路径点建立，同时将所有路径点进行整合，满足喷涂机器人所需要的运动轨迹。但是在编制仿形程序过程中，需要注意以下两个方面。一方面，要确保路径点在车身需要喷涂 PVC 涂胶的位置内，并且路径点所在的 Z 轴与需要喷涂的内表面处于垂直位置，使喷嘴在喷涂时始终与所喷涂表面位置保持相等的距离范围。另一方面，在完成机器人仿形程序编写以后，继续设计喷涂分区，其有利于对不同车身位置喷涂参数进行控制，使 PVC 涂胶喷涂

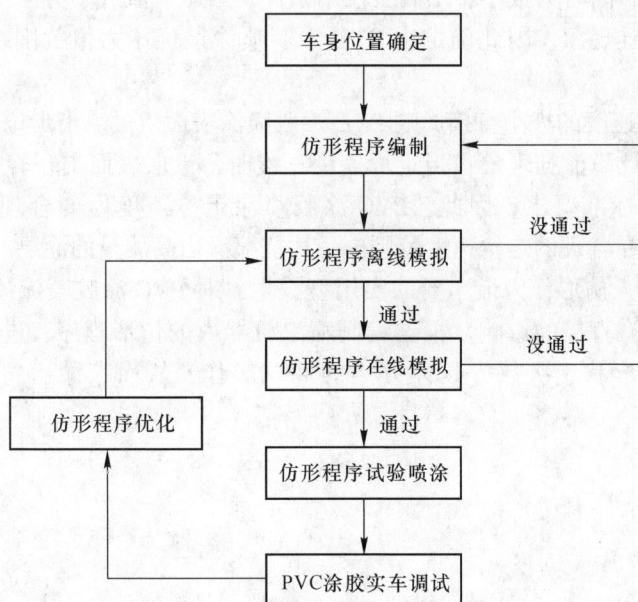

图4-2 PVC涂胶喷涂仿形程序流程图

厚度达到标准的工艺要求。

在生产新车型的过程中，喷涂机器人仿形设计更为重要，其对整车的PVC喷涂质量与呈现效果有着直接的影响。因此，在工作过程中需要不断积累经验，并与实际喷涂现场情况相结合，才能使机器人精准并高效地完成PVC涂胶喷涂工艺。

4.6　本章小结

本章所述的是关键技术参数对PVC涂胶的重要影响作用，主要讨论了温度、喷嘴材料、喷涂压力、走枪速度以及喷涂机器人仿形等主要参数对PVC喷涂质量的影响程度，以改善PVC涂胶的喷涂效果。

（1）通过分析不同温度对PVC涂胶黏度的影响，确定出主要储存温度及初始使用温度参数都应该控制在合理的范围内，既保证了PVC涂胶的喷涂质量，又能减少在使用过程中出现缺陷的概率。

（2）根据不同材料的喷嘴对磨损性能的影响，不同形状的喷嘴引起不同程度的磨损以及磨损后出现流量差异等分析，可以准确研究出喷嘴的磨损规律，并进一步研究出最优的喷嘴成分、尺寸及形状，从而能减缓喷嘴磨损程度。

（3）不同喷涂压力对PVC涂胶附着力以及涂层质量有着直接影响。当喷涂压力值过大时,附着力极小,不满足使用条件;当压力值过小时,虽满足标准但出现严重的流挂现象。因此确定出 PVC 涂胶喷涂最优压力值范围在 10~14MPa 之间。

(4)走枪速度的大小直接影响 PVC 涂胶喷涂表面质量。当走枪速度过快时,涂层表面出现严重流挂现象;当走枪速度过慢时,涂层表面出现轻微漏底现象,这些均不符合标准要求。因此,PVC 涂胶喷涂走枪速度值的合理范围是 40~50cm/s,只有在合理的走枪速度范围内,才能喷涂出高质量的涂层。

(5)机器人仿形作为最主要的实用型技术,对 PVC 涂胶喷涂位置、形状以及薄厚程度都有直接的影响。根据编制喷涂机器人的仿形程序,进行 PVC 喷涂位置、厚度、形状、次数等具体方案的调试工作,从而喷涂出符合标准的涂胶层。

5　机器视觉检测系统框架

机器视觉检测研究系统是针对车身底部 PVC 涂胶的分布特点进行设计，该系统不仅具有高精确性、高安全性、高实时性，还具有较强的适应工业测试环境等特点。因此，合理设计出汽车底盘 PVC 涂胶检测系统，避免出现算法设计的复杂性，系统软件及硬件技术必须具有一定的先进性与准确性。

5.1　机器视觉检测系统应用环境

汽车底盘 PVC 涂胶检测系统主要是针对工业生产中车辆底盘 PVC 喷涂缺陷为检测对象的机器视觉检测系统，目的是设计检测出车辆底盘胶堵、边缘未喷涂区域等缺陷。采用定点定位系统，设计出能够针对各种车型不同位置的检测算法，且具有扩展同一性，如图 5-1 所示。

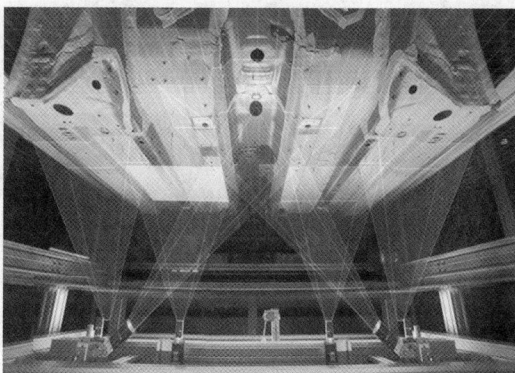

图 5-1　汽车底盘 PVC 涂胶机器视觉检测系统

该机器视觉检测系统在实际应用环境中，还具有以下特点：

（1）与车型整体检测不同，汽车底盘 PVC 涂胶检测系统通常采用各个点位逐个检测的方法，同时还受到观测灯光、挂具、机械框架等环境因素对采集图像的影响。

（2）外界环境因素如地面震动、机械框架偏移均会造成实际采集图像与样本图像的偏差，因此需要大量采集图像进行系统对比，从而确定检测位置。

（3）在检测硬件设备确定固定位置的条件下，视觉系统相机和光源固定，喷雾会不定期地污染外界环境及镜头镜片，采集图像将出现模糊或与检测图像偏差等缺陷。

5.2　机器视觉检测系统功能

根据汽车底盘 PVC 涂胶检测系统的设计目标以及测试应用环境，制定出一套完整的 PVC 涂胶机器视觉检测系统，要求系统具有硬件通信、图像采集、数据信息、分割区域、系统稳定及系统高效等功能特点。

5.2.1　硬件通信

在机器视觉检测系统中，软件系统需要与硬件系统进行不断地配合。例如当检测样本进入检测区域时，软件系统不仅需要控制硬件系统进行图像采集，同时还需要与电源、光源、相机、采集卡等协同运作，才能共同完成一次完整的机器视觉检测过程。

5.2.2　图像采集

汽车底盘 PVC 涂胶检测系统主要是针对车辆底盘表面位置识别的一套智能检测系统。系统需要收集大量的图像，确保获得的图像为有效图像，从而具有采集图像的功能特点。因此，机器视觉系统需要提供采集图像的外部接口，并与相机一一对应协同工作，从而获取有效的图像信息。

5.2.3　数据信息

一个产品样本的检测数据不仅需要提供检测结果是否合格，还需提供检测不合格的车底位置、这一位置的不合格率以及不合格的类型等，以达到帮助分析检测结果、改善机器人喷涂参数、优化机器人仿形技术、提高 PVC 涂胶喷涂能力以及稳定涂胶喷涂质量的目的。

5.2.4　分割区域

汽车底盘的整体区域面积很大，这就需要将待检测区域与无需检测区域加以划分。由于检测系统提取的是整个车身底部图像，为了便于统计及归纳图片信息，必须将整个底盘区域划分为若干个小区域，并对每个小区域给予唯一的编号代码，如图 5-2 所示。

在机器视觉检测系统中，每一个独立小区域的唯一编号代码都能基于系统标

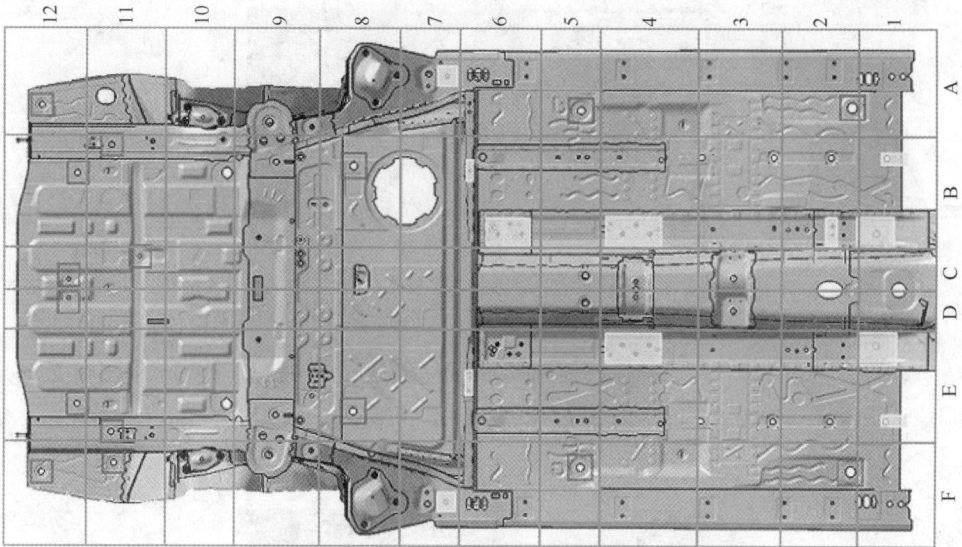

图 5-2　汽车底盘整体检测区域划分

准反馈出是否达到质量标准。现仅以其中五种车型为例，介绍其系统的工作原理，第一种车型采样情况如图 5-3~图 5-74 所示；第二种车型采样情况如图 5-75~图 5-146 所示；第三种车型采样情况如图 5-147~图 5-218 所示；第四种车型采样情况如图 5-219~图 5-290 所示；第五种车型采样情况如图 5-291~图 5-362 所示。从以上各图中可以看出，机器视觉检测区域周围均被 PVC 涂胶所环绕，而检测区域与背景区域存在较高的灰度差，这将对缺陷检测存在影响。因此，若想设计出一套完整的机器视觉检测系统，系统必须能够自主地对检测图像进行区域分割。

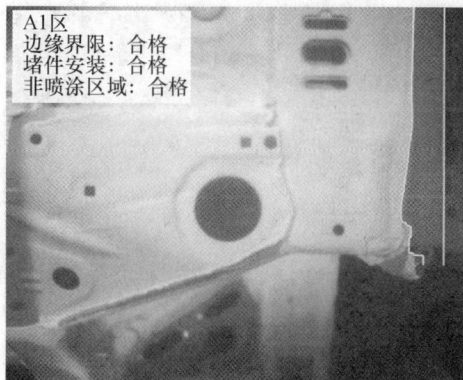

图 5-3　第一种车型 A1 区采样

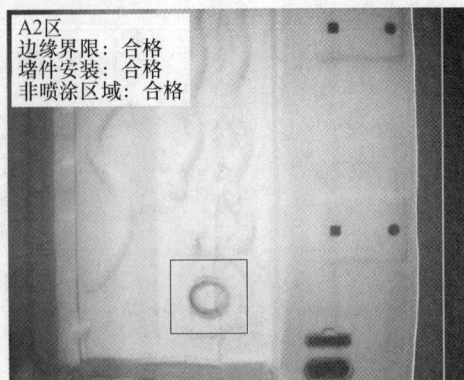

图 5-4　第一种车型 A2 区采样

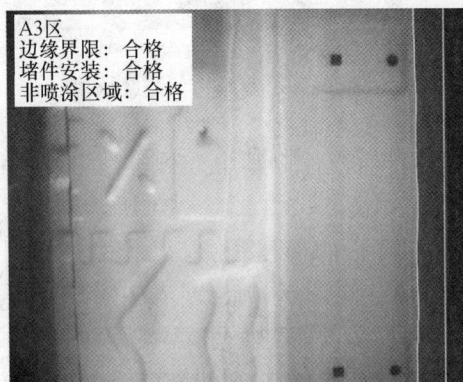

图 5-5　第一种车型 A3 区采样

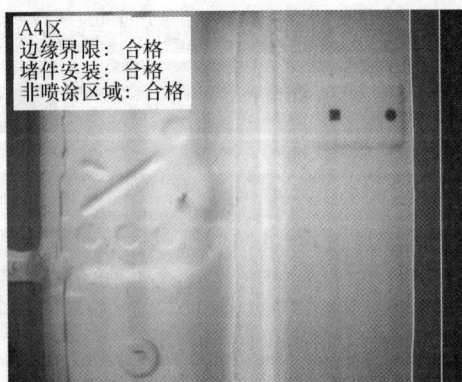

图 5-6　第一种车型 A4 区采样

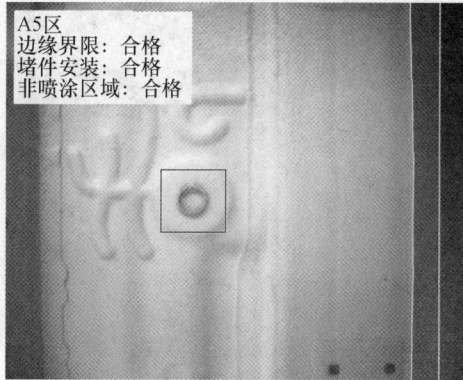

图 5-7　第一种车型 A5 区采样

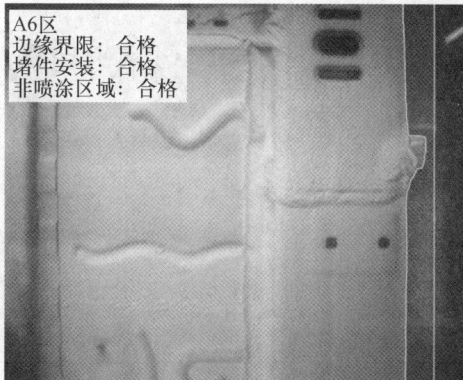

图 5-8　第一种车型 A6 区采样

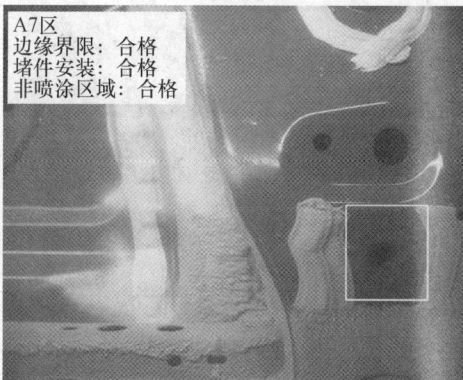

图 5-9　第一种车型 A7 区采样

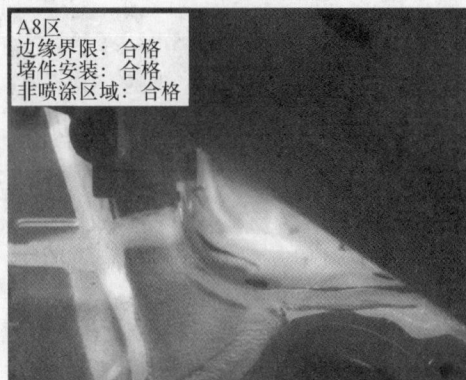

图 5-10 第一种车型 A8 区采样

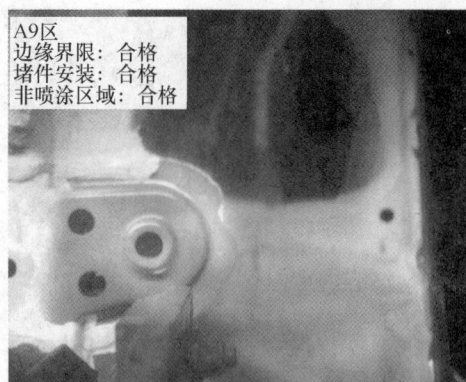

图 5-11 第一种车型 A9 区采样

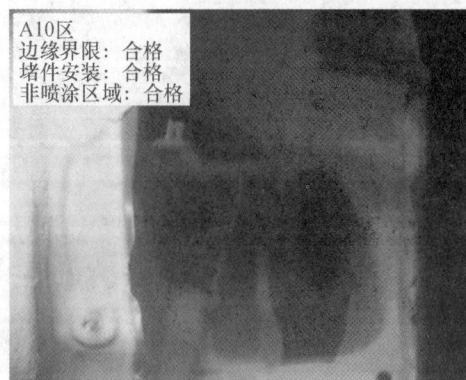

图 5-12 第一种车型 A10 区采样

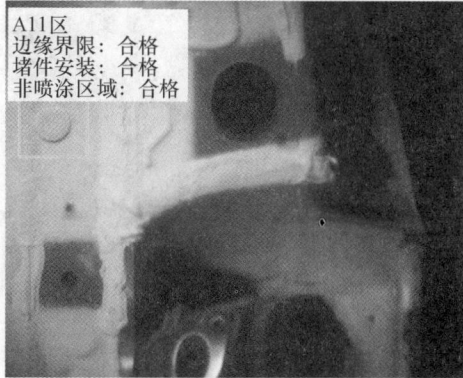

图 5-13　第一种车型 A11 区采样

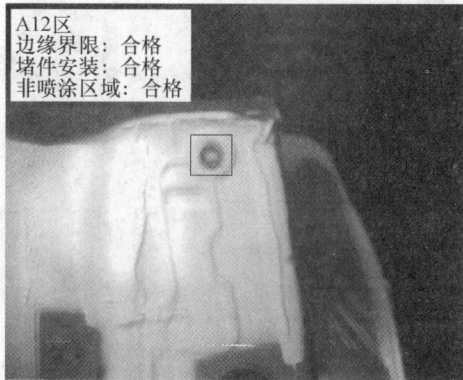

图 5-14　第一种车型 A12 区采样

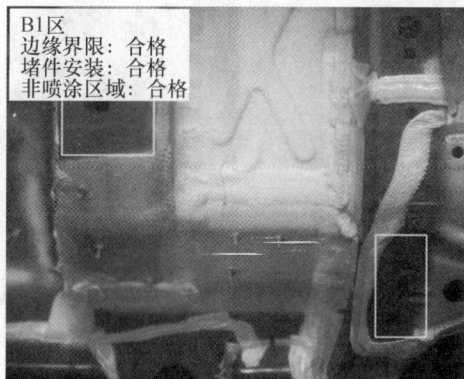

图 5-15　第一种车型 B1 区采样

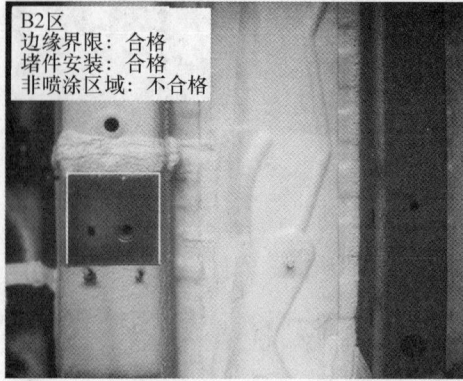

图 5-16 第一种车型 B2 区采样

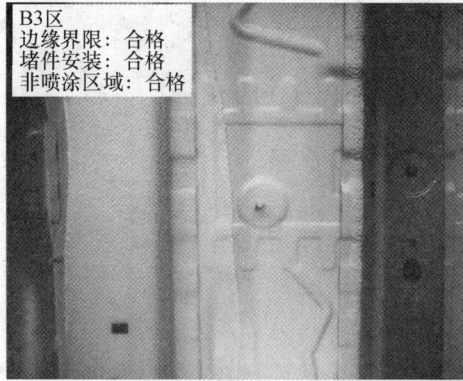

图 5-17 第一种车型 B3 区采样

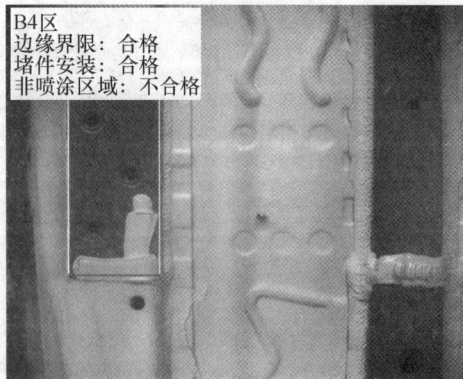

图 5-18 第一种车型 B4 区采样

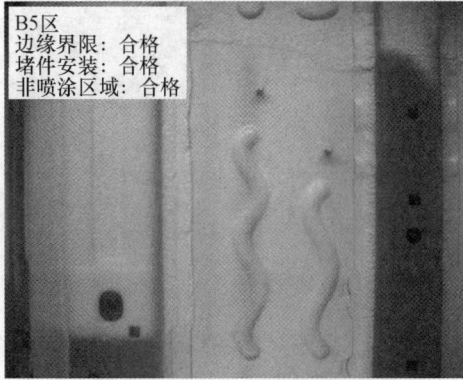

图 5-19　第一种车型 B5 区采样

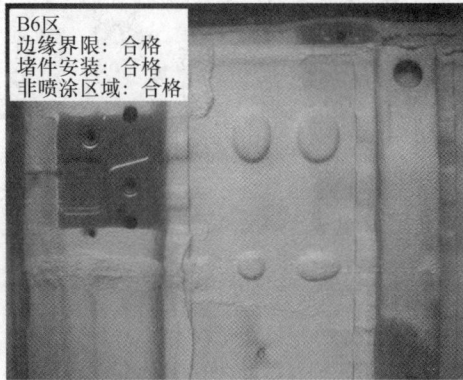

图 5-20　第一种车型 B6 区采样

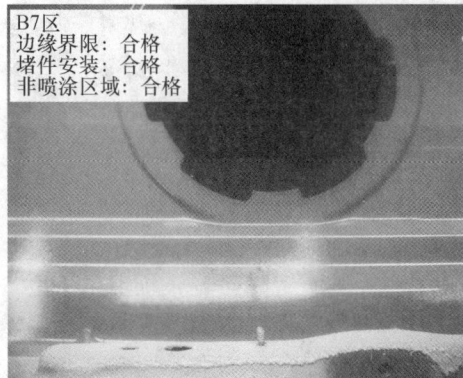

图 5-21　第一种车型 B7 区采样

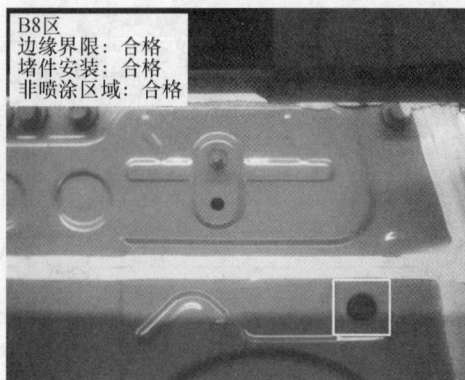

图 5-22 第一种车型 B8 区采样

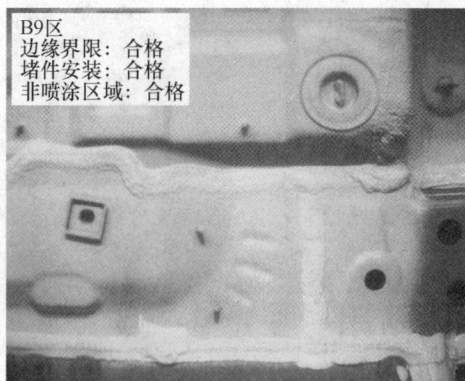

图 5-23 第一种车型 B9 区采样

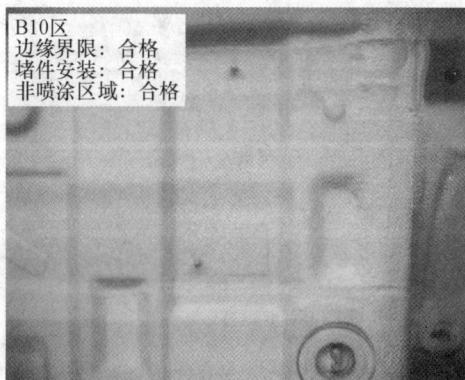

图 5-24 第一种车型 B10 区采样

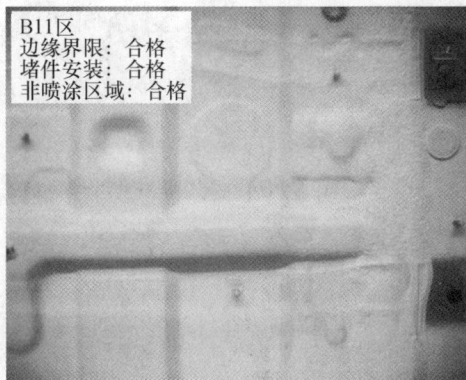

图 5-25　第一种车型 B11 区采样

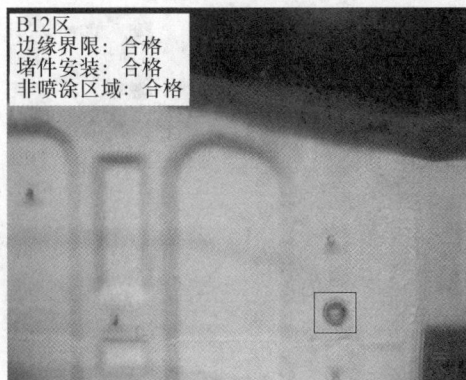

图 5-26　第一种车型 B12 区采样

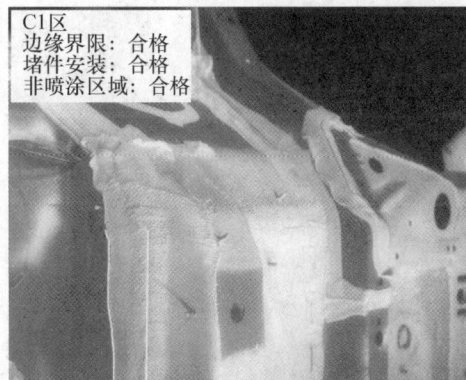

图 5-27　第一种车型 C1 区采样

C2区
边缘界限：合格
堵件安装：合格
非喷涂区域：合格

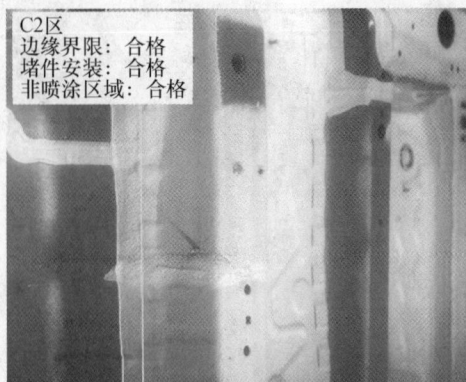

图 5-28 第一种车型 C2 区采样

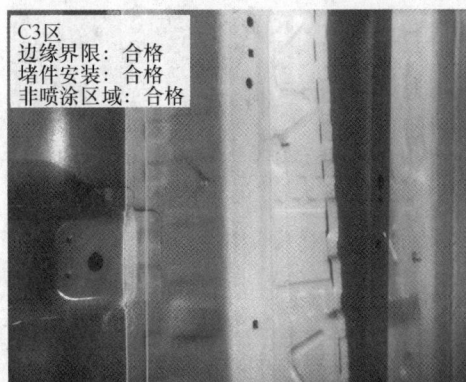

C3区
边缘界限：合格
堵件安装：合格
非喷涂区域：合格

图 5-29 第一种车型 C3 区采样

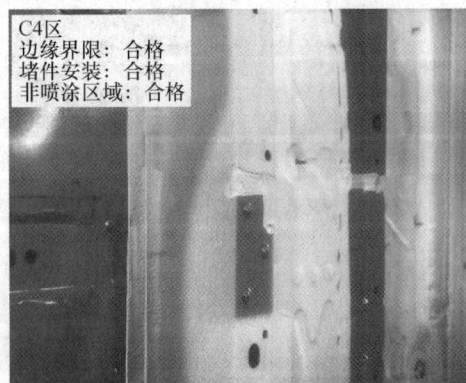

C4区
边缘界限：合格
堵件安装：合格
非喷涂区域：合格

图 5-30 第一种车型 C4 区采样

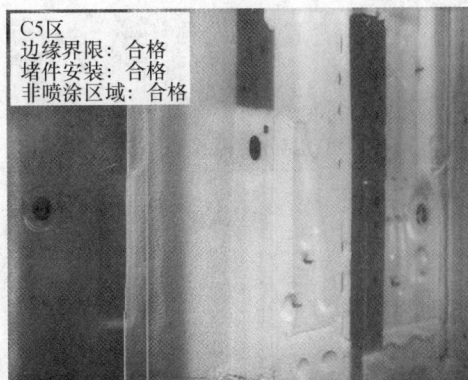

图 5-31 第一种车型 C5 区采样

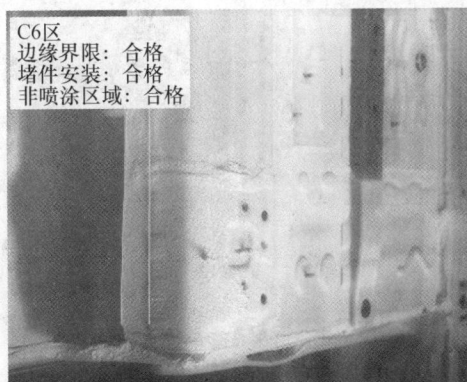

图 5-32 第一种车型 C6 区采样

图 5-33 第一种车型 C7 区采样

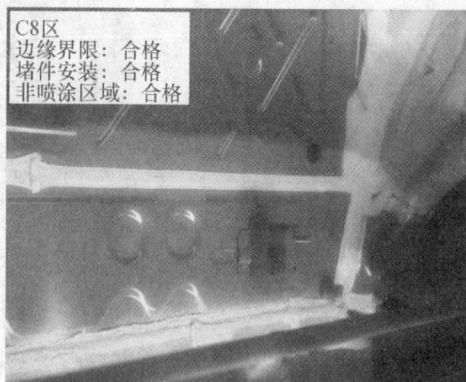

图 5-34　第一种车型 C8 区采样

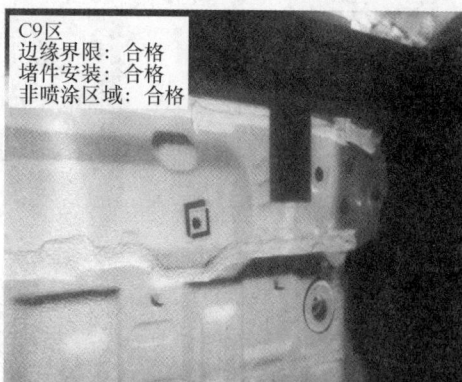

图 5-35　第一种车型 C9 区采样

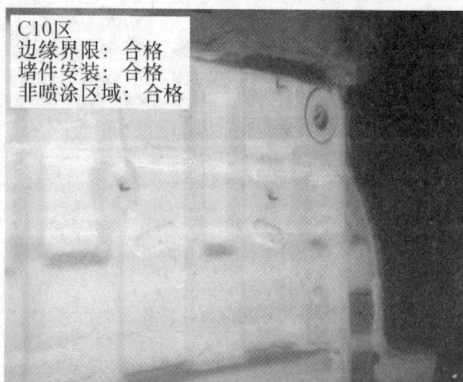

图 5-36　第一种车型 C10 区采样

C11区
边缘界限：合格
堵件安装：合格
非喷涂区域：合格

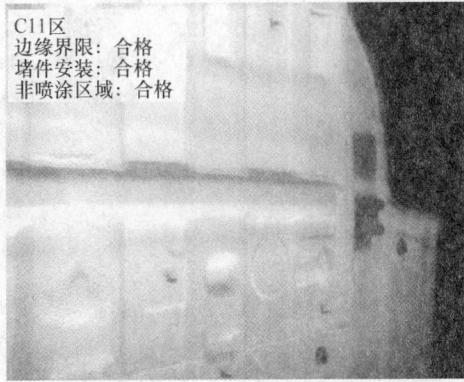

图 5-37 第一种车型 C11 区采样

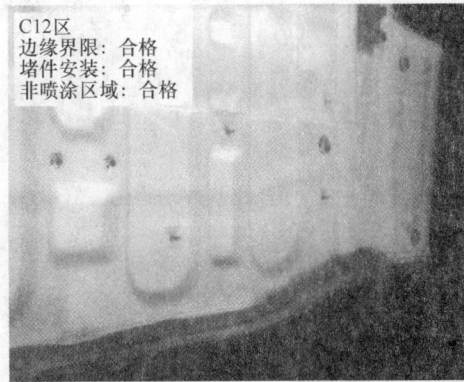

C12区
边缘界限：合格
堵件安装：合格
非喷涂区域：合格

图 5-38 第一种车型 C12 区采样

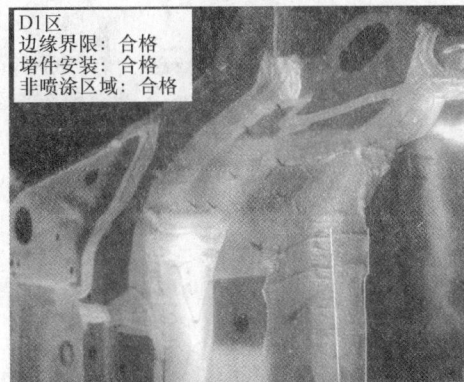

D1区
边缘界限：合格
堵件安装：合格
非喷涂区域：合格

图 5-39 第一种车型 D1 区采样

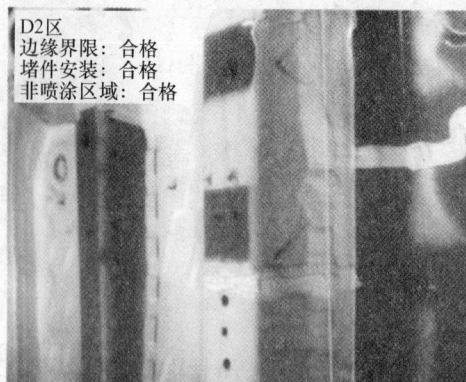

D2区
边缘界限：合格
堵件安装：合格
非喷涂区域：合格

图 5-40　第一种车型 D2 区采样

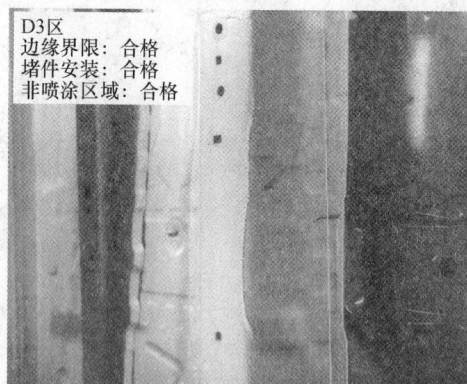

D3区
边缘界限：合格
堵件安装：合格
非喷涂区域：合格

图 5-41　第一种车型 D3 区采样

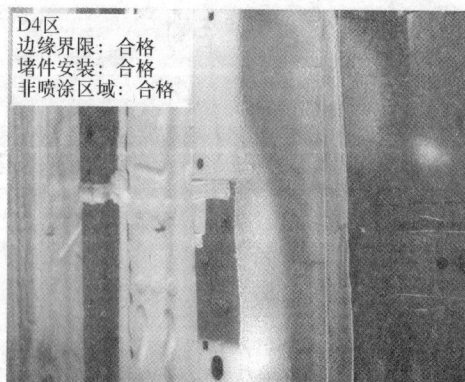

D4区
边缘界限：合格
堵件安装：合格
非喷涂区域：合格

图 5-42　第一种车型 D4 区采样

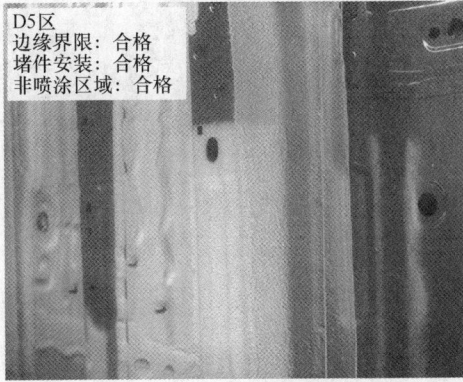

图 5-43　第一种车型 D5 区采样

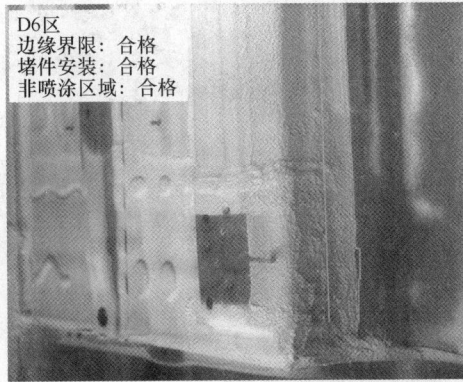

图 5-44　第一种车型 D6 区采样

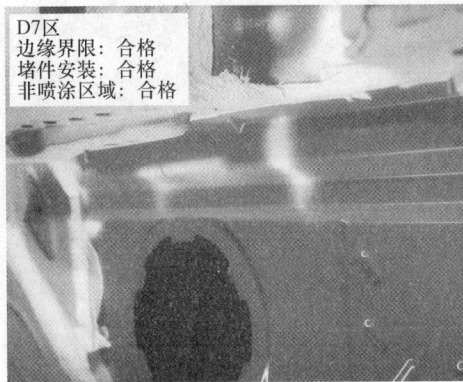

图 5-45　第一种车型 D7 区采样

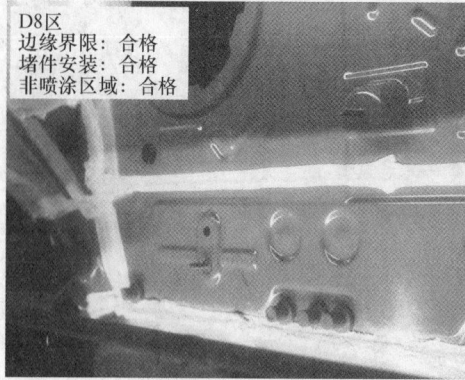

图 5-46 第一种车型 D8 区采样

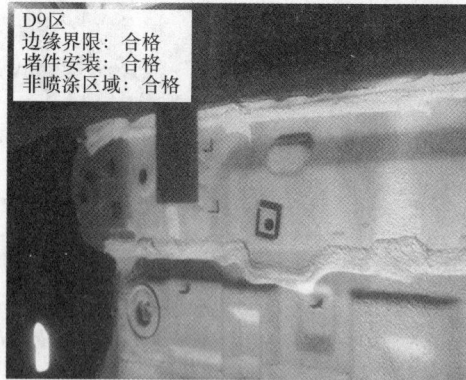

图 5-47 第一种车型 D9 区采样

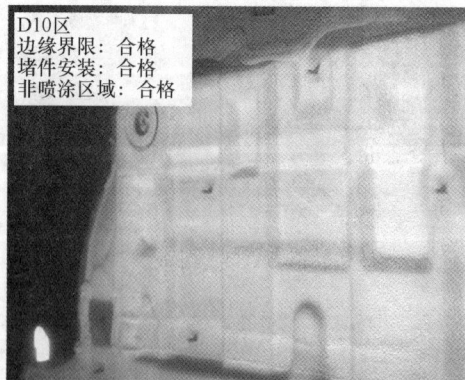

图 5-48 第一种车型 D10 区采样

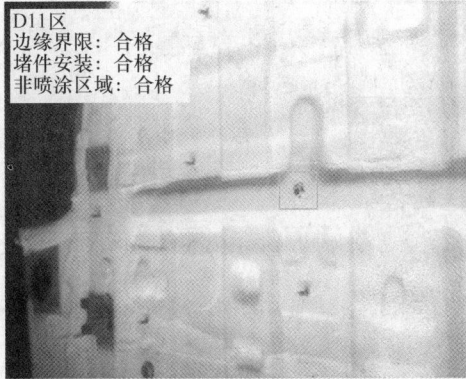

图 5-49 第一种车型 D11 区采样

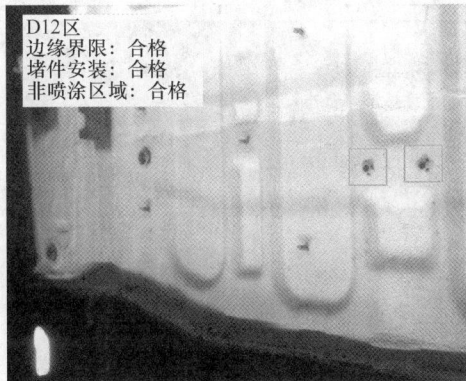

图 5-50 第一种车型 D12 区采样

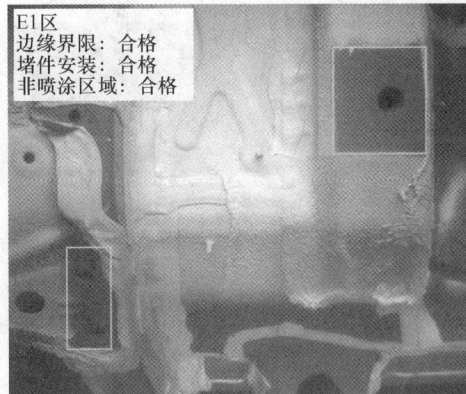

图 5-51 第一种车型 E1 区采样

E2区
边缘界限：合格
堵件安装：合格
非喷涂区域：合格

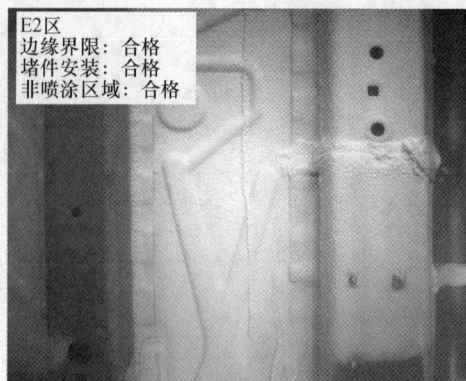

图 5-52 第一种车型 E2 区采样

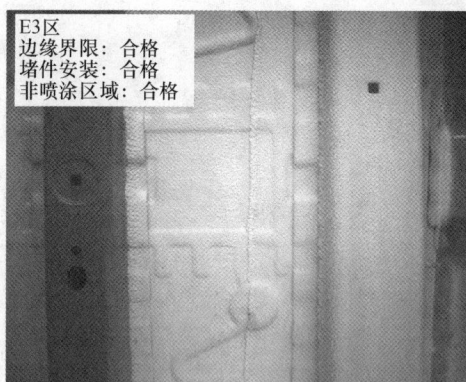

E3区
边缘界限：合格
堵件安装：合格
非喷涂区域：合格

图 5-53 第一种车型 E3 区采样

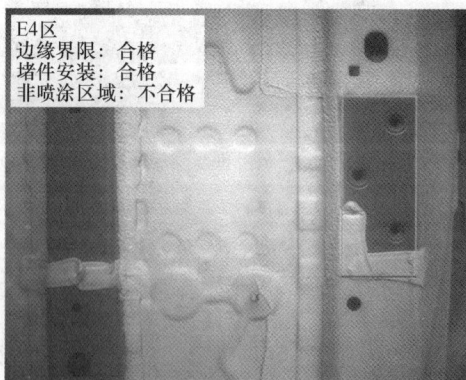

E4区
边缘界限：合格
堵件安装：合格
非喷涂区域：不合格

图 5-54 第一种车型 E4 区采样

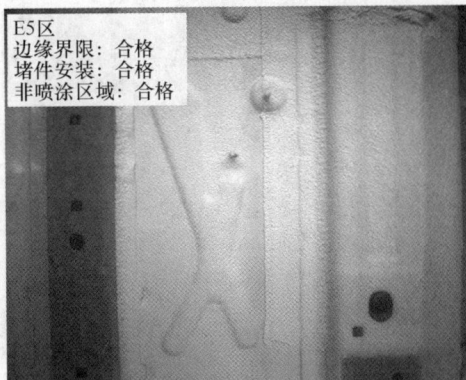

图 5-55　第一种车型 E5 区采样

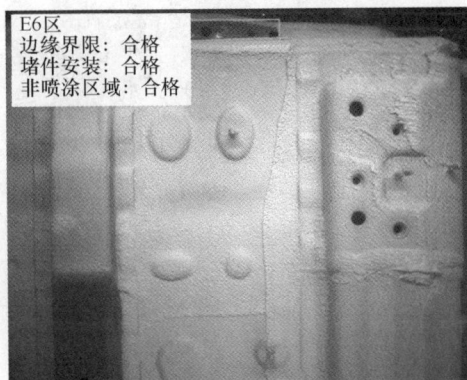

图 5-56　第一种车型 E6 区采样

图 5-57　第一种车型 E7 区采样

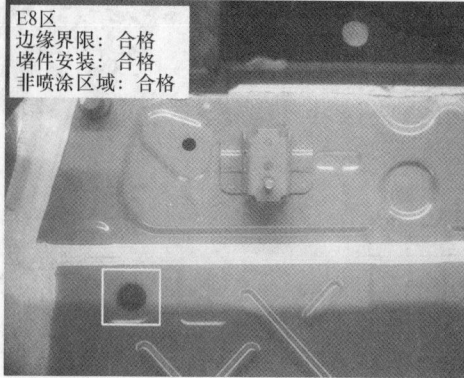

图 5-58 第一种车型 E8 区采样

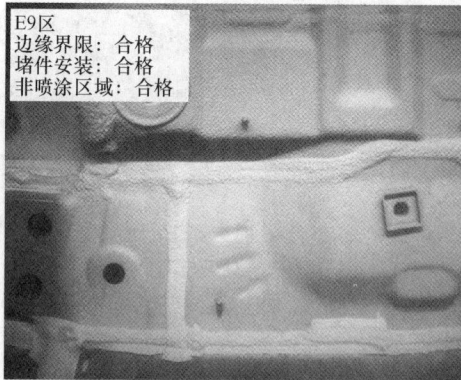

图 5-59 第一种车型 E9 区采样

图 5-60 第一种车型 E10 区采样

图 5-61　第一种车型 E11 区采样

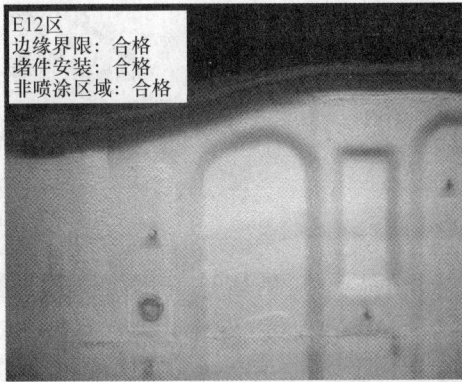

图 5-62　第一种车型 E12 区采样

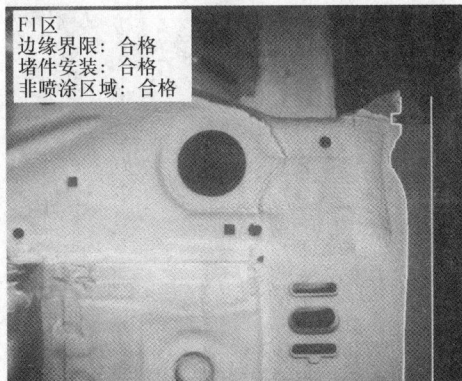

图 5-63　第一种车型 F1 区采样

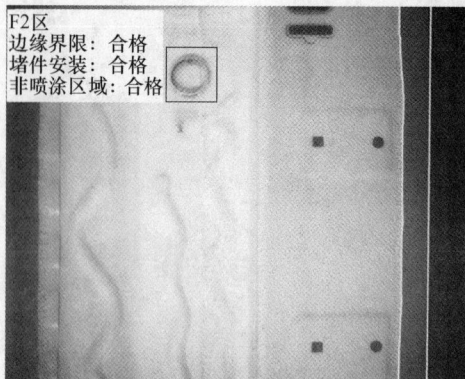

图 5-64 第一种车型 F2 区采样

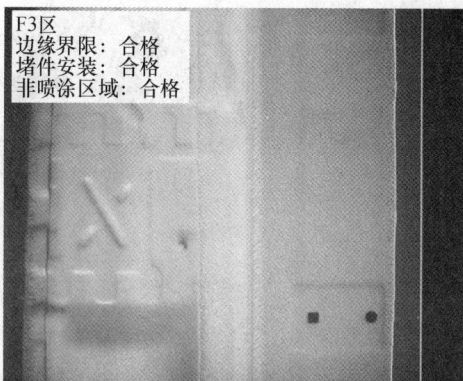

图 5-65 第一种车型 F3 区采样

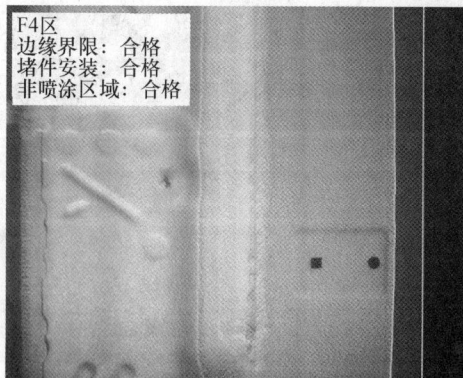

图 5-66 第一种车型 F4 区采样

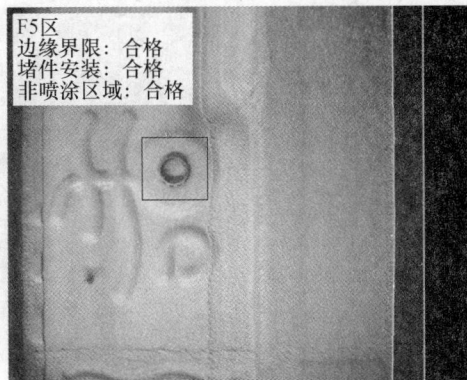

图 5-67 第一种车型 F5 区采样

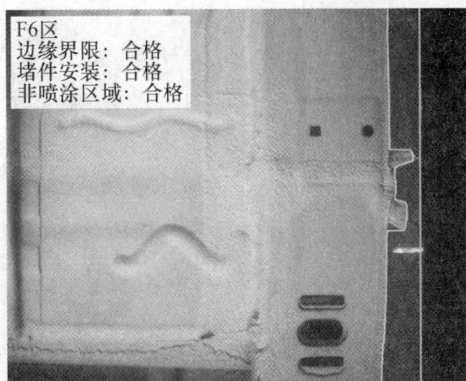

图 5-68 第一种车型 F6 区采样

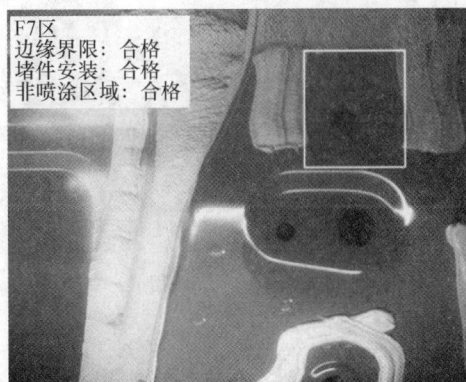

图 5-69 第一种车型 F7 区采样

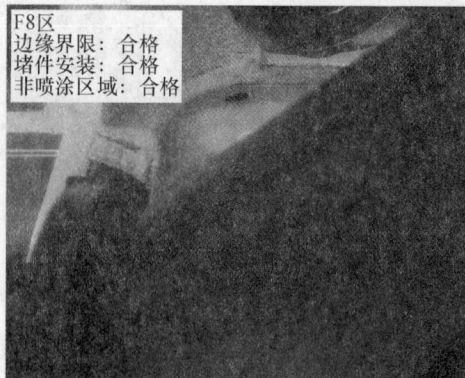

图 5-70 第一种车型 F8 区采样

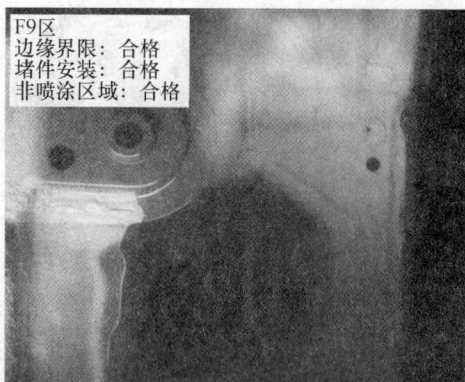

图 5-71 第一种车型 F9 区采样

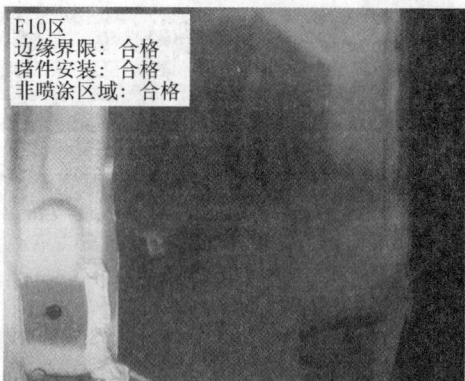

图 5-72 第一种车型 F10 区采样

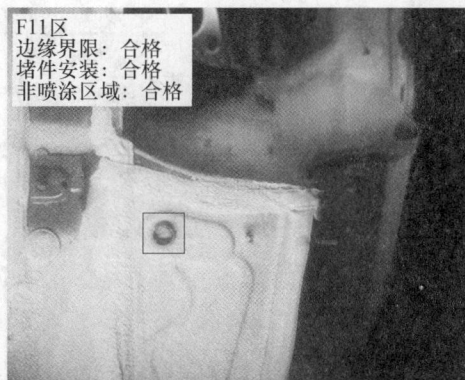

F11区
边缘界限：合格
堵件安装：合格
非喷涂区域：合格

图 5-73　第一种车型 F11 区采样

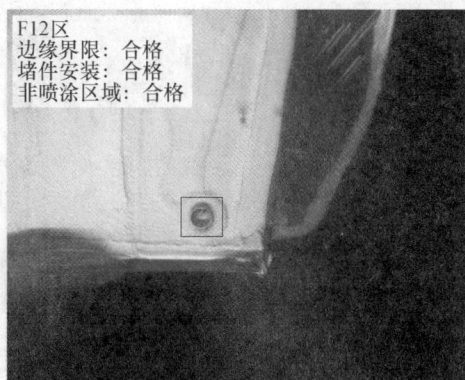

F12区
边缘界限：合格
堵件安装：合格
非喷涂区域：合格

图 5-74　第一种车型 F12 区采样

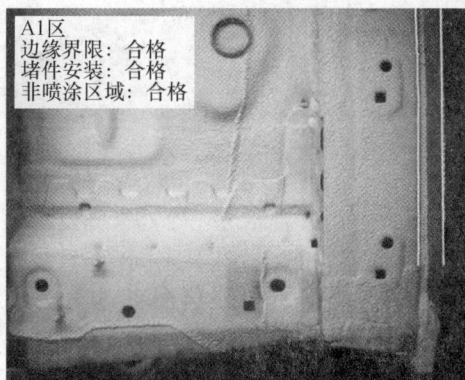

A1区
边缘界限：合格
堵件安装：合格
非喷涂区域：合格

图 5-75　第二种车型 A1 区采样

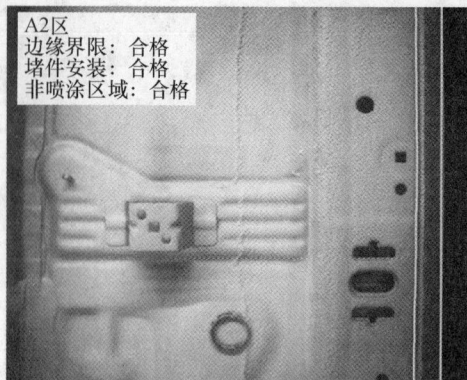

图 5-76 第二种车型 A2 区采样

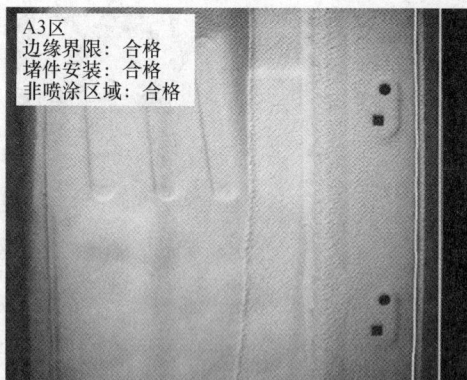

图 5-77 第二种车型 A3 区采样

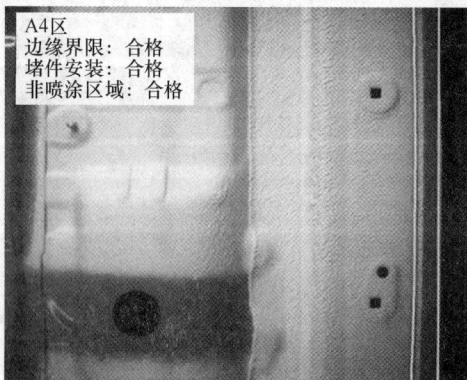

图 5-78 第二种车型 A4 区采样

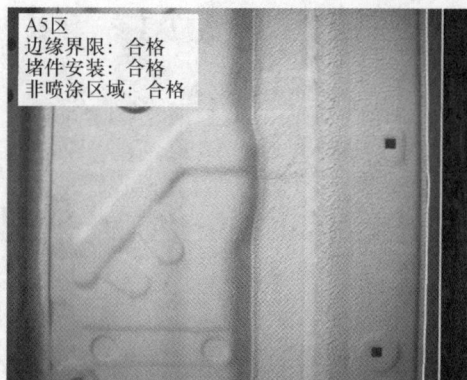

图 5-79 第二种车型 A5 区采样

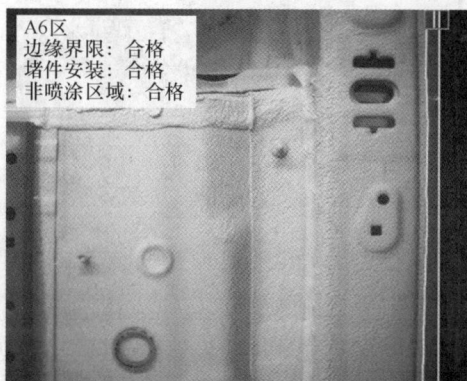

图 5-80 第二种车型 A6 区采样

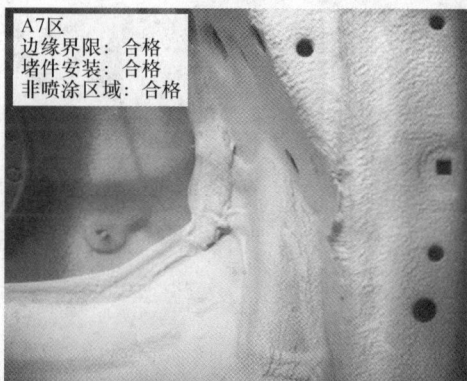

图 5-81 第二种车型 A7 区采样

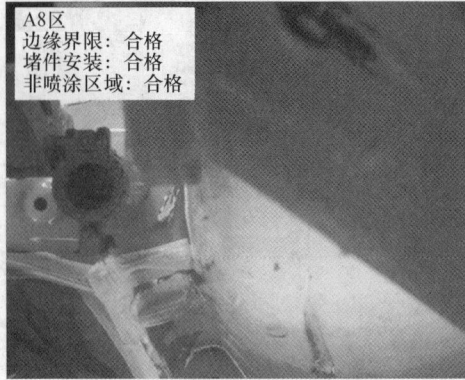

图 5-82 第二种车型 A8 区采样

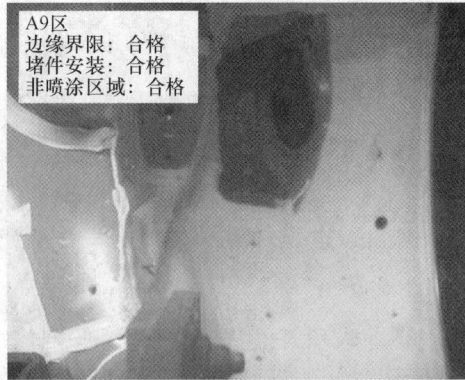

图 5-83 第二种车型 A9 区采样

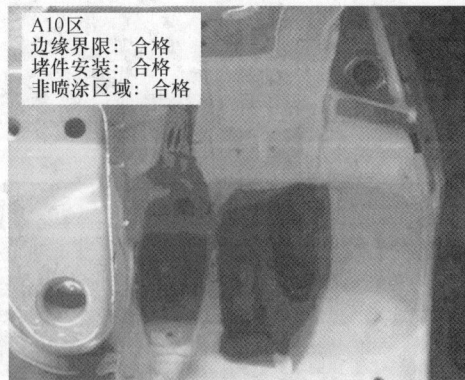

图 5-84 第二种车型 A10 区采样

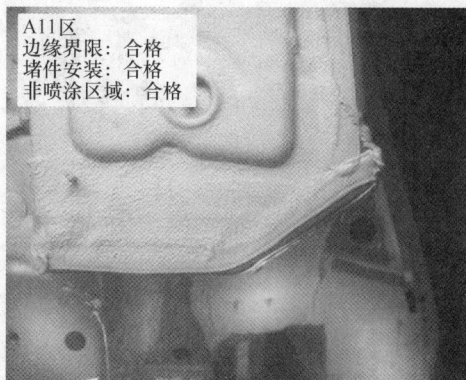

图 5-85　第二种车型 A11 区采样

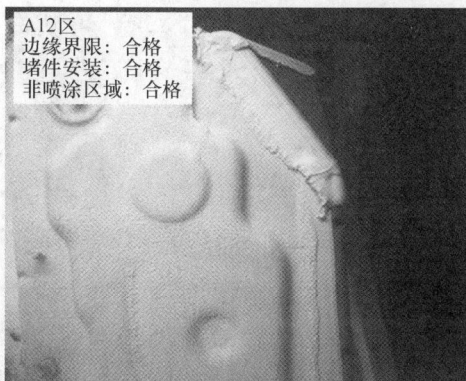

图 5-86　第二种车型 A12 区采样

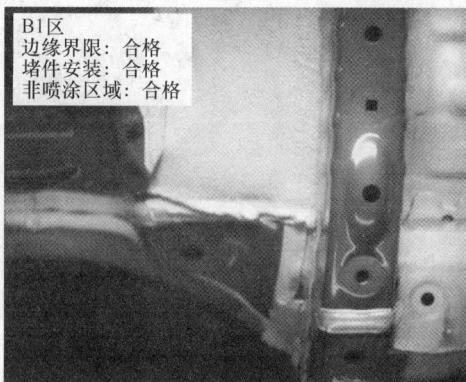

图 5-87　第二种车型 B1 区采样

图 5-88 第二种车型 B2 区采样

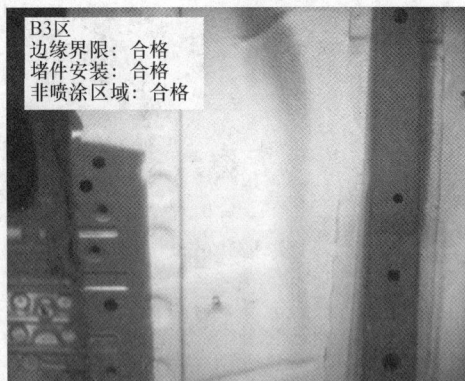

图 5-89 第二种车型 B3 区采样

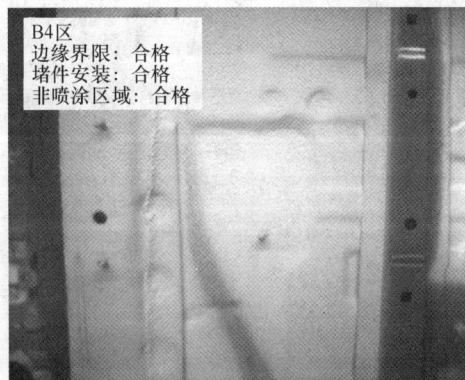

图 5-90 第二种车型 B4 区采样

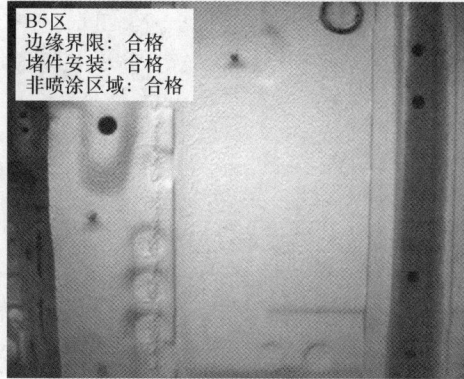

图 5-91　第二种车型 B5 区采样

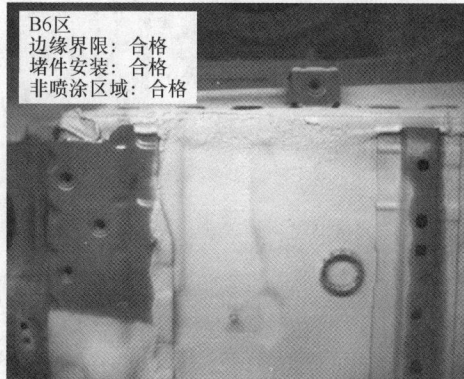

图 5-92　第二种车型 B6 区采样

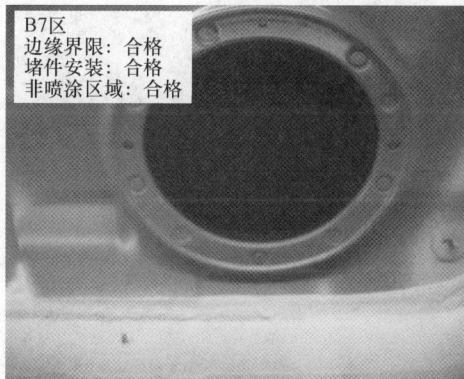

图 5-93　第二种车型 B7 区采样

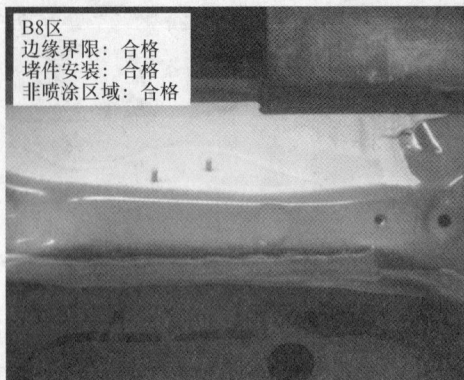

图 5-94 第二种车型 B8 区采样

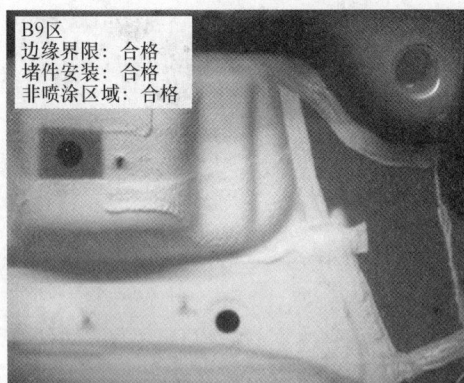

图 5-95 第二种车型 B9 区采样

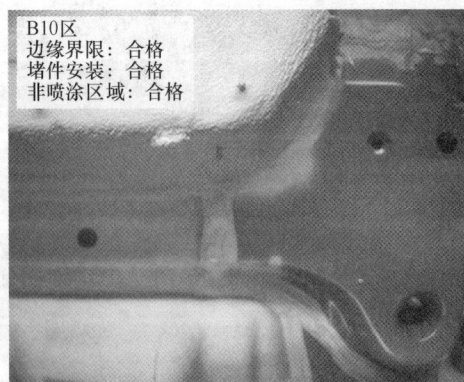

图 5-96 第二种车型 B10 区采样

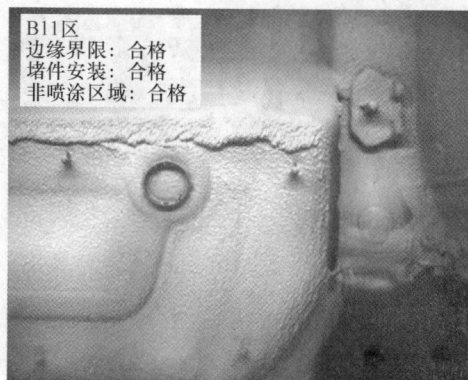

图 5-97 第二种车型 B11 区采样

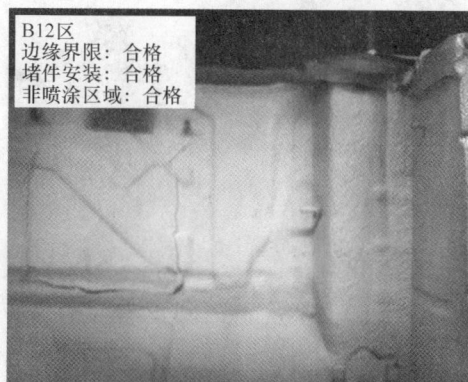

图 5-98 第二种车型 B12 区采样

图 5-99 第二种车型 C1 区采样

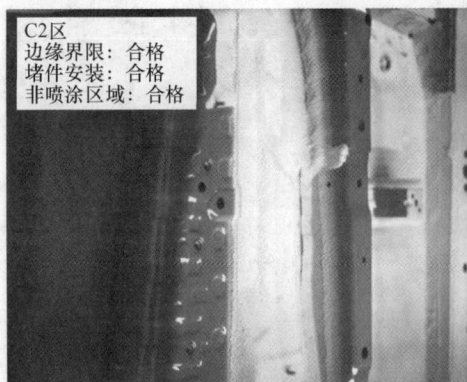

图 5-100 第二种车型 C2 区采样

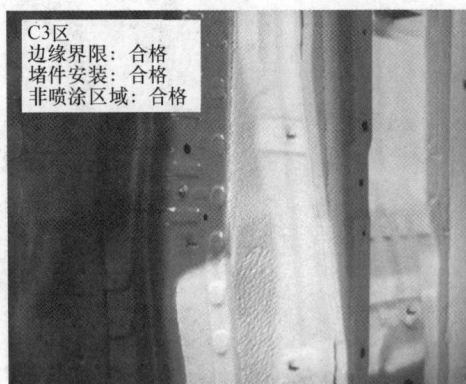

图 5-101 第二种车型 C3 区采样

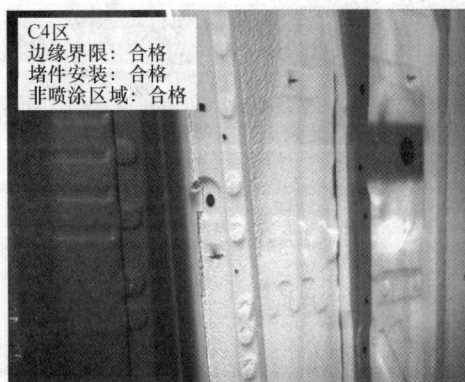

图 5-102 第二种车型 C4 区采样

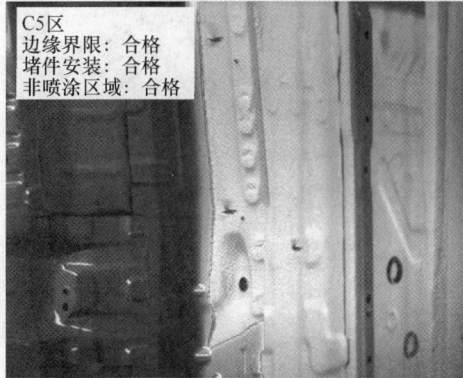

图 5-103 第二种车型 C5 区采样

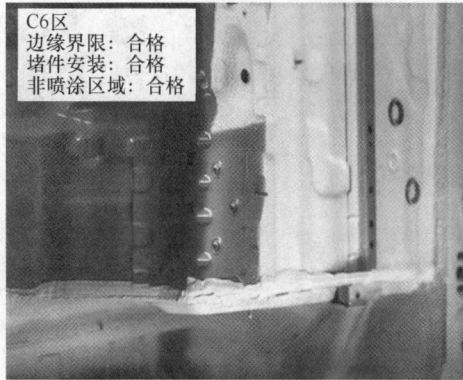

图 5-104 第二种车型 C6 区采样

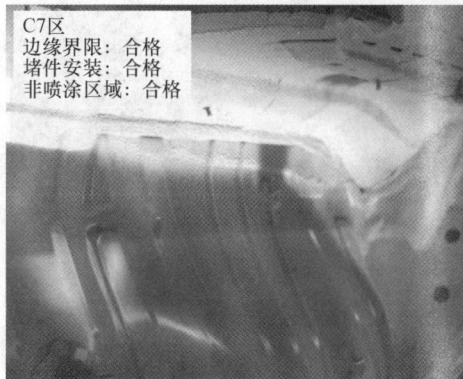

图 5-105 第二种车型 C7 区采样

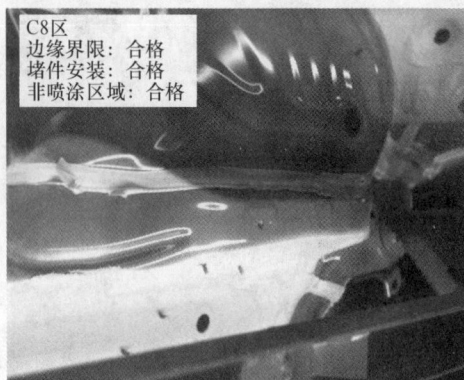

图 5-106   第二种车型 C8 区采样

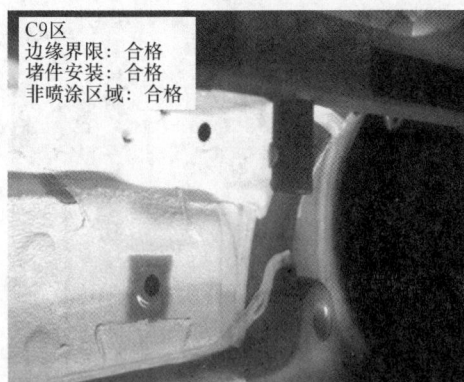

图 5-107   第二种车型 C9 区采样

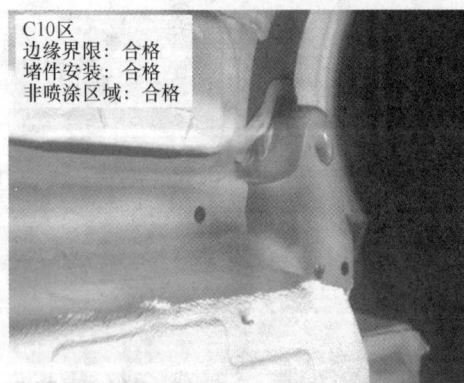

图 5-108   第二种车型 C10 区采样

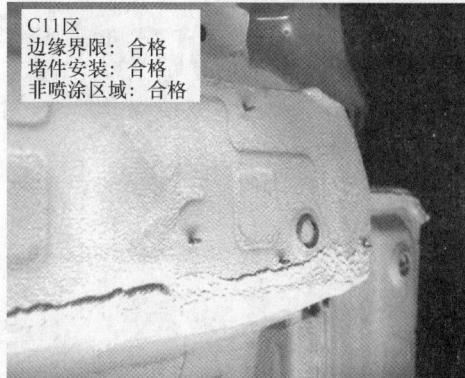

C11区
边缘界限：合格
堵件安装：合格
非喷涂区域：合格

图 5-109　第二种车型 C11 区采样

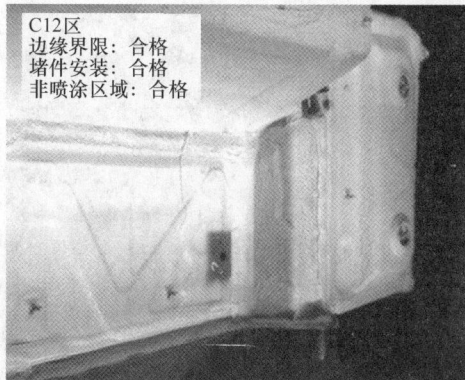

C12区
边缘界限：合格
堵件安装：合格
非喷涂区域：合格

图 5-110　第二种车型 C12 区采样

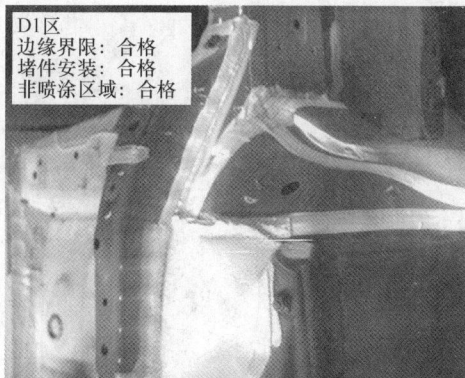

D1区
边缘界限：合格
堵件安装：合格
非喷涂区域：合格

图 5-111　第二种车型 D1 区采样

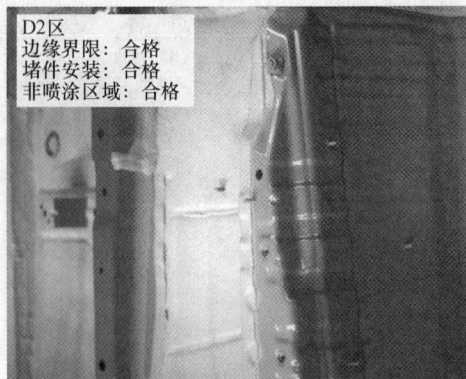

图 5-112 第二种车型 D2 区采样

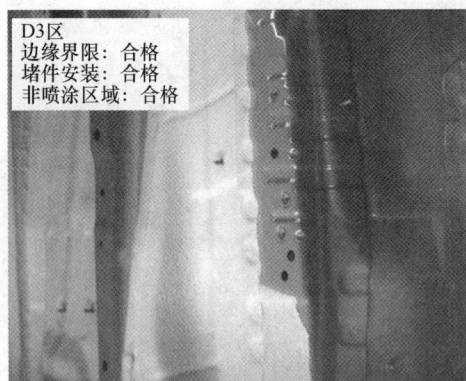

图 5-113 第二种车型 D3 区采样

图 5-114 第二种车型 D4 区采样

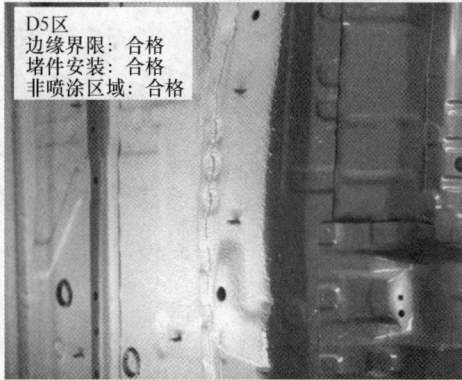

图 5-115　第二种车型 D5 区采样

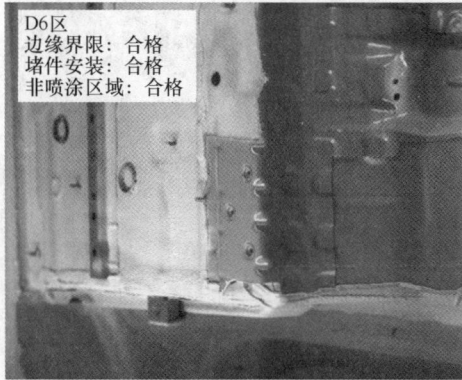

图 5-116　第二种车型 D6 区采样

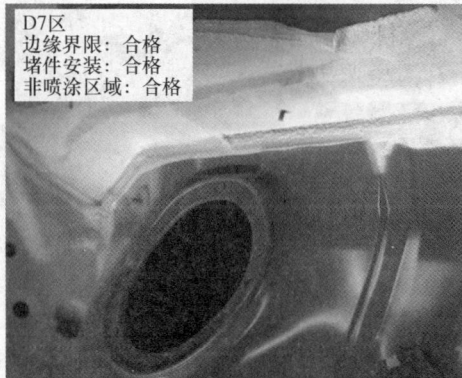

图 5-117　第二种车型 D7 区采样

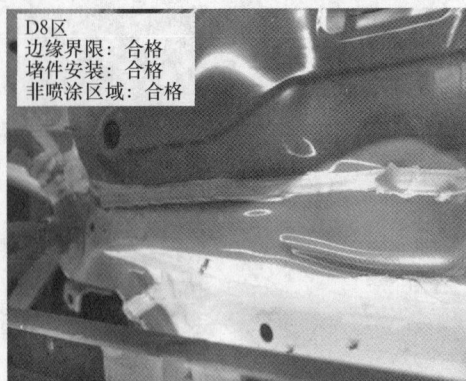

图 5-118 第二种车型 D8 区采样

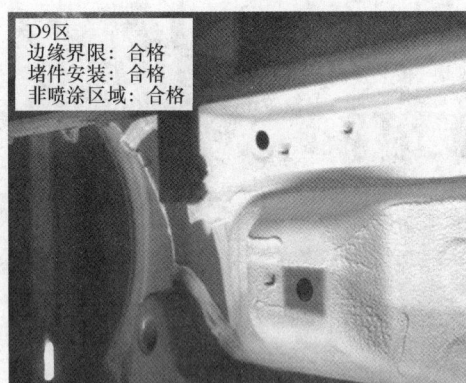

图 5-119 第二种车型 D9 区采样

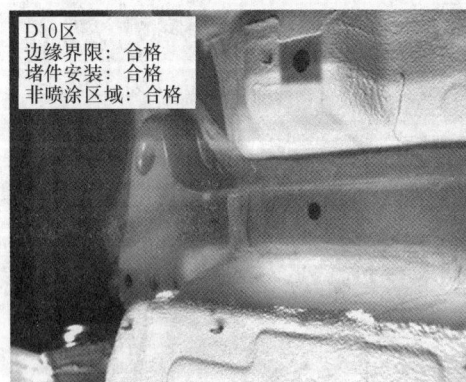

图 5-120 第二种车型 D10 区采样

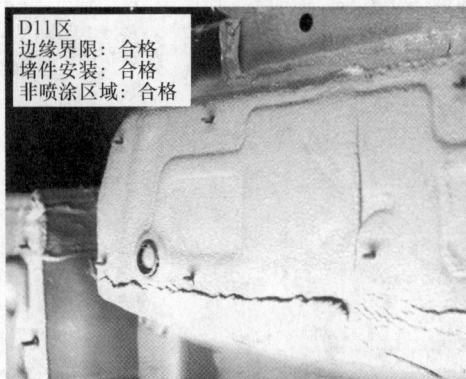

图 5-121 第二种车型 D11 区采样

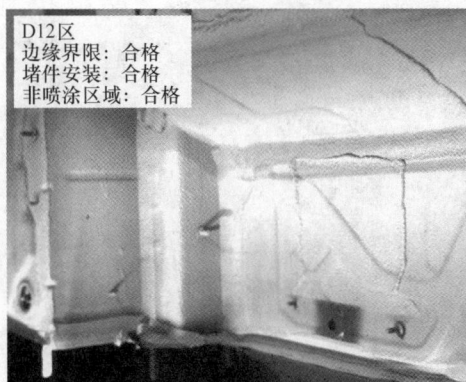

图 5-122 第二种车型 D12 区采样

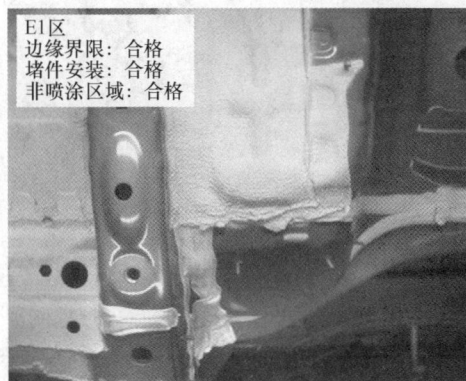

图 5-123 第二种车型 E1 区采样

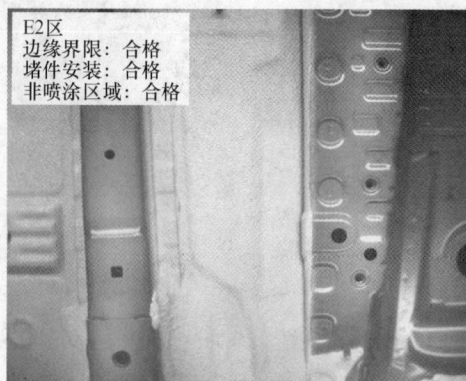

图 5-124 第二种车型 E2 区采样

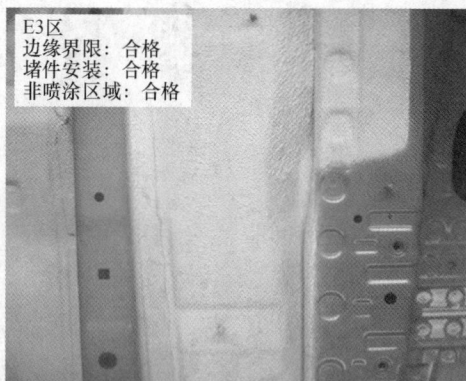

图 5-125 第二种车型 E3 区采样

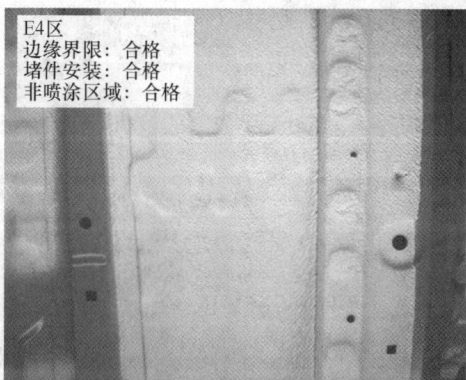

图 5-126 第二种车型 E4 区采样

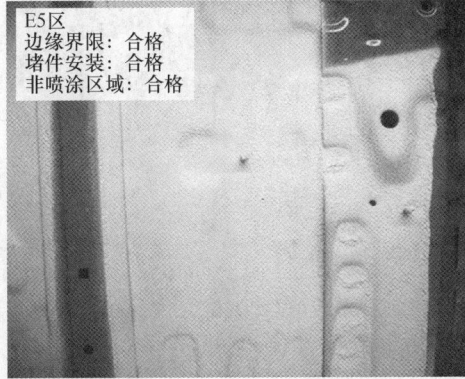

E5区
边缘界限：合格
堵件安装：合格
非喷涂区域：合格

图 5-127　第二种车型 E5 区采样

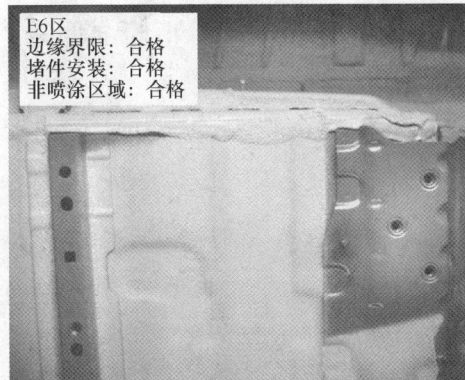

E6区
边缘界限：合格
堵件安装：合格
非喷涂区域：合格

图 5-128　第二种车型 E6 区采样

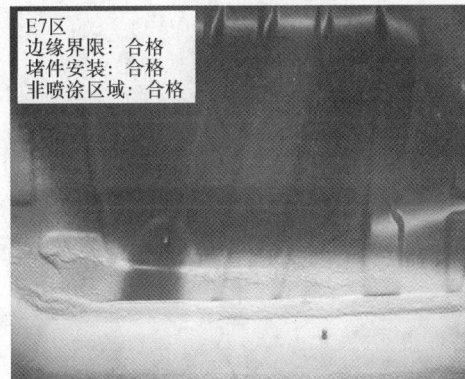

E7区
边缘界限：合格
堵件安装：合格
非喷涂区域：合格

图 5-129　第二种车型 E7 区采样

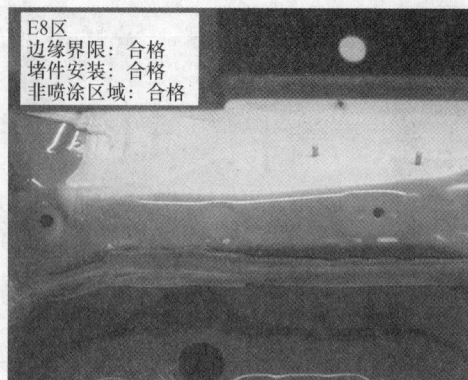

图 5-130　第二种车型 E8 区采样

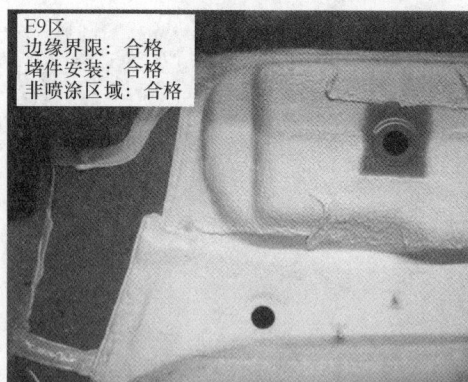

图 5-131　第二种车型 E9 区采样

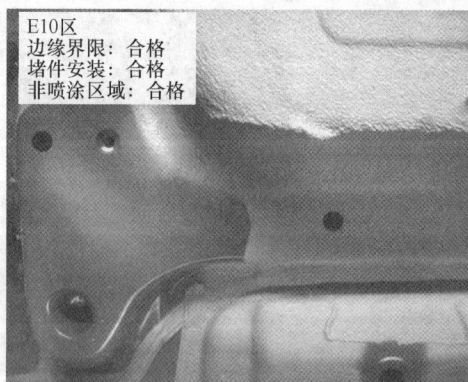

图 5-132　第二种车型 E10 区采样

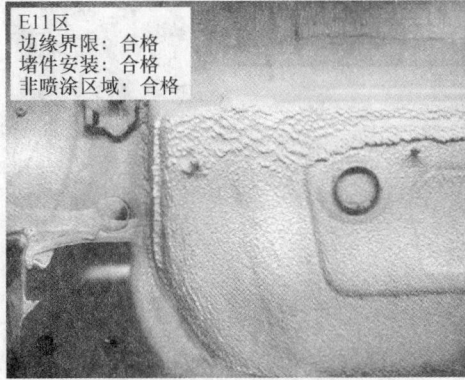

图 5-133 第二种车型 E11 区采样

图 5-134 第二种车型 E12 区采样

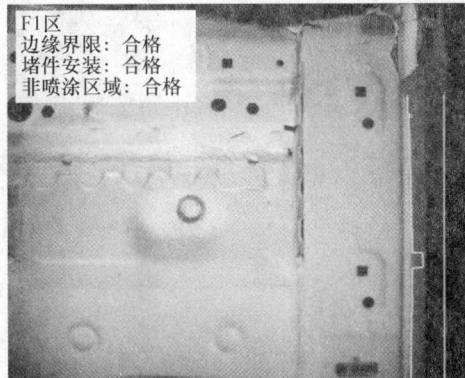

图 5-135 第二种车型 F1 区采样

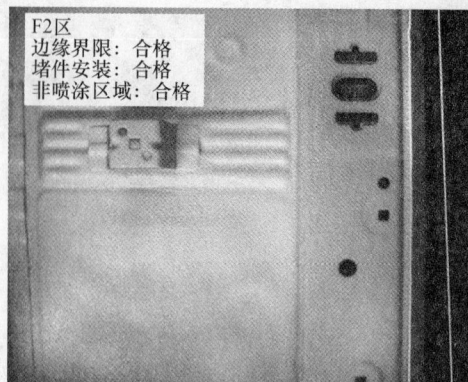

图 5-136 第二种车型 F2 区采样

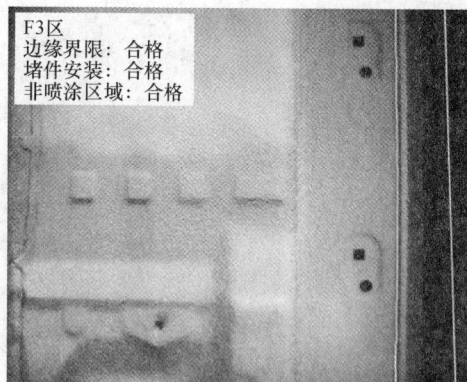

图 5-137 第二种车型 F3 区采样

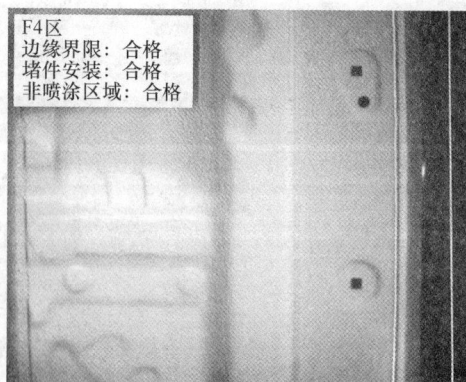

图 5-138 第二种车型 F4 区采样

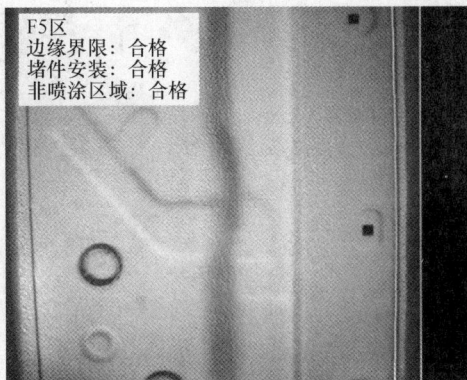

图 5-139 第二种车型 F5 区采样

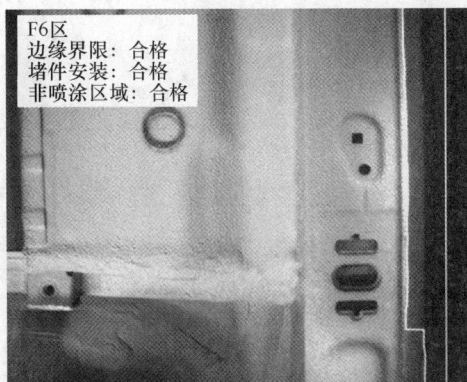

图 5-140 第二种车型 F6 区采样

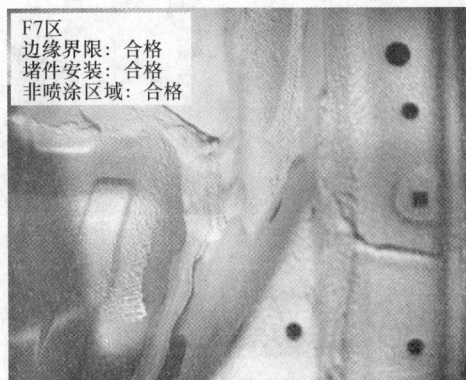

图 5-141 第二种车型 F7 区采样

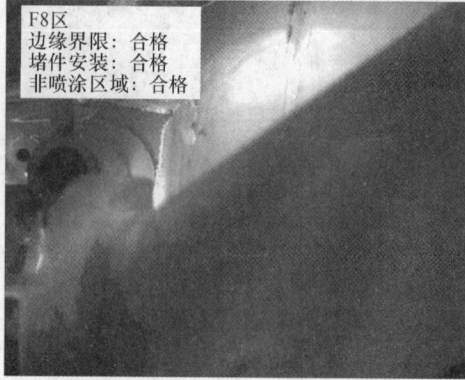

图 5-142 第二种车型 F8 区采样

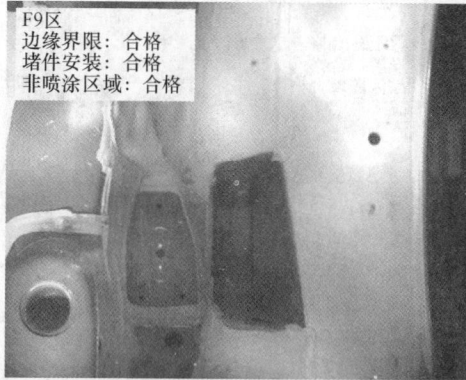

图 5-143 第二种车型 F9 区采样

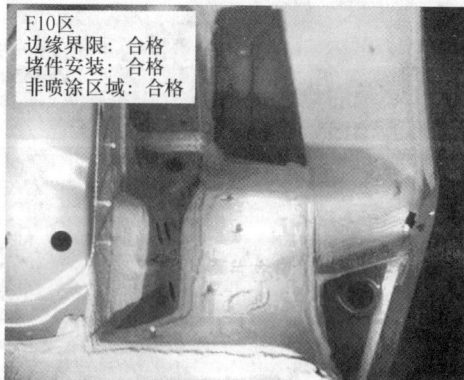

图 5-144 第二种车型 F10 区采样

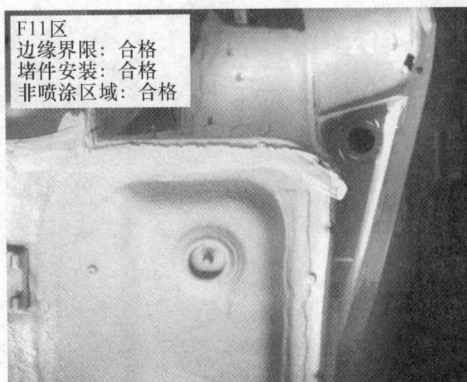

F11区
边缘界限：合格
堵件安装：合格
非喷涂区域：合格

图 5-145　第二种车型 F11 区采样

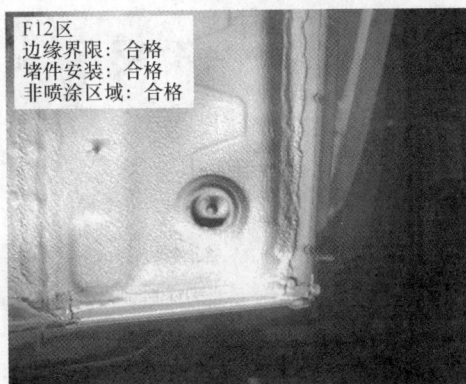

F12区
边缘界限：合格
堵件安装：合格
非喷涂区域：合格

图 5-146　第二种车型 F12 区采样

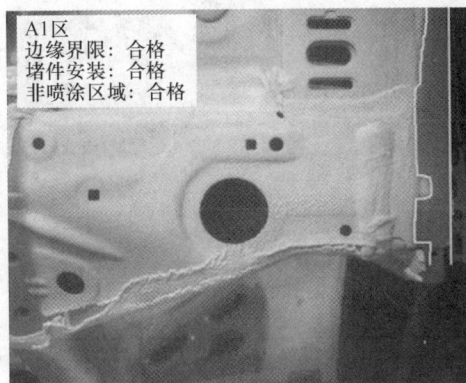

A1区
边缘界限：合格
堵件安装：合格
非喷涂区域：合格

图 5-147　第三种车型 A1 区采样

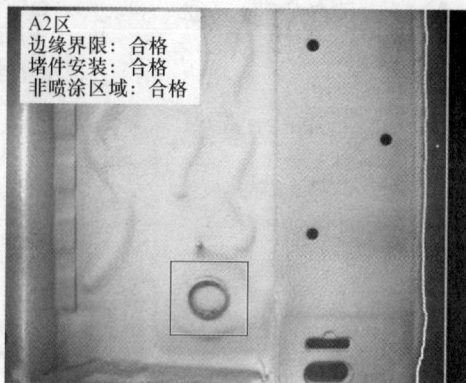

图 5-148 第三种车型 A2 区采样

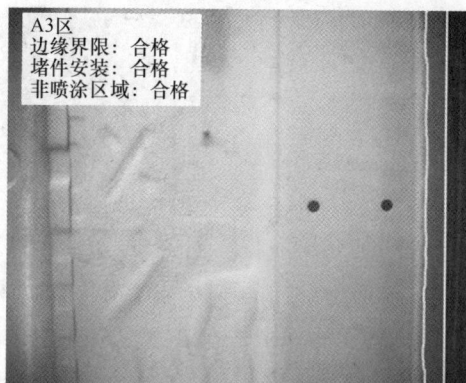

图 5-149 第三种车型 A3 区采样

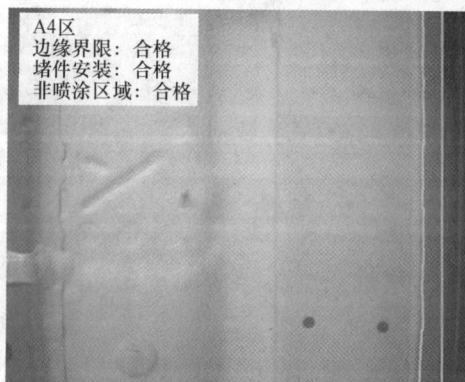

图 5-150 第三种车型 A4 区采样

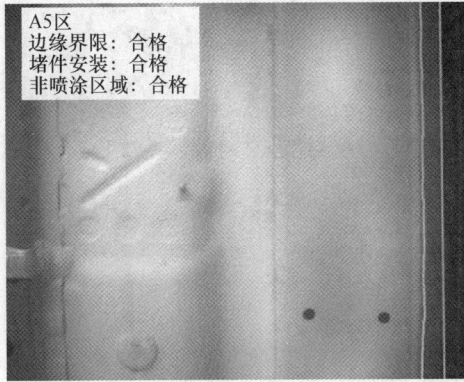

图 5-151 第三种车型 A5 区采样

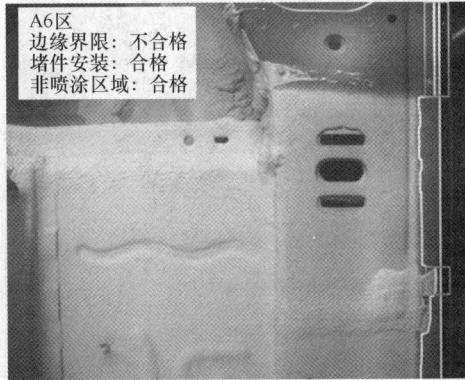

图 5-152 第三种车型 A6 区采样

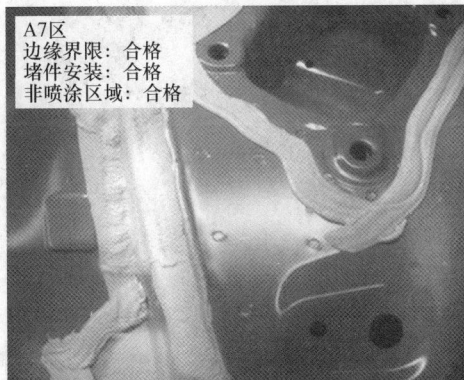

图 5-153 第三种车型 A7 区采样

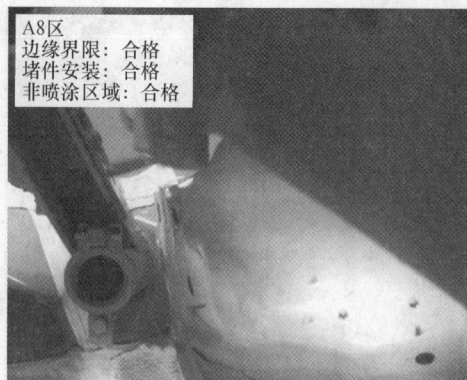

图 5-154 第三种车型 A8 区采样

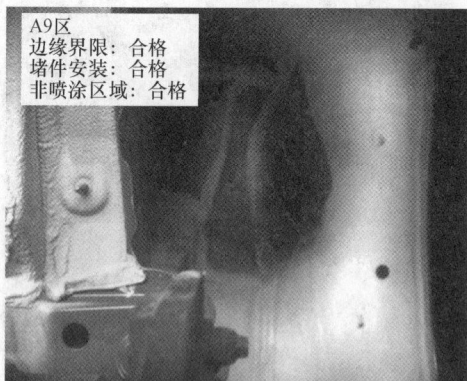

图 5-155 第三种车型 A9 区采样

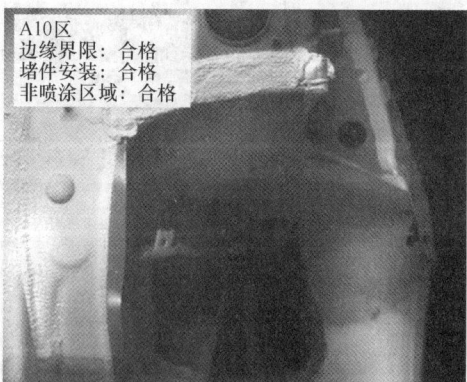

图 5-156 第三种车型 A10 区采样

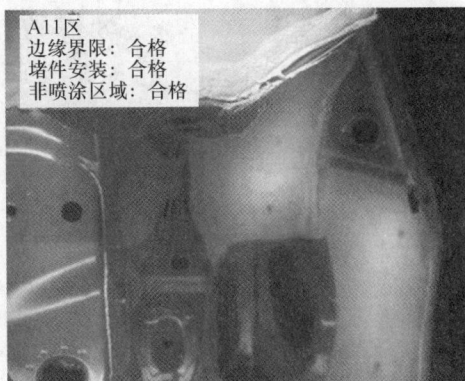

图 5-157 第三种车型 A11 区采样

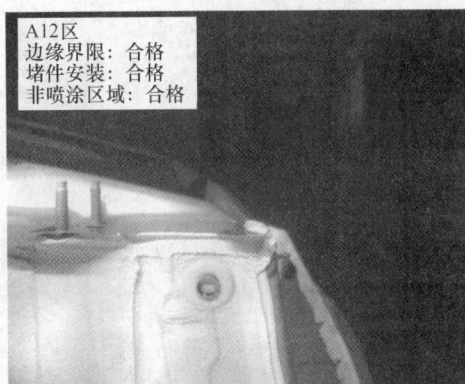

图 5-158 第三种车型 A12 区采样

图 5-159 第三种车型 B1 区采样

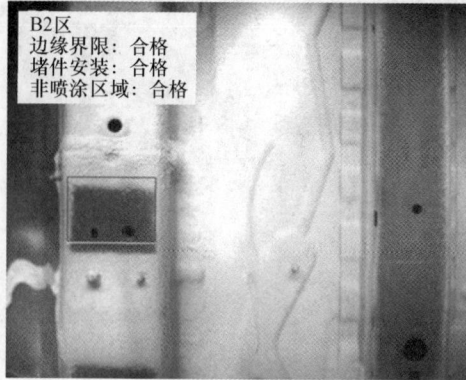

图 5-160 第三种车型 B2 区采样

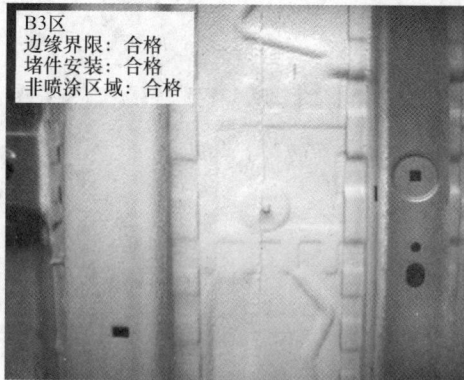

图 5-161 第三种车型 B3 区采样

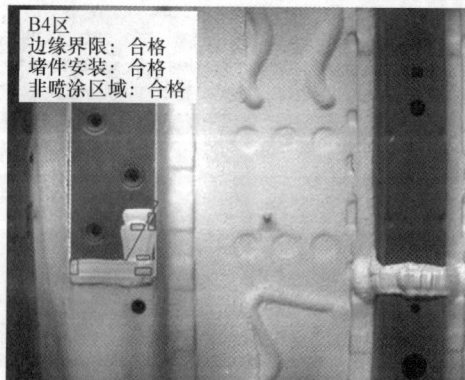

图 5-162 第三种车型 B4 区采样

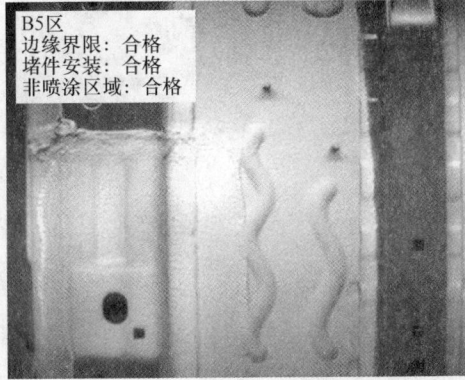

图 5-163 第三种车型 B5 区采样

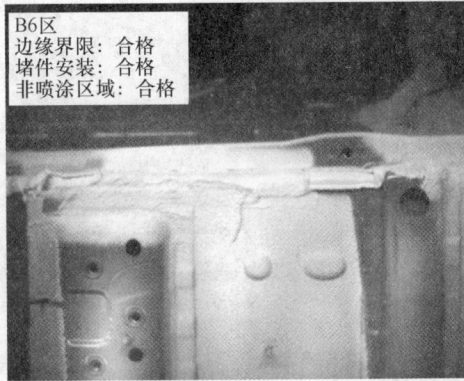

图 5-164 第三种车型 B6 区采样

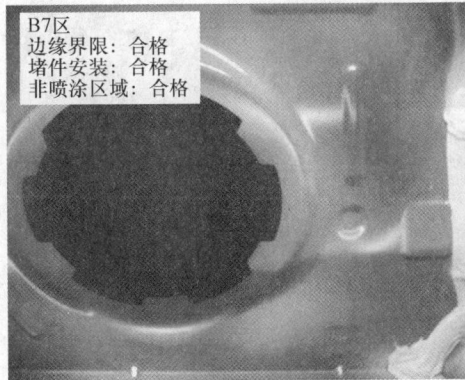

图 5-165 第三种车型 B7 区采样

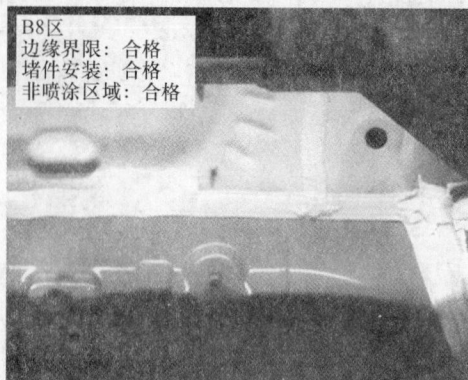

图 5-166　第三种车型 B8 区采样

图 5-167　第三种车型 B9 区采样

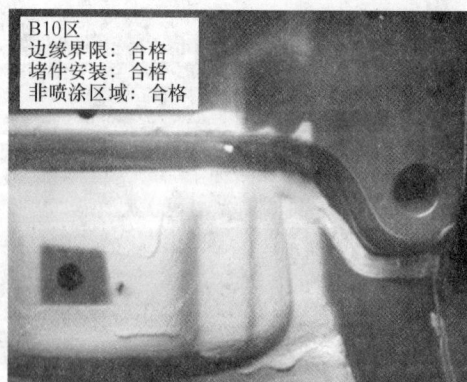

图 5-168　第三种车型 B10 区采样

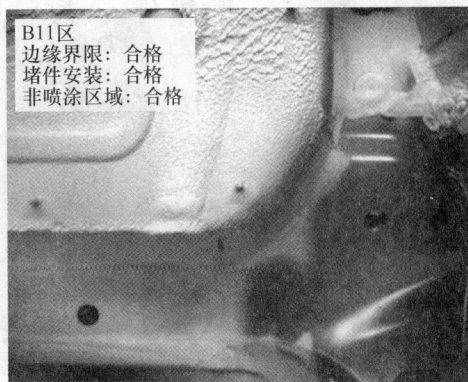

图 5-169　第三种车型 B11 区采样

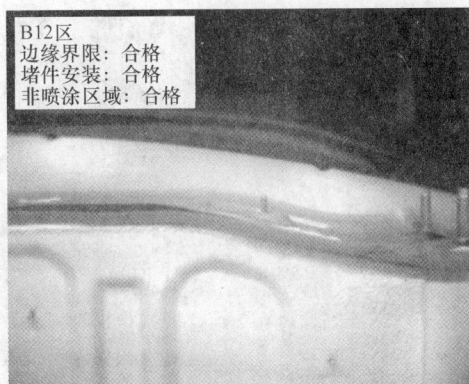

图 5-170　第三种车型 B12 区采样

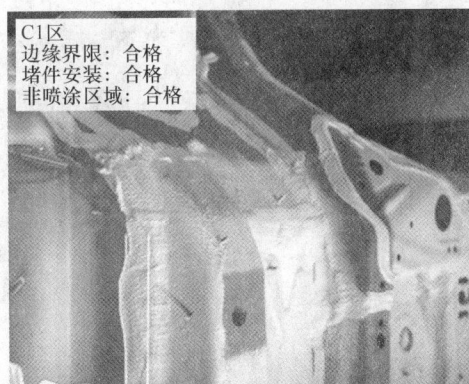

图 5-171　第三种车型 C1 区采样

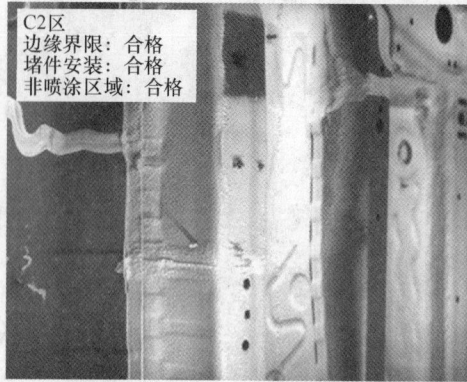

C2区
边缘界限：合格
堵件安装：合格
非喷涂区域：合格

图 5-172 第三种车型 C2 区采样

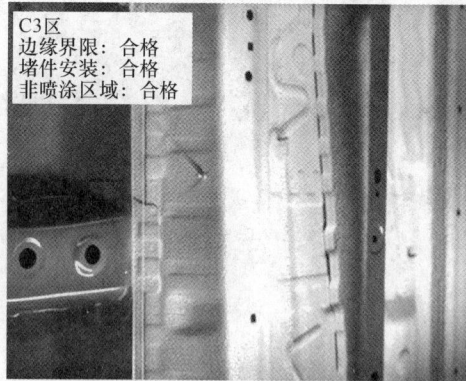

C3区
边缘界限：合格
堵件安装：合格
非喷涂区域：合格

图 5-173 第三种车型 C3 区采样

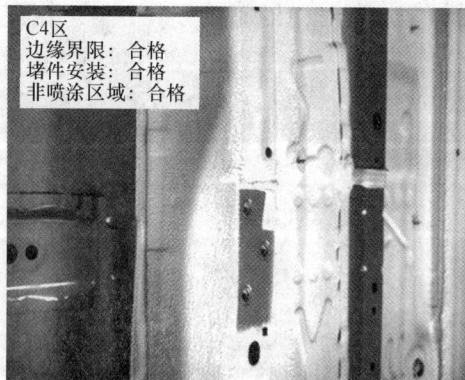

C4区
边缘界限：合格
堵件安装：合格
非喷涂区域：合格

图 5-174 第三种车型 C4 区采样

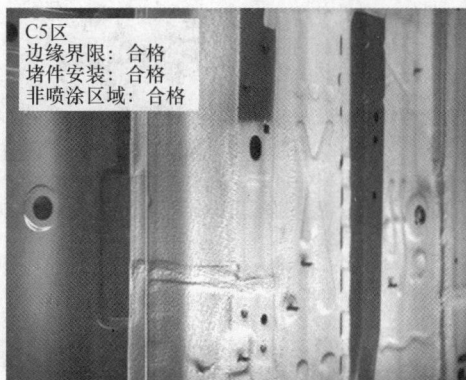

图 5-175 第三种车型 C5 区采样

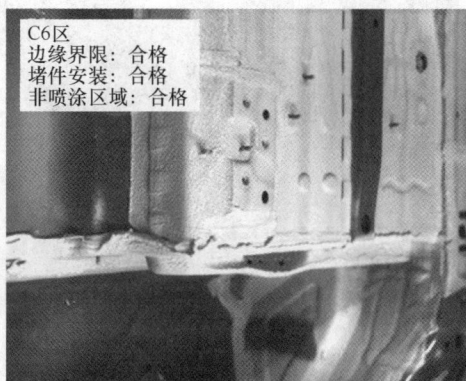

图 5-176 第三种车型 C6 区采样

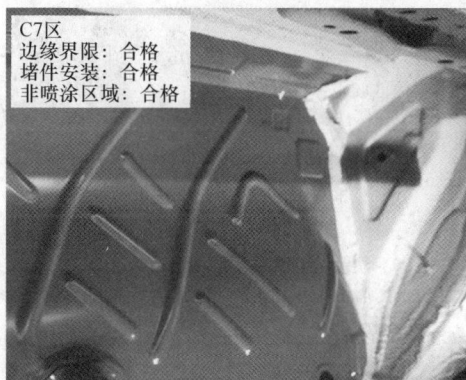

图 5-177 第三种车型 C7 区采样

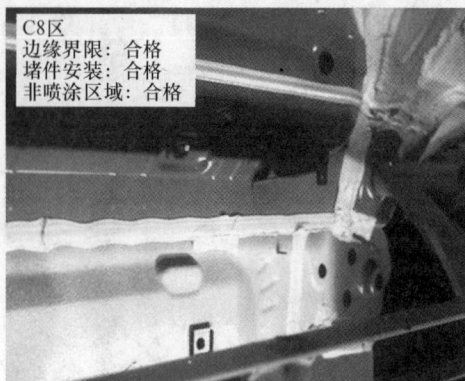

图 5-178 第三种车型 C8 区采样

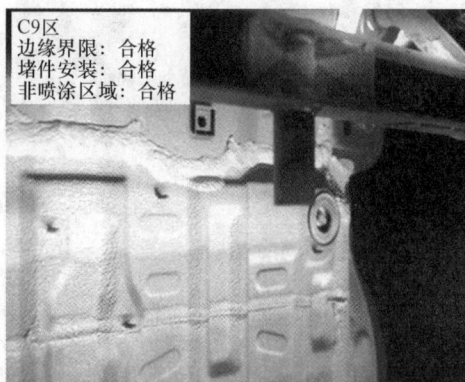

图 5-179 第三种车型 C9 区采样

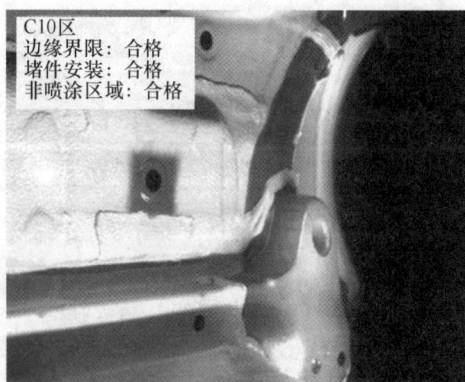

图 5-180 第三种车型 C10 区采样

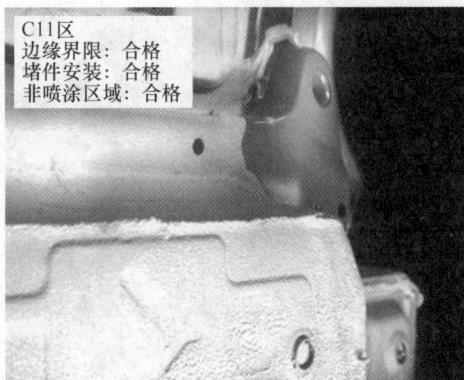

图 5-181 第三种车型 C11 区采样

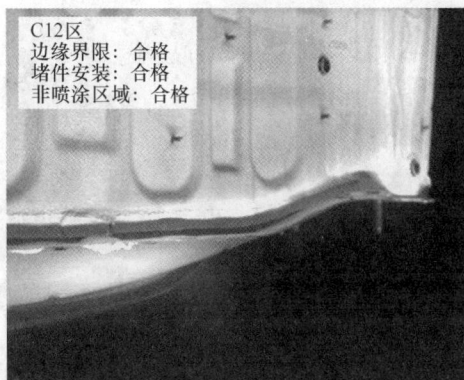

图 5-182 第三种车型 C12 区采样

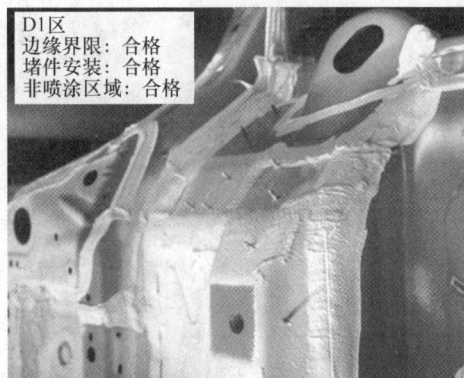

图 5-183 第三种车型 D1 区采样

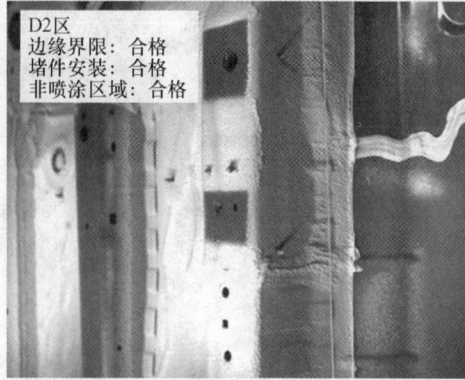

图 5-184 第三种车型 D2 区采样

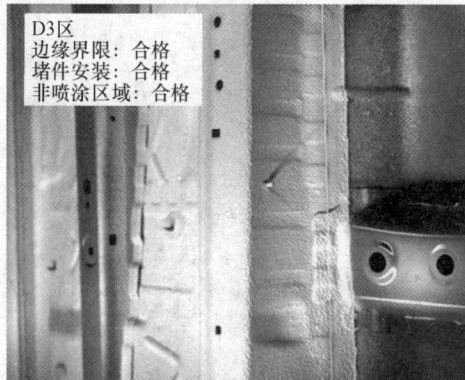

图 5-185 第三种车型 D3 区采样

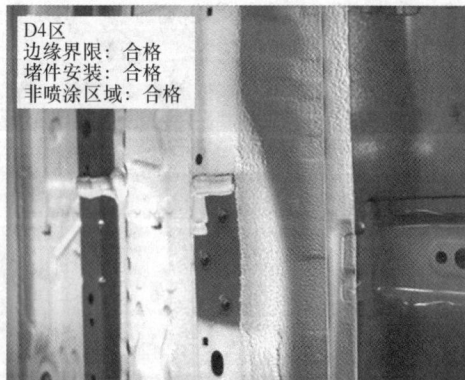

图 5-186 第三种车型 D4 区采样

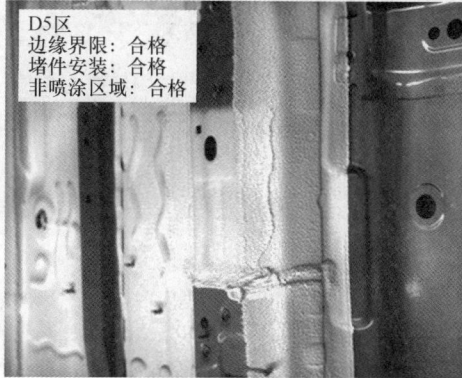

图 5-187 第三种车型 D5 区采样

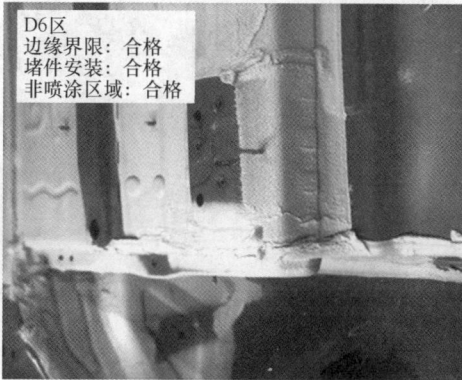

图 5-188 第三种车型 D6 区采样

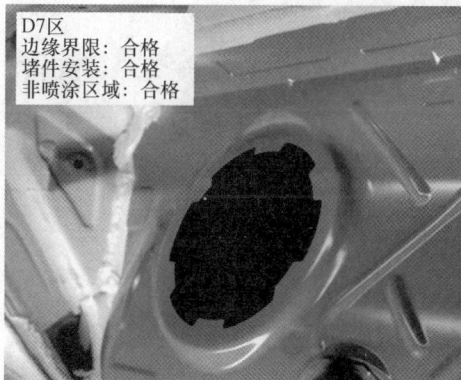

图 5-189 第三种车型 D7 区采样

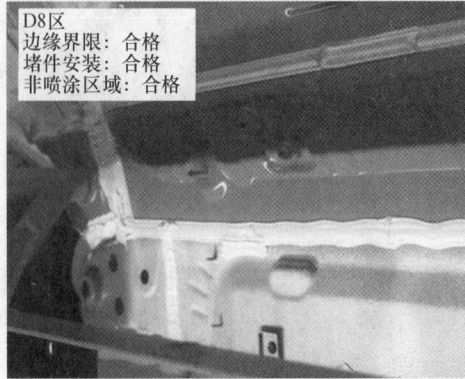

图 5-190 第三种车型 D8 区采样

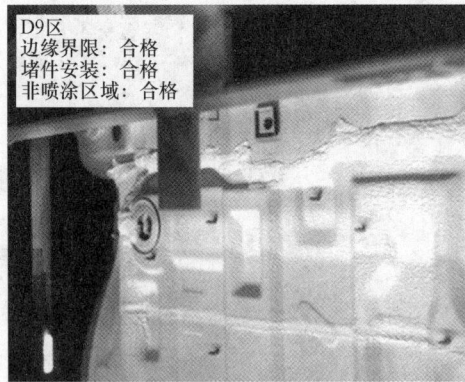

图 5-191 第三种车型 D9 区采样

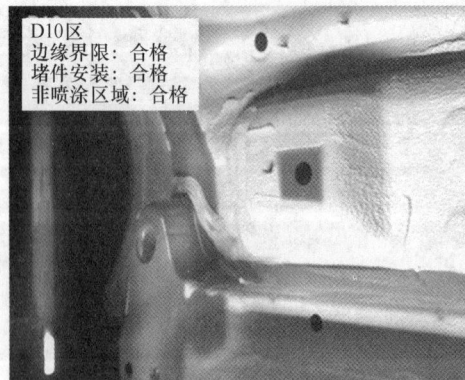

图 5-192 第三种车型 D10 区采样

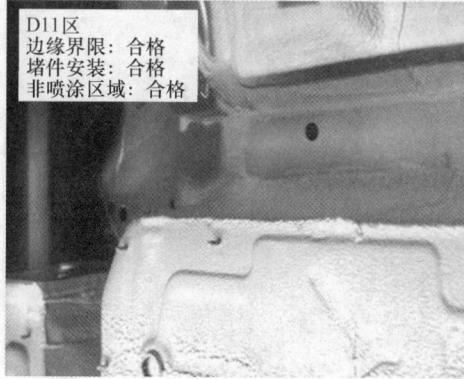

D11区
边缘界限：合格
堵件安装：合格
非喷涂区域：合格

图 5-193 第三种车型 D11 区采样

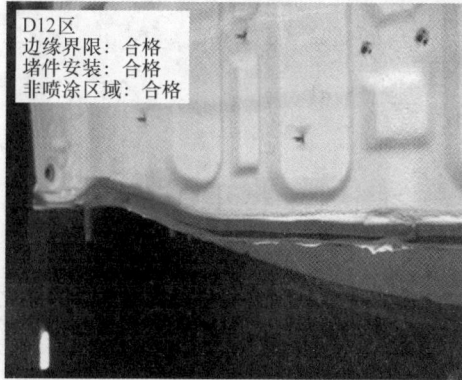

D12区
边缘界限：合格
堵件安装：合格
非喷涂区域：合格

图 5-194 第三种车型 D12 区采样

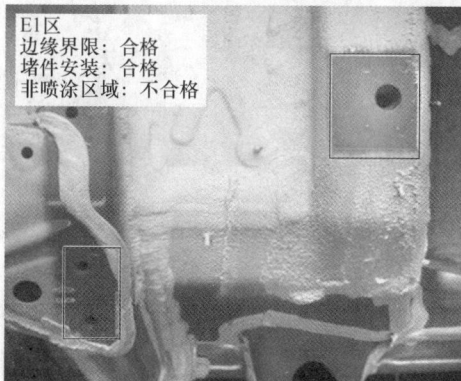

E1区
边缘界限：合格
堵件安装：合格
非喷涂区域：不合格

图 5-195 第三种车型 E1 区采样

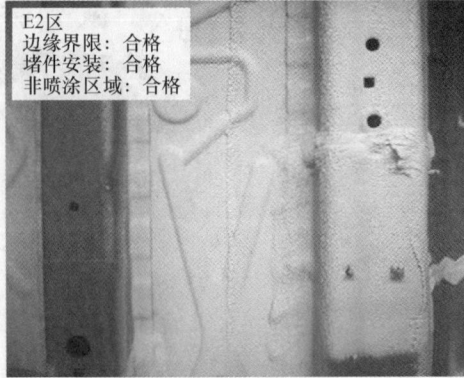

图 5-196   第三种车型 E2 区采样

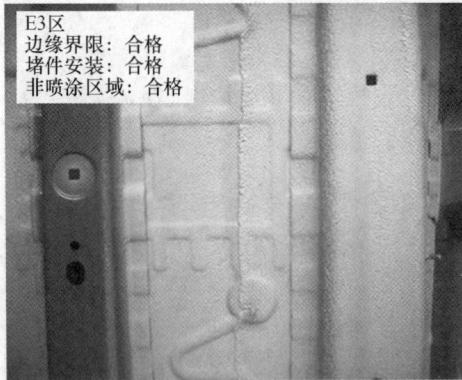

图 5-197   第三种车型 E3 区采样

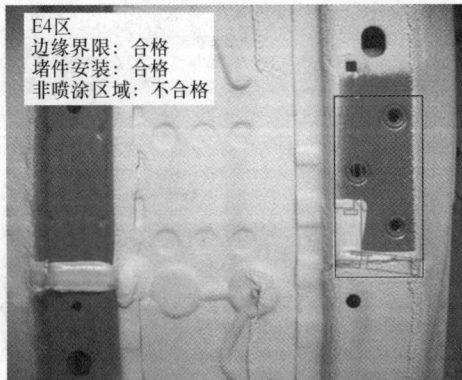

图 5-198   第三种车型 E4 区采样

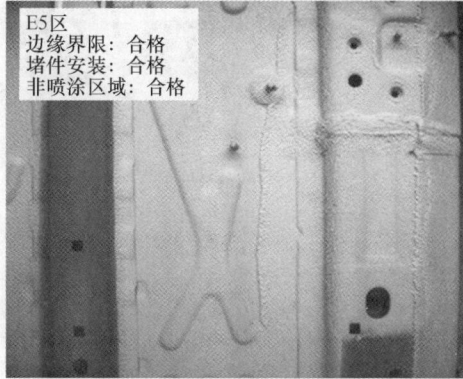

E5区
边缘界限：合格
堵件安装：合格
非喷涂区域：合格

图 5-199　第三种车型 E5 区采样

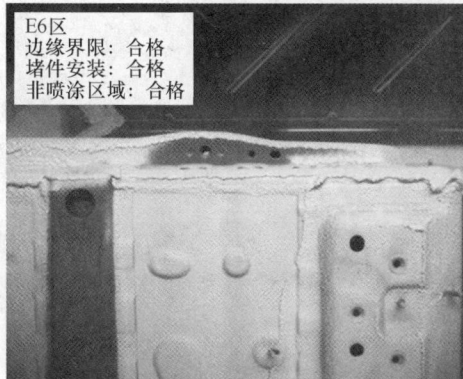

E6区
边缘界限：合格
堵件安装：合格
非喷涂区域：合格

图 5-200　第三种车型 E6 区采样

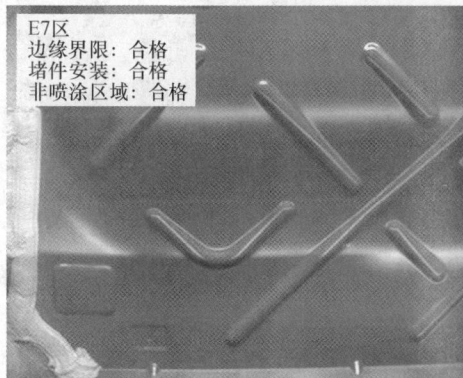

E7区
边缘界限：合格
堵件安装：合格
非喷涂区域：合格

图 5-201　第三种车型 E7 区采样

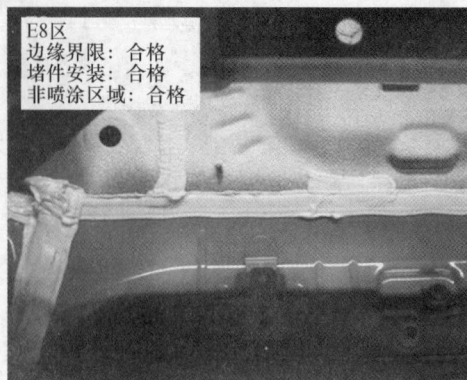

图 5-202 第三种车型 E8 区采样

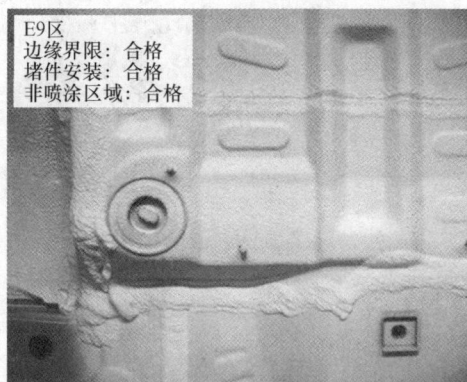

图 5-203 第三种车型 E9 区采样

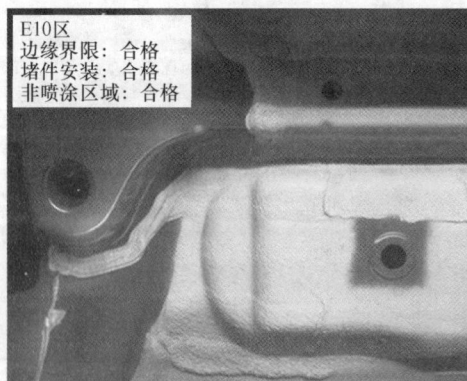

图 5-204 第三种车型 E10 区采样

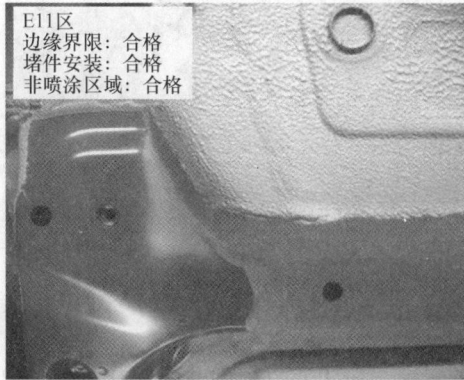

图 5-205 第三种车型 E11 区采样

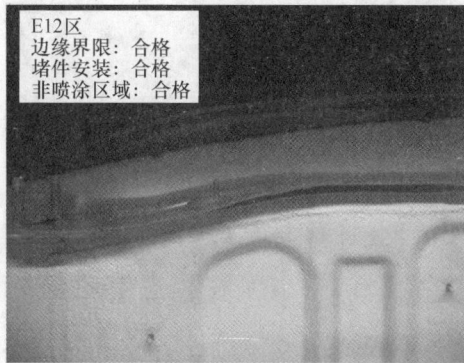

图 5-206 第三种车型 E12 区采样

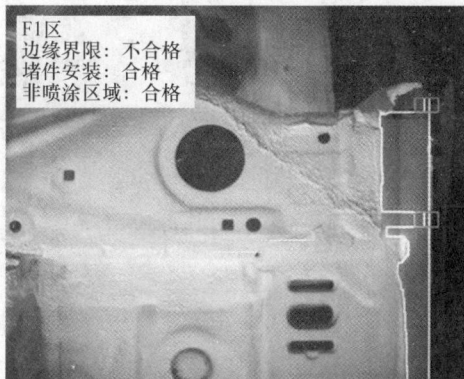

图 5-207 第三种车型 F1 区采样

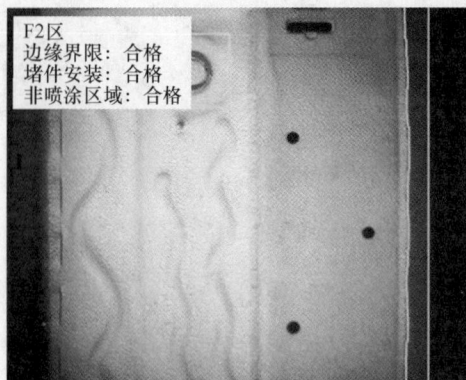

图 5-208 第三种车型 F2 区采样

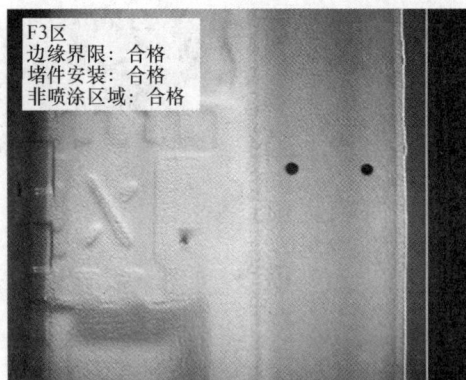

图 5-209 第三种车型 F3 区采样

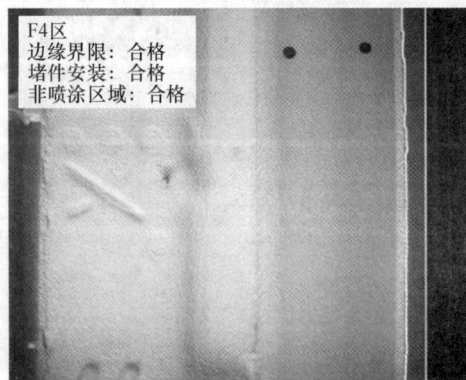

图 5-210 第三种车型 F4 区采样

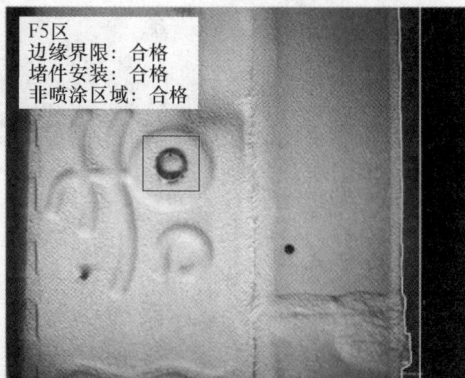

图 5-211 第三种车型 F5 区采样

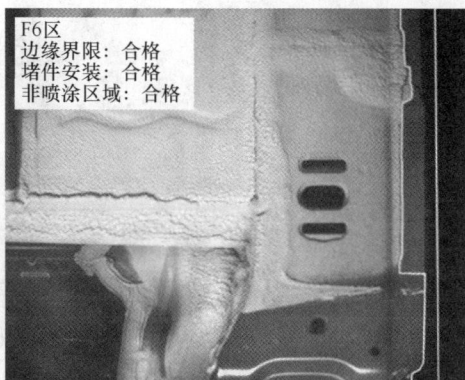

图 5-212 第三种车型 F6 区采样

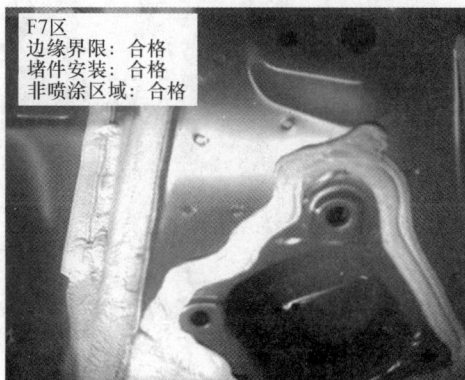

图 5-213 第三种车型 F7 区采样

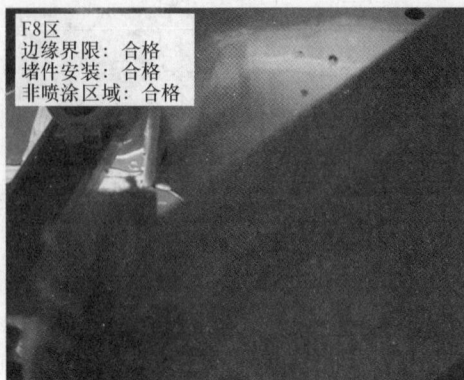

图 5-214   第三种车型 F8 区采样

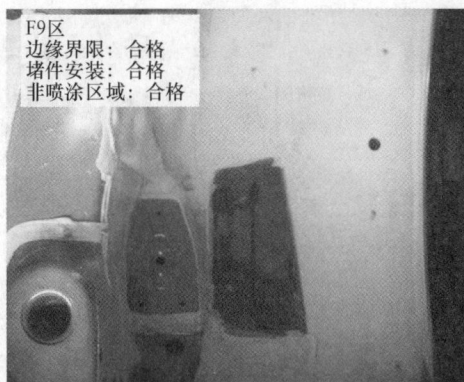

图 5-215   第三种车型 F9 区采样

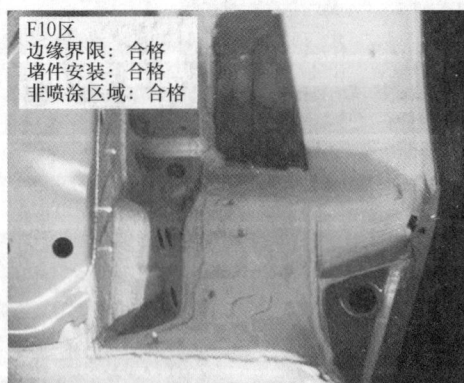

图 5-216   第三种车型 F10 区采样

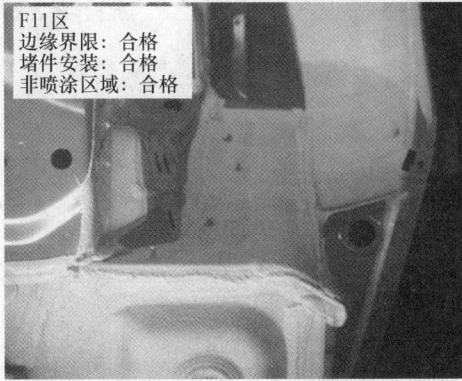

图 5-217 第三种车型 F11 区采样

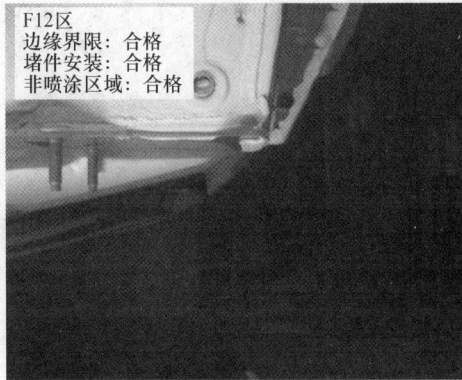

图 5-218 第三种车型 F12 区采样

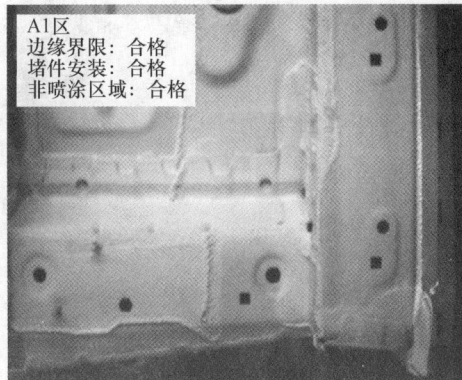

图 5-219 第四种车型 A1 区采样

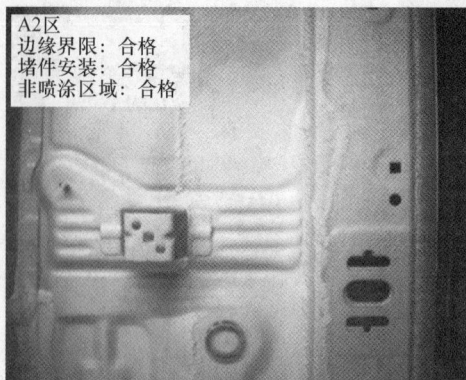

图 5-220 第四种车型 A2 区采样

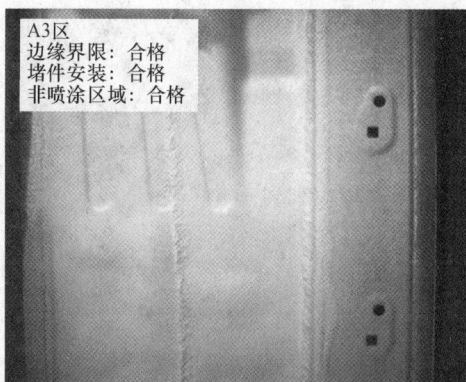

图 5-221 第四种车型 A3 区采样

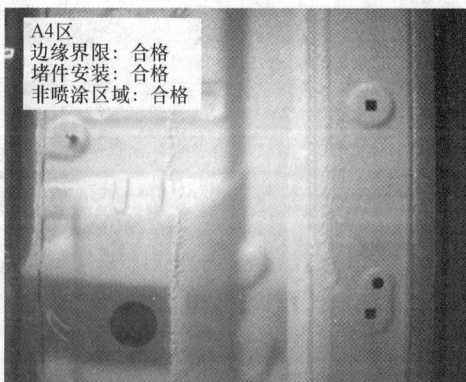

图 5-222 第四种车型 A4 区采样

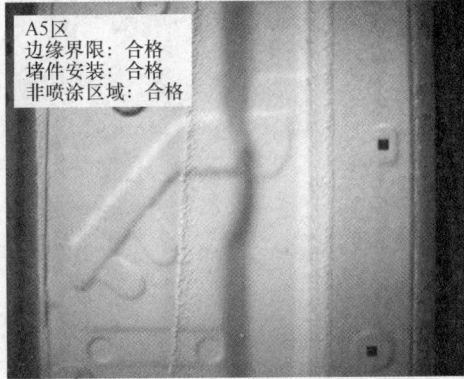

图 5-223 第四种车型 A5 区采样

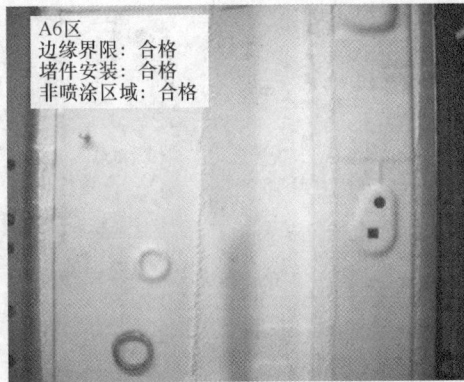

图 5-224 第四种车型 A6 区采样

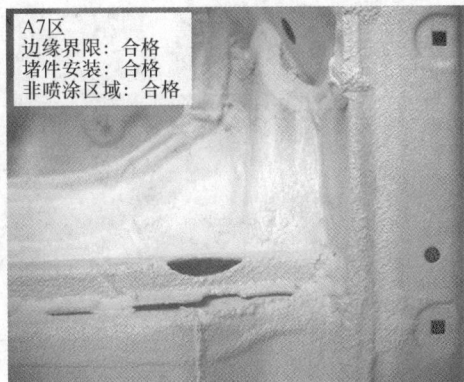

图 5-225 第四种车型 A7 区采样

A8区
边缘界限：合格
堵件安装：合格
非喷涂区域：合格

图 5-226　第四种车型 A8 区采样

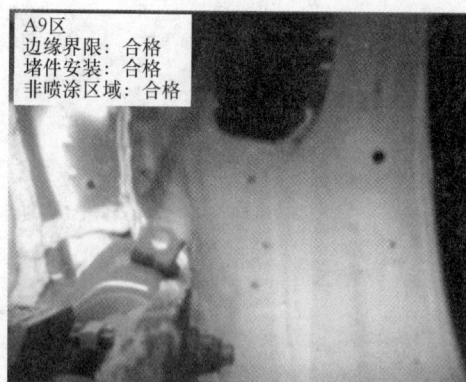

A9区
边缘界限：合格
堵件安装：合格
非喷涂区域：合格

图 5-227　第四种车型 A9 区采样

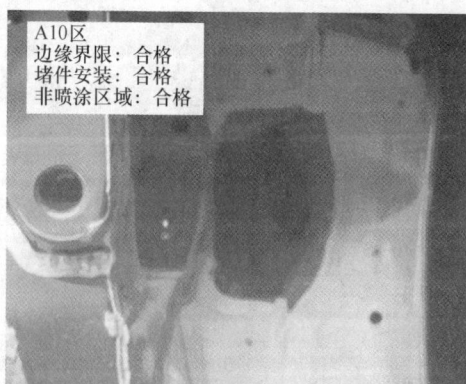

A10区
边缘界限：合格
堵件安装：合格
非喷涂区域：合格

图 5-228　第四种车型 A10 区采样

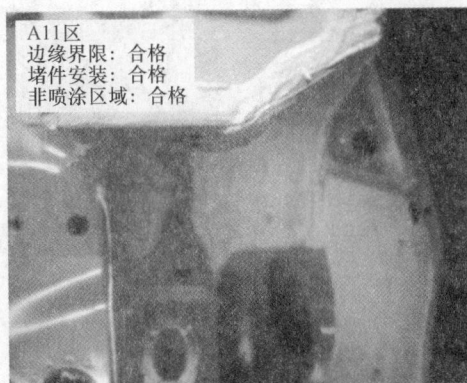

图 5-229 第四种车型 A11 区采样

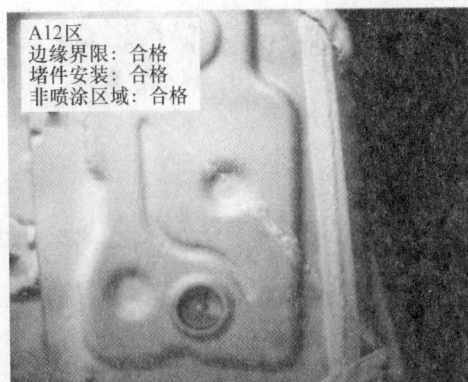

图 5-230 第四种车型 A12 区采样

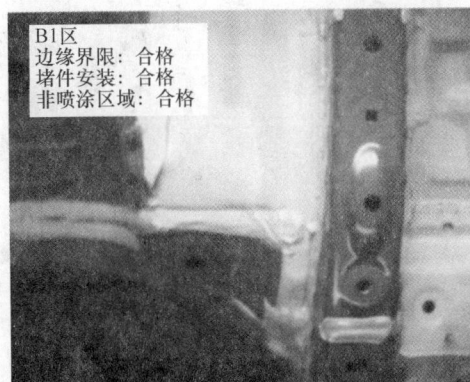

图 5-231 第四种车型 B1 区采样

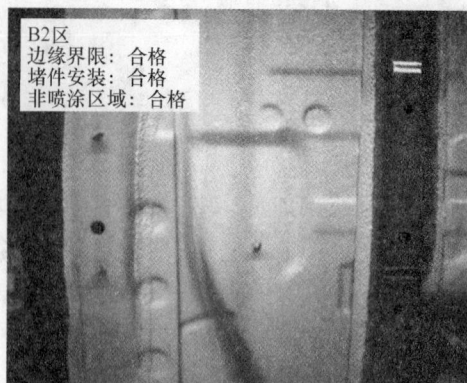

图 5-232 第四种车型 B2 区采样

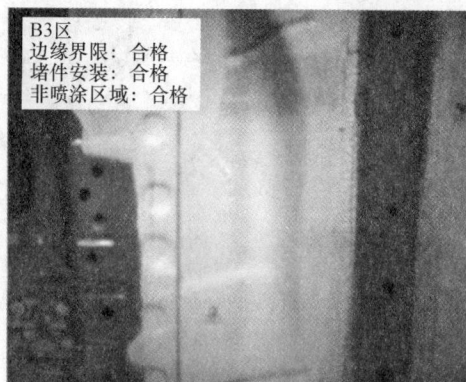

图 5-233 第四种车型 B3 区采样

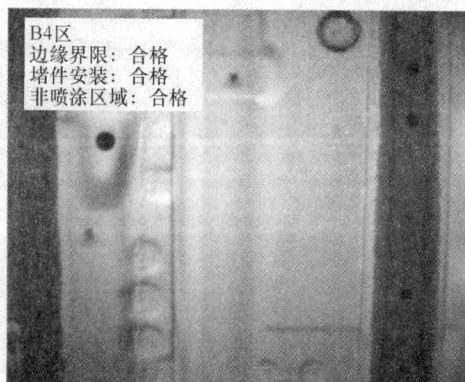

图 5-234 第四种车型 B4 区采样

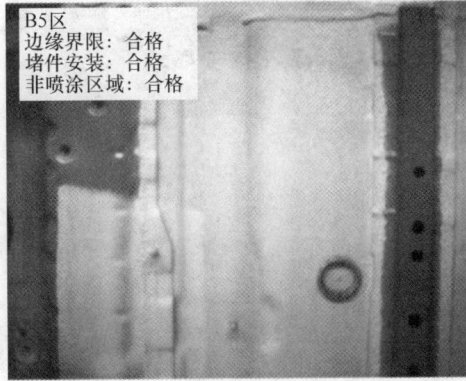

B5区
边缘界限：合格
堵件安装：合格
非喷涂区域：合格

图 5-235　第四种车型 B5 区采样

B6区
边缘界限：合格
堵件安装：合格
非喷涂区域：合格

图 5-236　第四种车型 B6 区采样

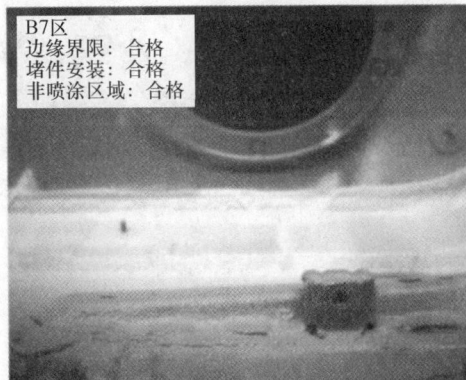

B7区
边缘界限：合格
堵件安装：合格
非喷涂区域：合格

图 5-237　第四种车型 B7 区采样

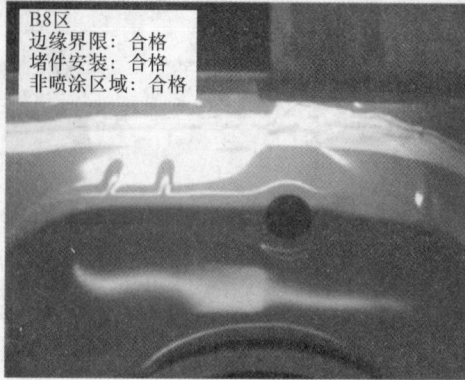

图 5-238 第四种车型 B8 区采样

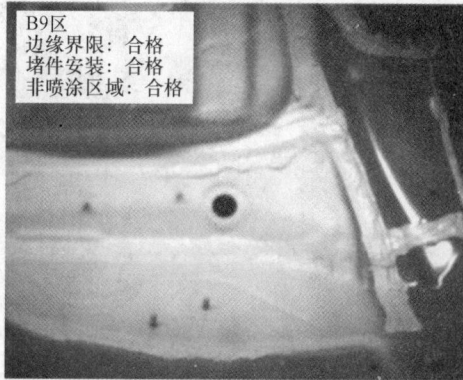

图 5-239 第四种车型 B9 区采样

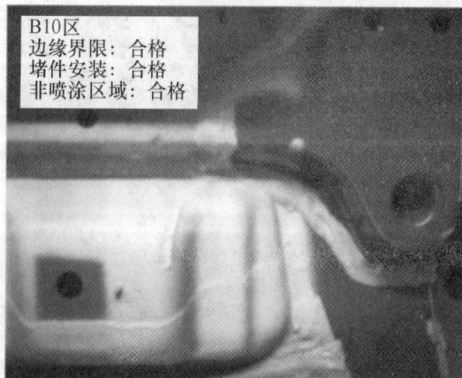

图 5-240 第四种车型 B10 区采样

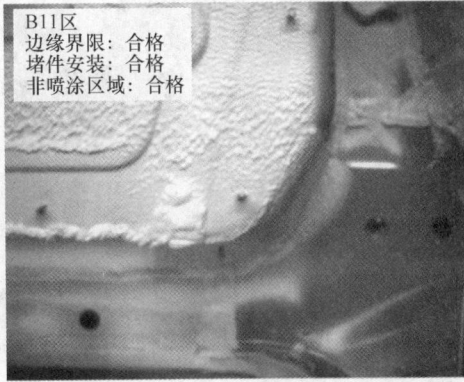

图 5-241　第四种车型 B11 区采样

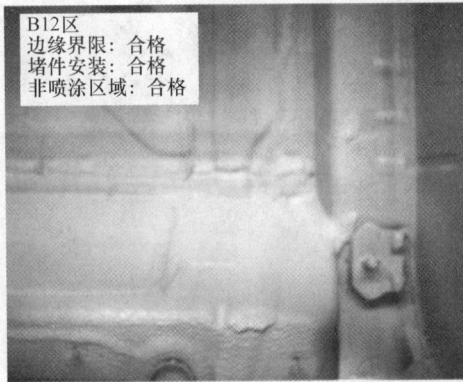

图 5-242　第四种车型 B12 区采样

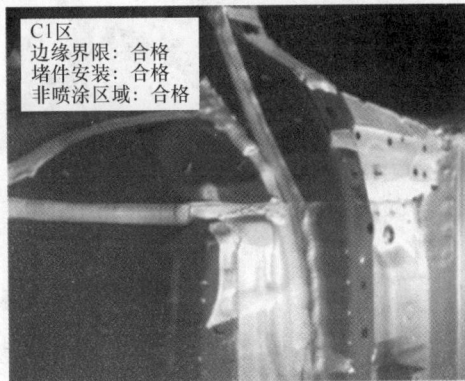

图 5-243　第四种车型 C1 区采样

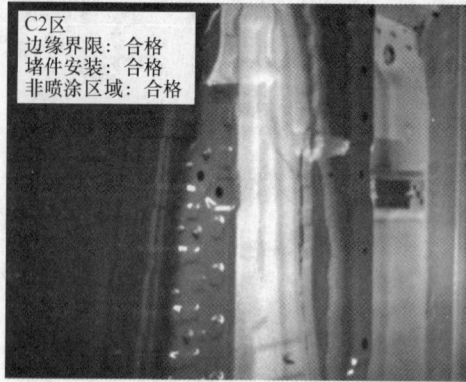

图 5-244 第四种车型 C2 区采样

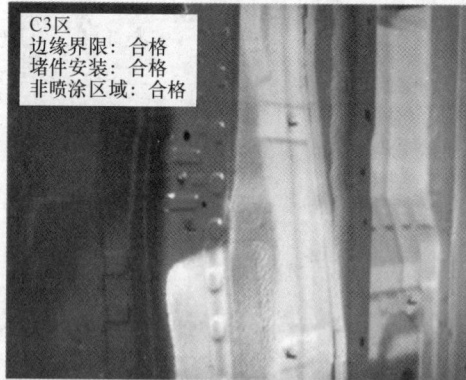

图 5-245 第四种车型 C3 区采样

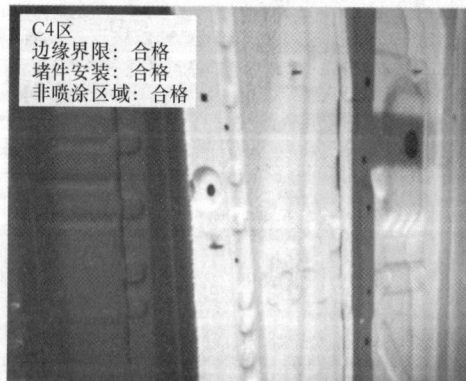

图 5-246 第四种车型 C4 区采样

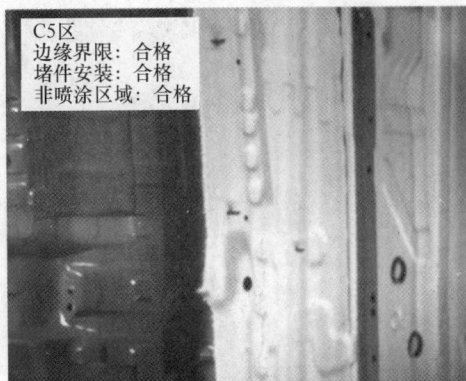

图 5-247 第四种车型 C5 区采样

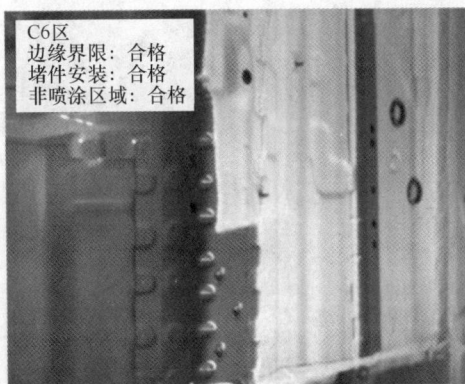

图 5-248 第四种车型 C6 区采样

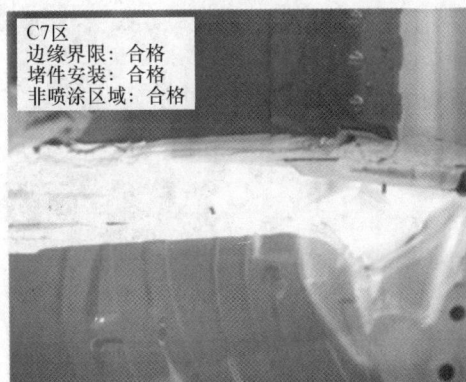

图 5-249 第四种车型 C7 区采样

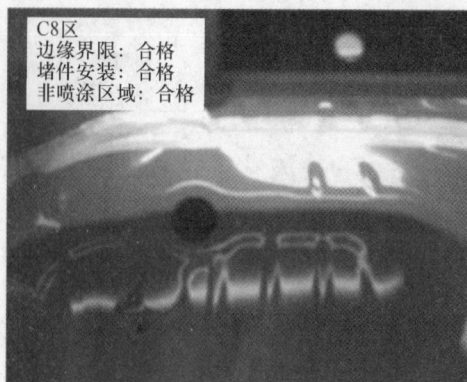

图 5-250　第四种车型 C8 区采样

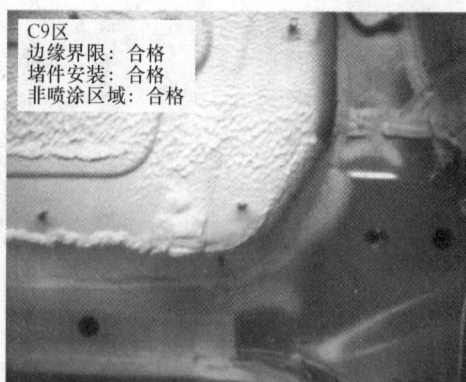

图 5-251　第四种车型 C9 区采样

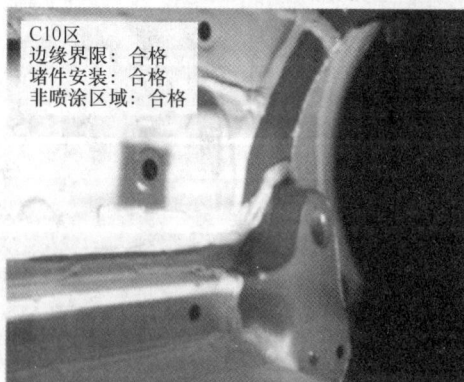

图 5-252　第四种车型 C10 区采样

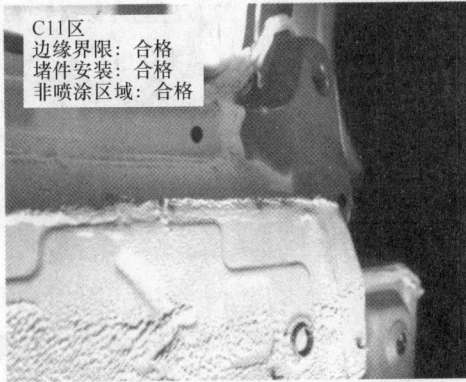

图 5-253 第四种车型 C11 区采样

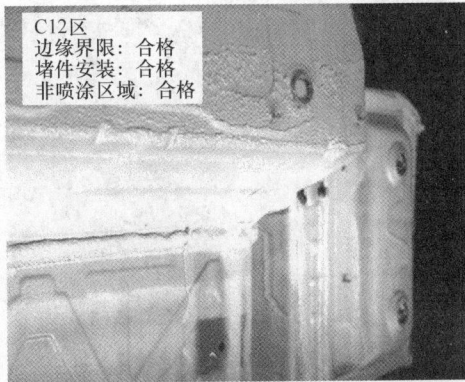

图 5-254 第四种车型 C12 区采样

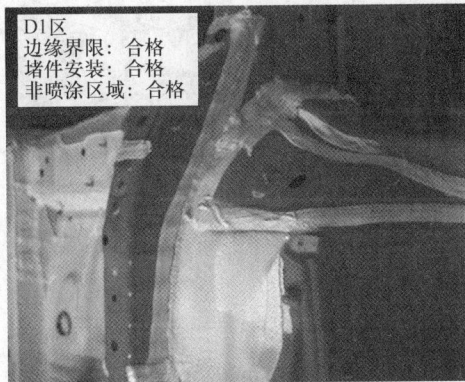

图 5-255 第四种车型 D1 区采样

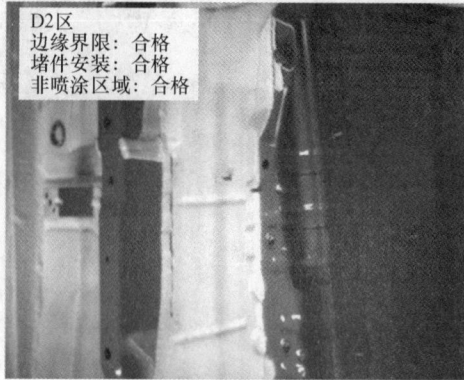

图 5-256　第四种车型 D2 区采样

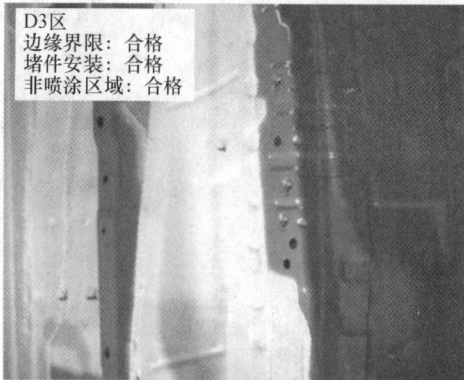

图 5-257　第四种车型 D3 区采样

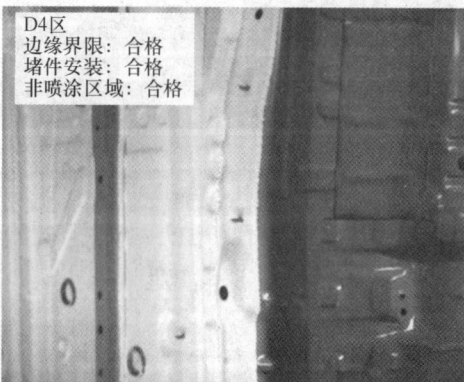

图 5-258　第四种车型 D4 区采样

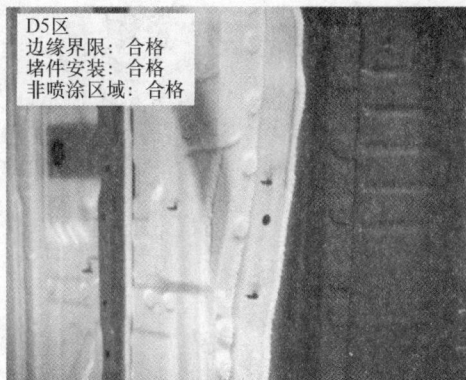

图 5-259　第四种车型 D5 区采样

图 5-260　第四种车型 D6 区采样

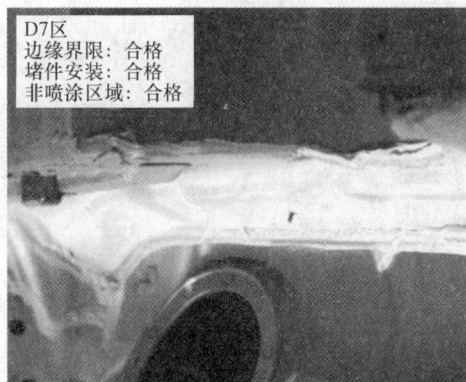

图 5-261　第四种车型 D7 区采样

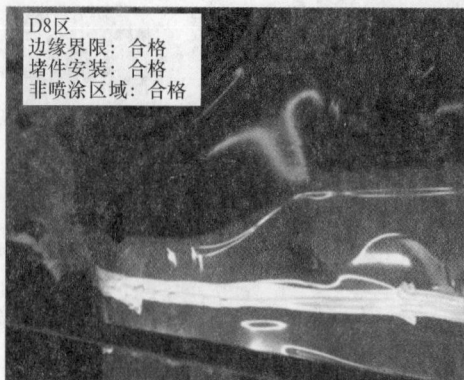

D8区
边缘界限：合格
堵件安装：合格
非喷涂区域：合格

图 5-262　第四种车型 D8 区采样

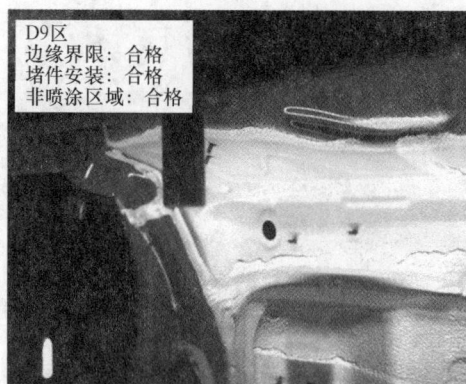

D9区
边缘界限：合格
堵件安装：合格
非喷涂区域：合格

图 5-263　第四种车型 D9 区采样

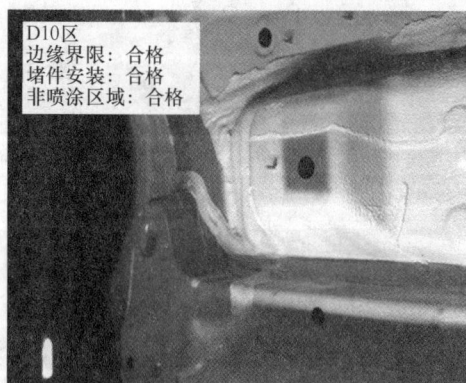

D10区
边缘界限：合格
堵件安装：合格
非喷涂区域：合格

图 5-264　第四种车型 D10 区采样

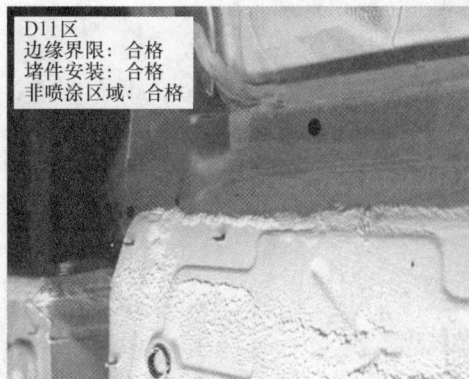

D11区
边缘界限：合格
堵件安装：合格
非喷涂区域：合格

图 5-265 第四种车型 D11 区采样

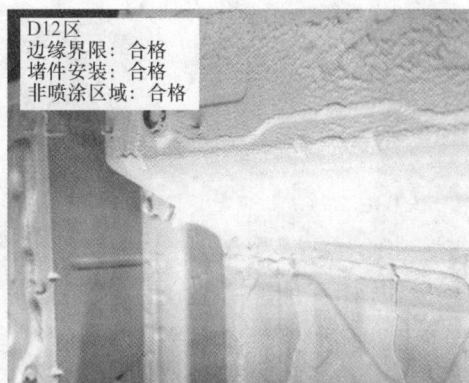

D12区
边缘界限：合格
堵件安装：合格
非喷涂区域：合格

图 5-266 第四种车型 D12 区采样

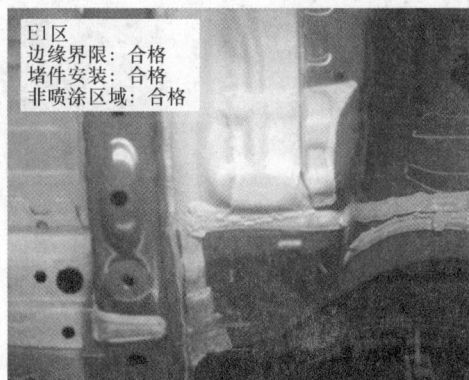

E1区
边缘界限：合格
堵件安装：合格
非喷涂区域：合格

图 5-267 第四种车型 E1 区采样

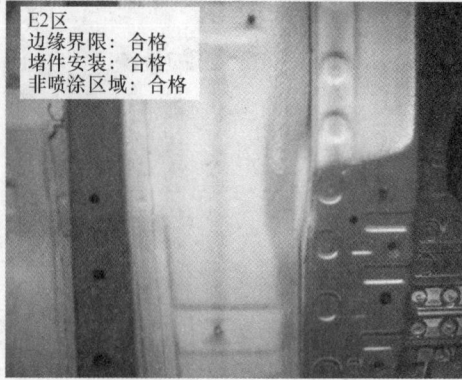

图 5-268 第四种车型 E2 区采样

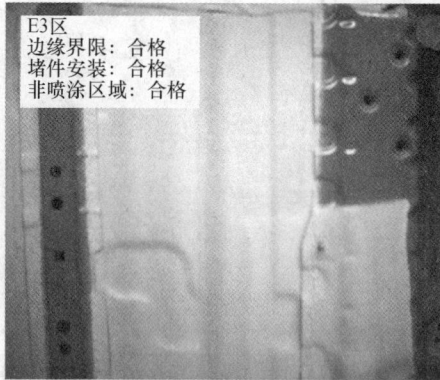

图 5-269 第四种车型 E3 区采样

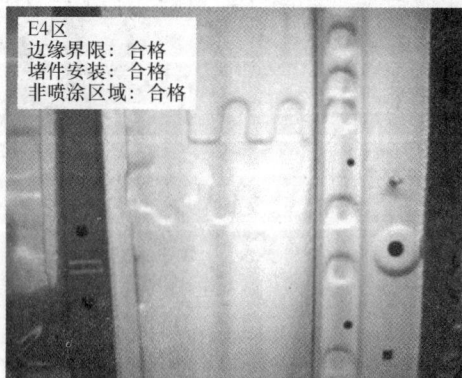

图 5-270 第四种车型 E4 区采样

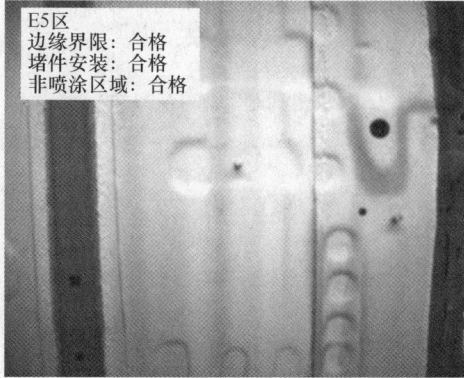

图 5-271　第四种车型 E5 区采样

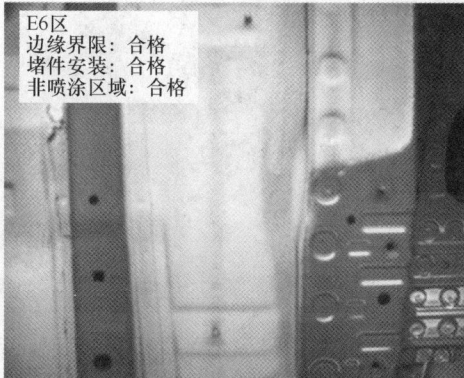

图 5-272　第四种车型 E6 区采样

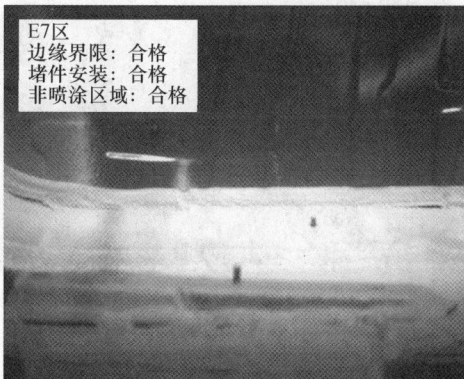

图 5-273　第四种车型 E7 区采样

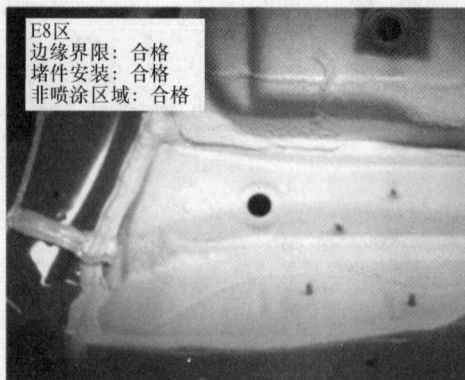

图 5-274　第四种车型 E8 区采样

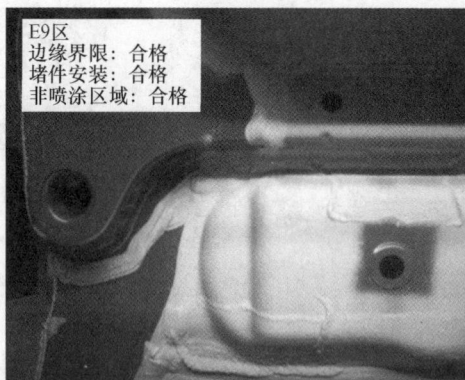

图 5-275　第四种车型 E9 区采样

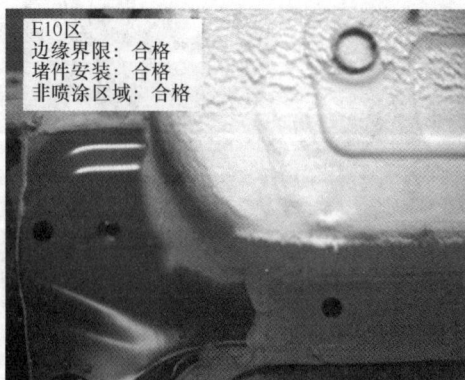

图 5-276　第四种车型 E10 区采样

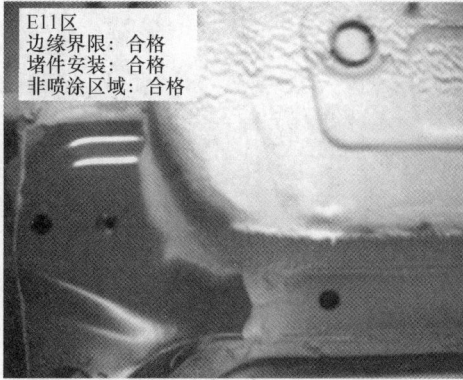

E11区
边缘界限：合格
堵件安装：合格
非喷涂区域：合格

图 5-277 第四种车型 E11 区采样

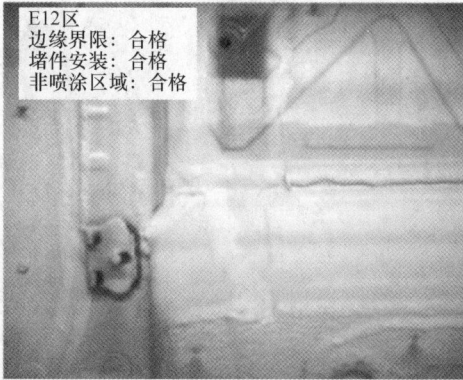

E12区
边缘界限：合格
堵件安装：合格
非喷涂区域：合格

图 5-278 第四种车型 E12 区采样

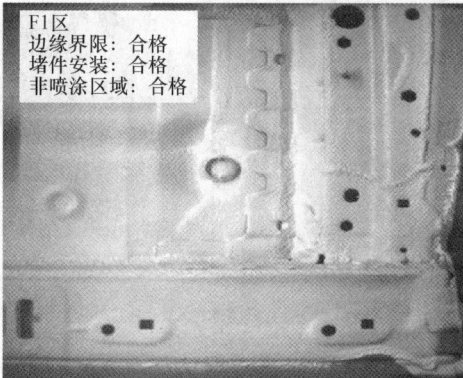

F1区
边缘界限：合格
堵件安装：合格
非喷涂区域：合格

图 5-279 第四种车型 F1 区采样

图 5-280　第四种车型 F2 区采样

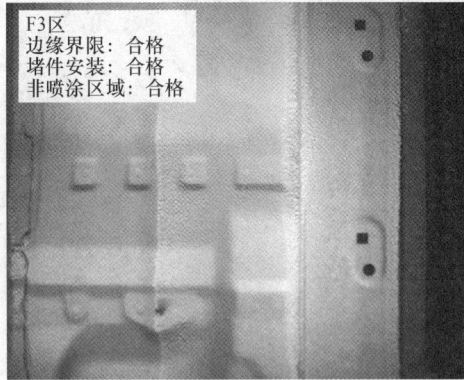

图 5-281　第四种车型 F3 区采样

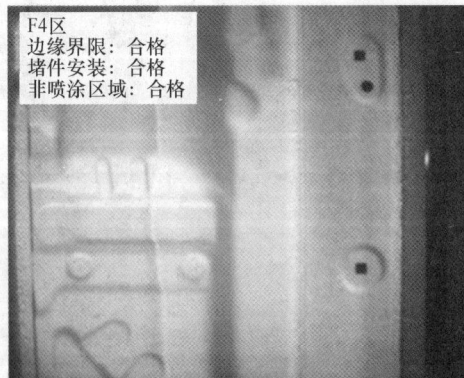

图 5-282　第四种车型 F4 区采样

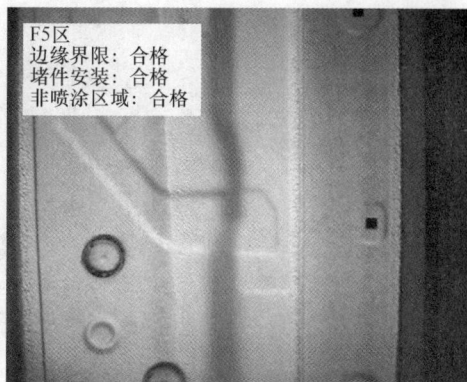

F5区
边缘界限：合格
堵件安装：合格
非喷涂区域：合格

图 5-283　第四种车型 F5 区采样

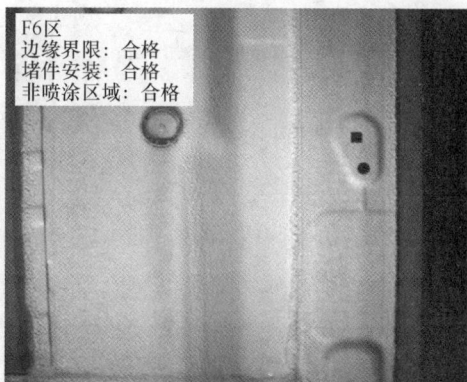

F6区
边缘界限：合格
堵件安装：合格
非喷涂区域：合格

图 5-284　第四种车型 F6 区采样

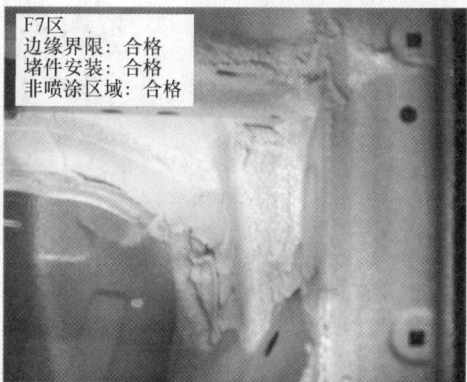

F7区
边缘界限：合格
堵件安装：合格
非喷涂区域：合格

图 5-285　第四种车型 F7 区采样

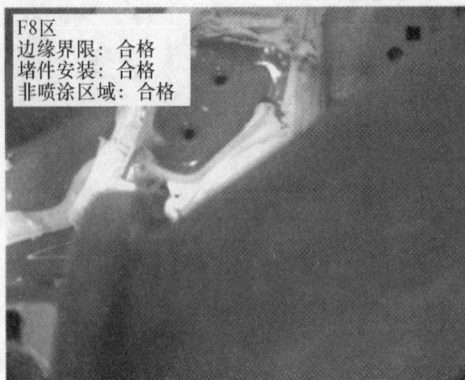

图 5-286 第四种车型 F8 区采样

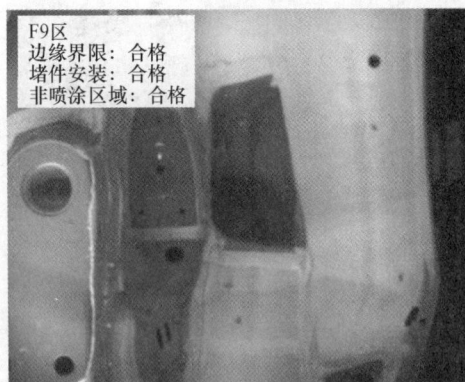

图 5-287 第四种车型 F9 区采样

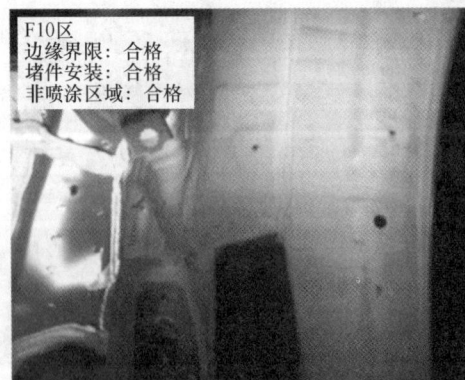

图 5-288 第四种车型 F10 区采样

F11区
边缘界限：合格
堵件安装：合格
非喷涂区域：合格

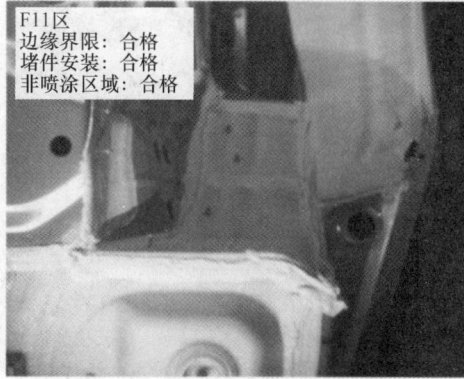

图 5-289　第四种车型 F11 区采样

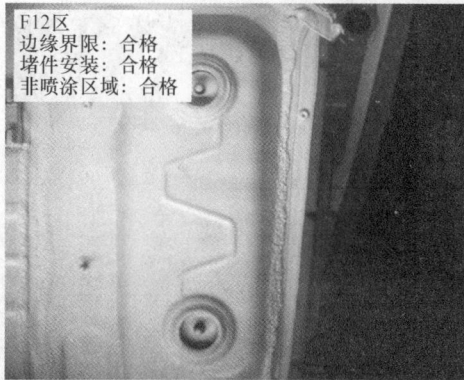

F12区
边缘界限：合格
堵件安装：合格
非喷涂区域：合格

图 5-290　第四种车型 F12 区采样

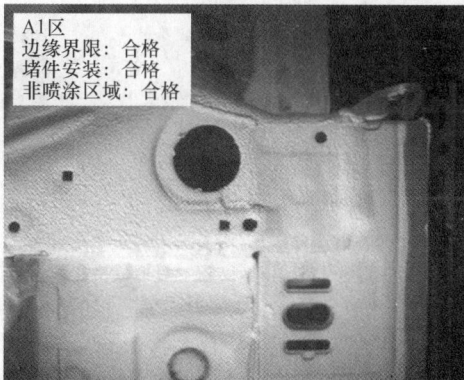

A1区
边缘界限：合格
堵件安装：合格
非喷涂区域：合格

图 5-291　第五种车型 A1 区采样

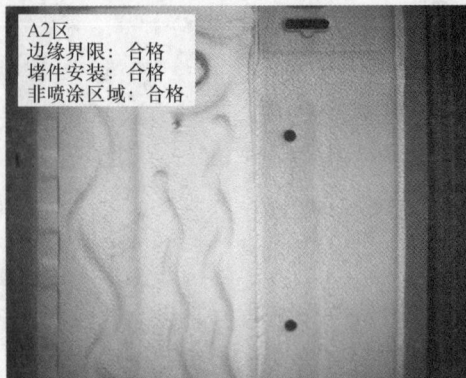

图 5-292 第五种车型 A2 区采样

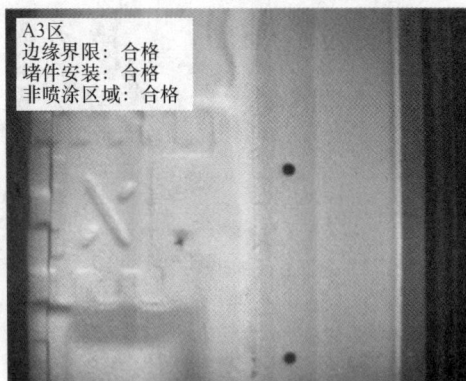

图 5-293 第五种车型 A3 区采样

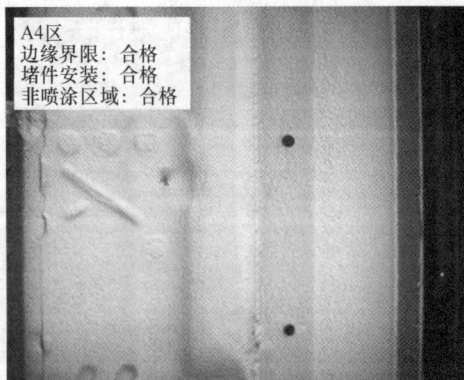

图 5-294 第五种车型 A4 区采样

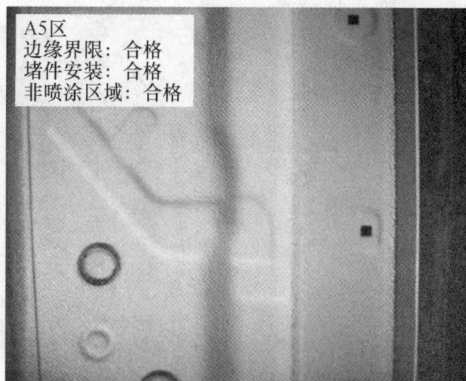

图 5-295 第五种车型 A5 区采样

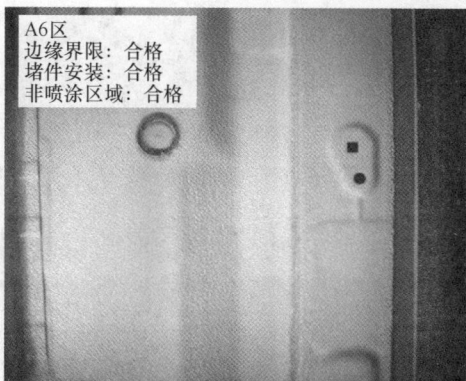

图 5-296 第五种车型 A6 区采样

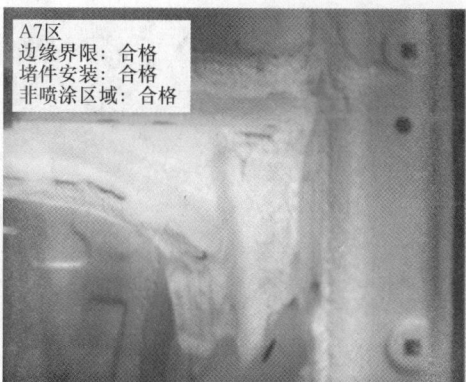

图 5-297 第五种车型 A7 区采样

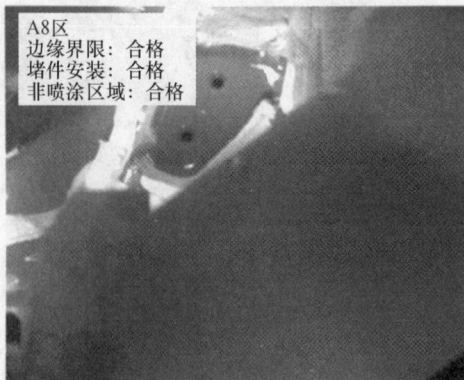

A8区
边缘界限：合格
堵件安装：合格
非喷涂区域：合格

图 5-298　第五种车型 A8 区采样

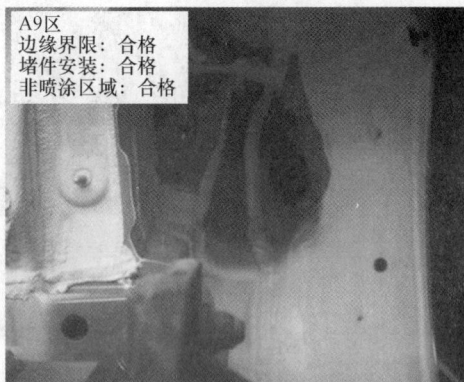

A9区
边缘界限：合格
堵件安装：合格
非喷涂区域：合格

图 5-299　第五种车型 A9 区采样

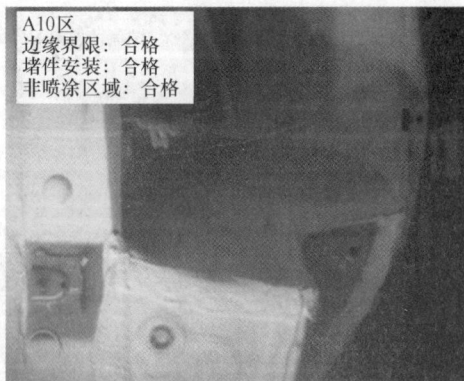

A10区
边缘界限：合格
堵件安装：合格
非喷涂区域：合格

图 5-300　第五种车型 A10 区采样

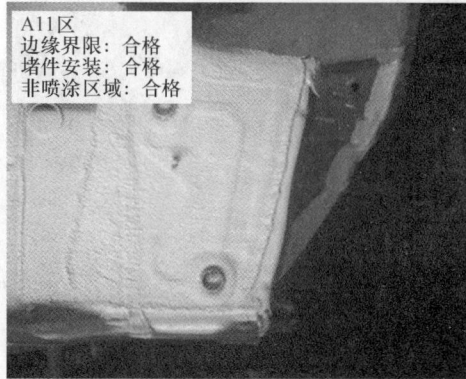

图 5-301 第五种车型 A11 区采样

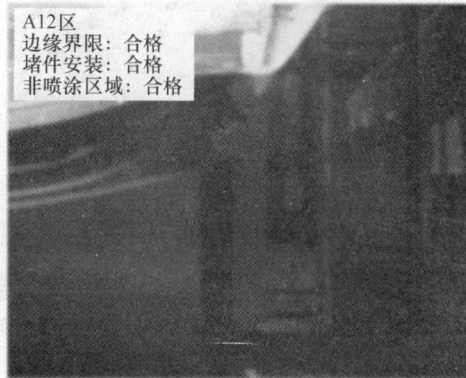

图 5-302 第五种车型 A12 区采样

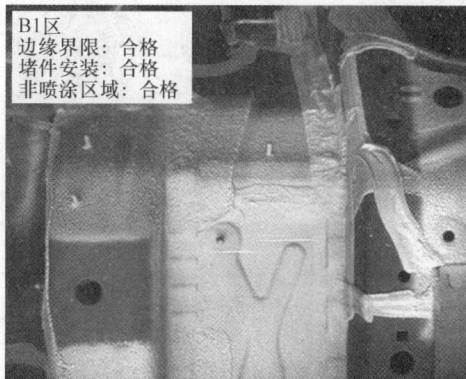

图 5-303 第五种车型 B1 区采样

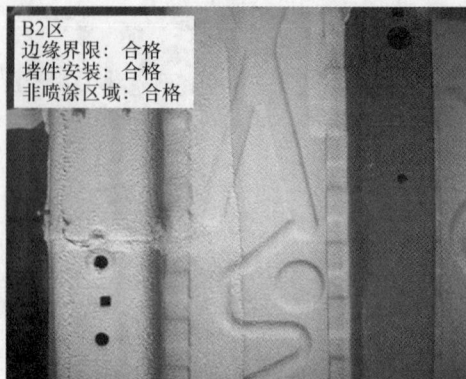

图 5-304　第五种车型 B2 区采样

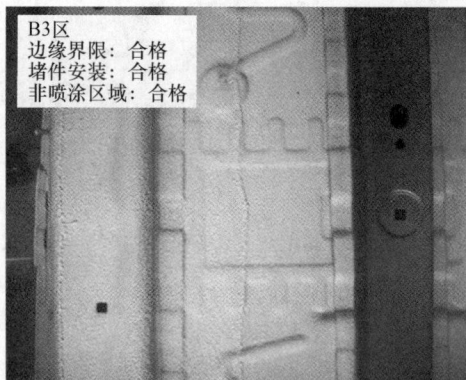

图 5-305　第五种车型 B3 区采样

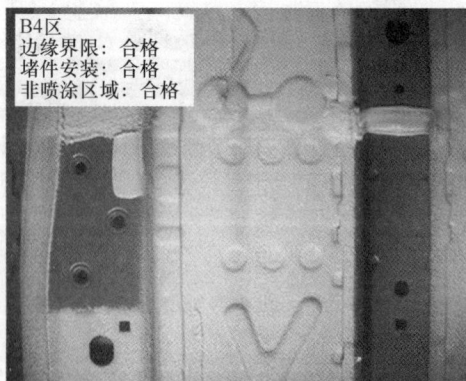

图 5-306　第五种车型 B4 区采样

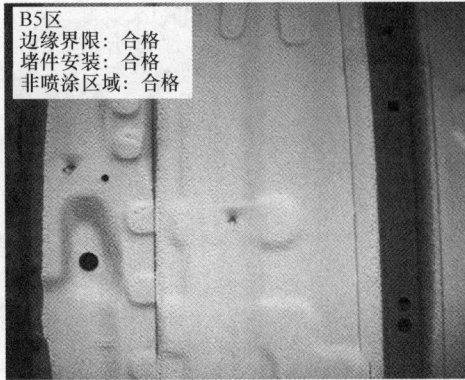

B5区
边缘界限：合格
堵件安装：合格
非喷涂区域：合格

图 5-307 第五种车型 B5 区采样

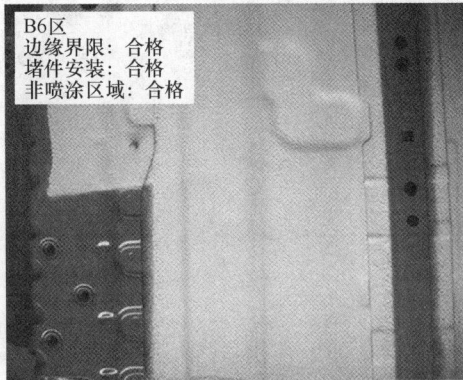

B6区
边缘界限：合格
堵件安装：合格
非喷涂区域：合格

图 5-308 第五种车型 B6 区采样

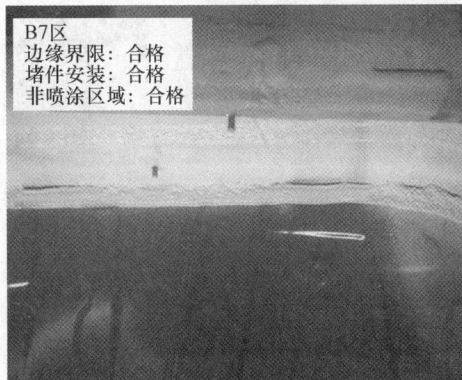

B7区
边缘界限：合格
堵件安装：合格
非喷涂区域：合格

图 5-309 第五种车型 B7 区采样

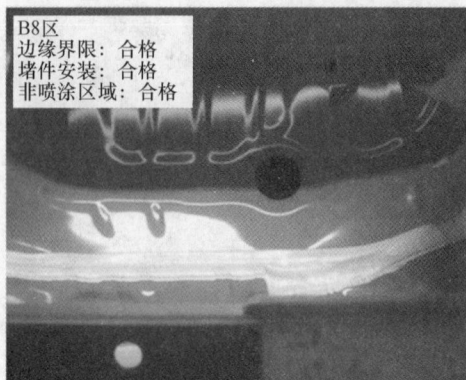

图 5-310 第五种车型 B8 区采样

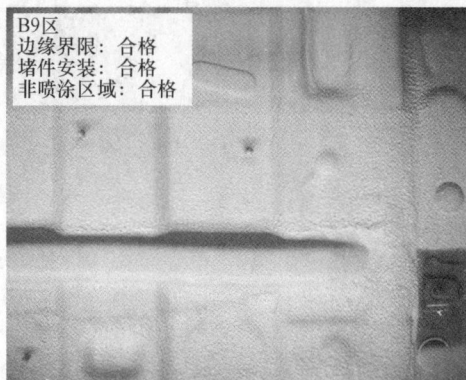

图 5-311 第五种车型 B9 区采样

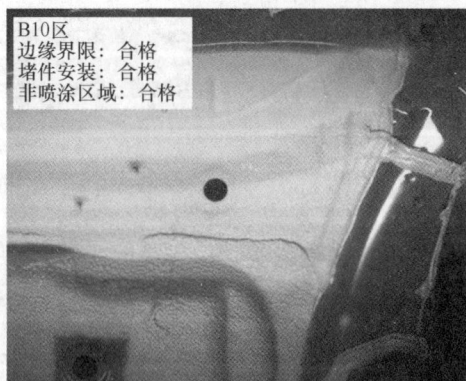

图 5-312 第五种车型 B10 区采样

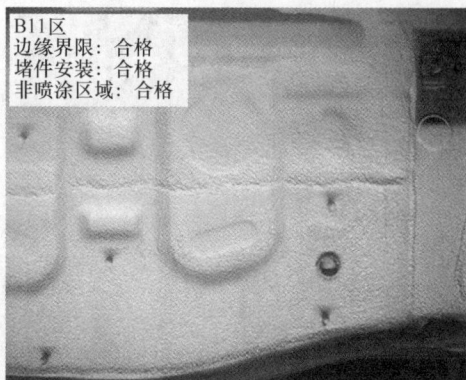

B11区
边缘界限：合格
堵件安装：合格
非喷涂区域：合格

图 5-313　第五种车型 B11 区采样

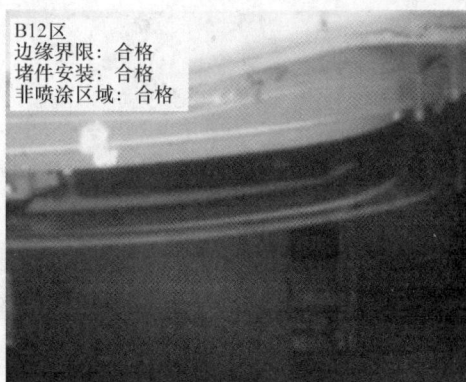

B12区
边缘界限：合格
堵件安装：合格
非喷涂区域：合格

图 5-314　第五种车型 B12 区采样

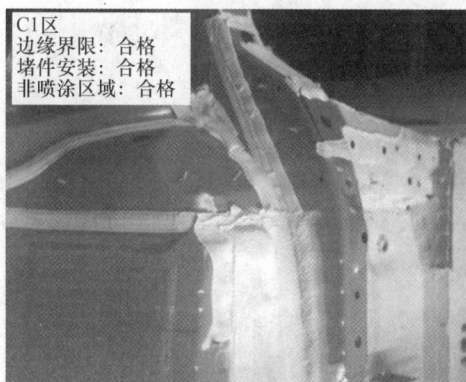

C1区
边缘界限：合格
堵件安装：合格
非喷涂区域：合格

图 5-315　第五种车型 C1 区采样

C2区
边缘界限：合格
堵件安装：合格
非喷涂区域：合格

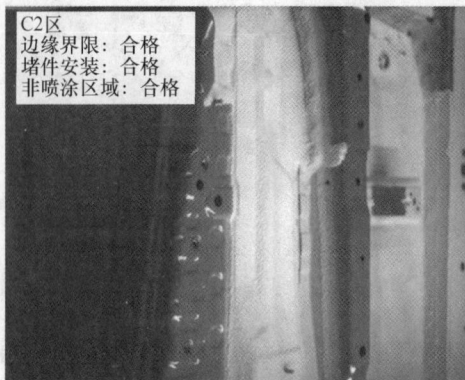

图 5-316　第五种车型 C2 区采样

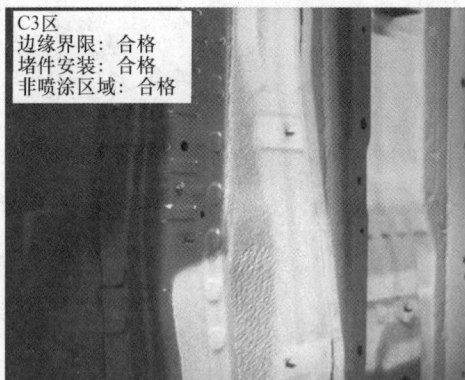

C3区
边缘界限：合格
堵件安装：合格
非喷涂区域：合格

图 5-317　第五种车型 C3 区采样

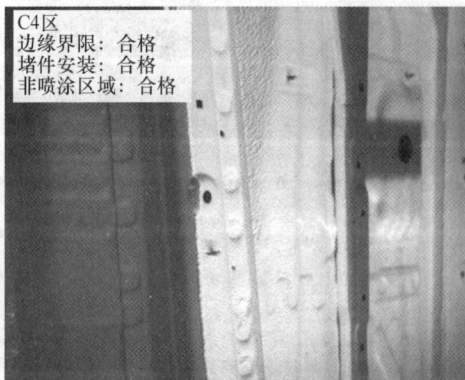

C4区
边缘界限：合格
堵件安装：合格
非喷涂区域：合格

图 5-318　第五种车型 C4 区采样

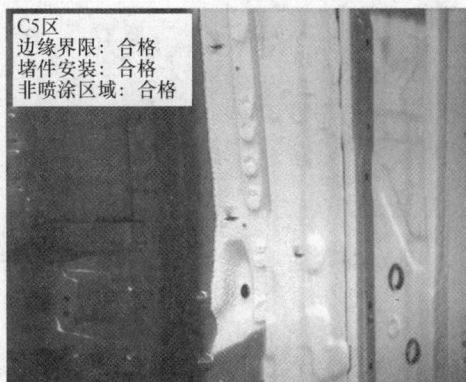

C5区
边缘界限：合格
堵件安装：合格
非喷涂区域：合格

图 5-319 第五种车型 C5 区采样

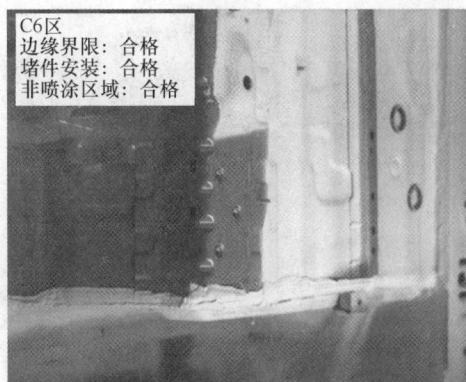

C6区
边缘界限：合格
堵件安装：合格
非喷涂区域：合格

图 5-320 第五种车型 C6 区采样

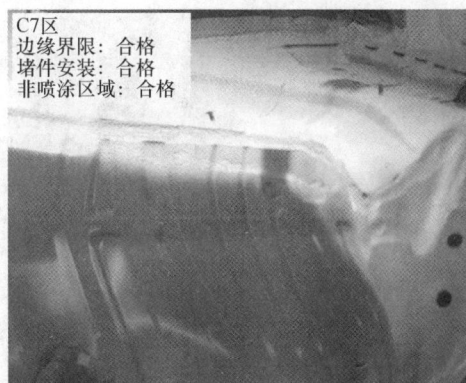

C7区
边缘界限：合格
堵件安装：合格
非喷涂区域：合格

图 5-321 第五种车型 C7 区采样

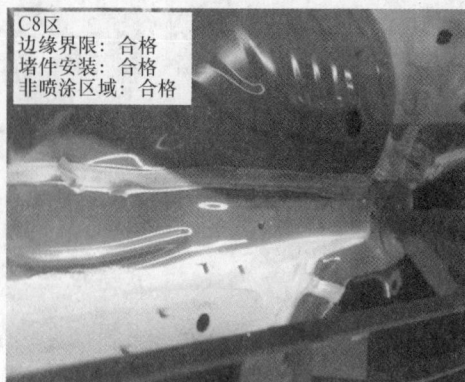

C8区
边缘界限：合格
堵件安装：合格
非喷涂区域：合格

图 5-322 第五种车型 C8 区采样

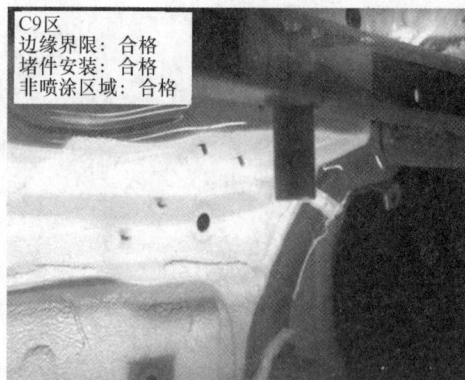

C9区
边缘界限：合格
堵件安装：合格
非喷涂区域：合格

图 5-323 第五种车型 C9 区采样

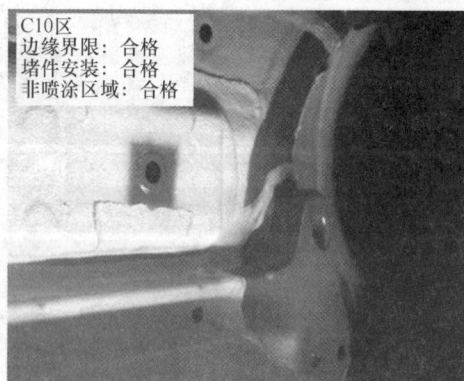

C10区
边缘界限：合格
堵件安装：合格
非喷涂区域：合格

图 5-324 第五种车型 C10 区采样

C11区
边缘界限：合格
堵件安装：合格
非喷涂区域：合格

图 5-325 第五种车型 C11 区采样

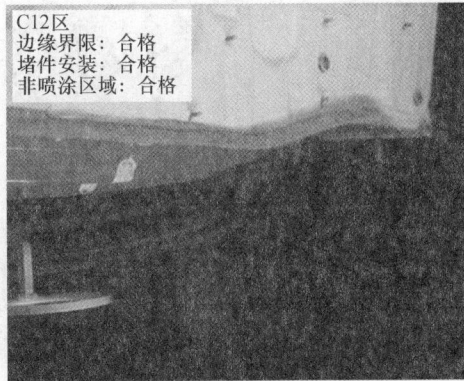

C12区
边缘界限：合格
堵件安装：合格
非喷涂区域：合格

图 5-326 第五种车型 C12 区采样

D1区
边缘界限：合格
堵件安装：合格
非喷涂区域：合格

图 5-327 第五种车型 D1 区采样

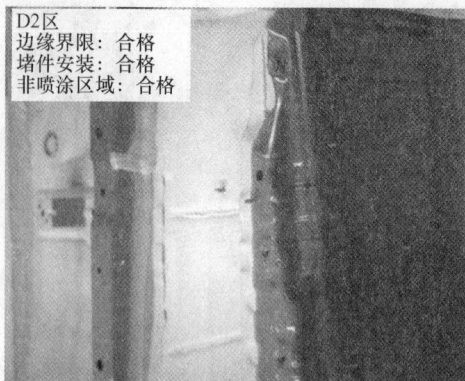

图 5-328   第五种车型 D2 区采样

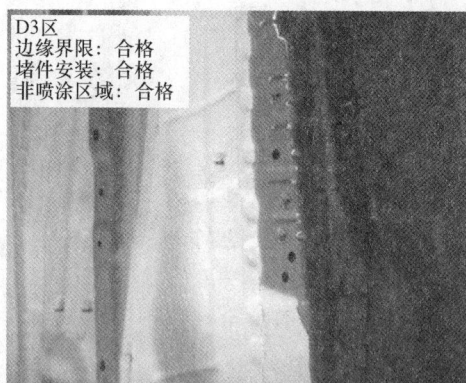

图 5-329   第五种车型 D3 区采样

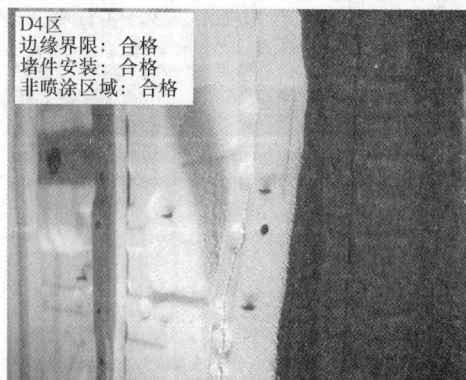

图 5-330   第五种车型 D4 区采样

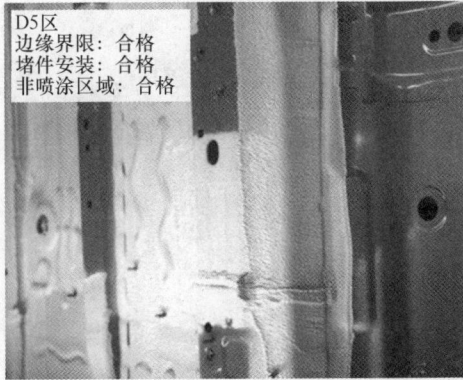

图 5-331 第五种车型 D5 区采样

图 5-332 第五种车型 D6 区采样

图 5-333 第五种车型 D7 区采样

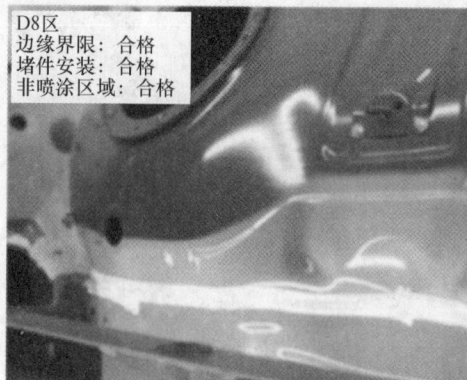

D8区
边缘界限：合格
堵件安装：合格
非喷涂区域：合格

图 5-334　第五种车型 D8 区采样

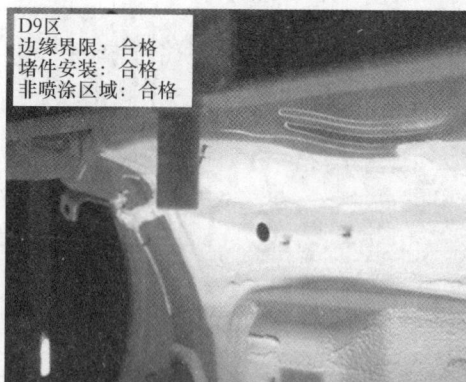

D9区
边缘界限：合格
堵件安装：合格
非喷涂区域：合格

图 5-335　第五种车型 D9 区采样

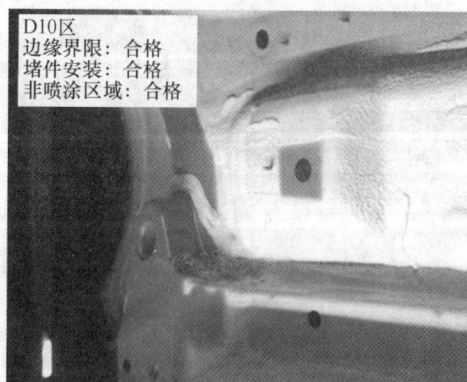

D10区
边缘界限：合格
堵件安装：合格
非喷涂区域：合格

图 5-336　第五种车型 D10 区采样

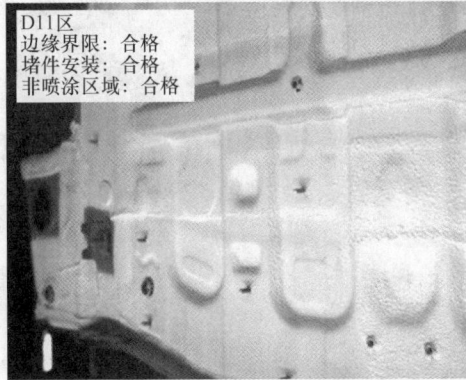

D11区
边缘界限：合格
堵件安装：合格
非喷涂区域：合格

图 5-337 第五种车型 D11 区采样

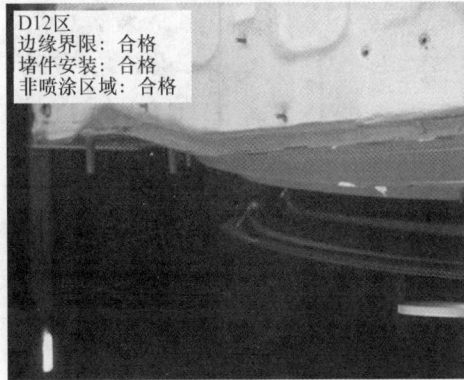

D12区
边缘界限：合格
堵件安装：合格
非喷涂区域：合格

图 5-338 第五种车型 D12 区采样

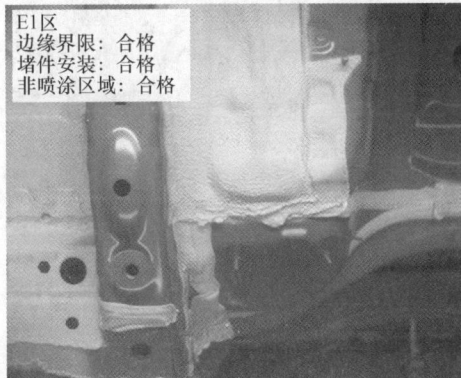

E1区
边缘界限：合格
堵件安装：合格
非喷涂区域：合格

图 5-339 第五种车型 E1 区采样

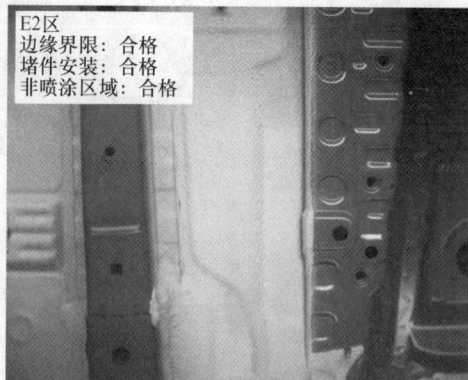

图 5-340 第五种车型 E2 区采样

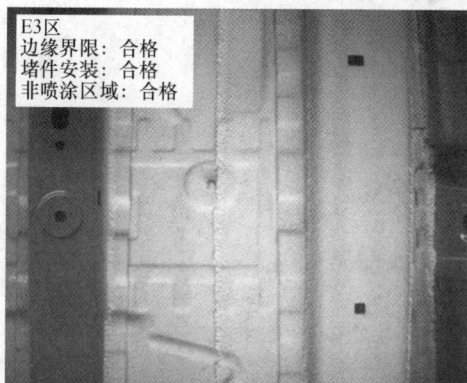

图 5-341 第五种车型 E3 区采样

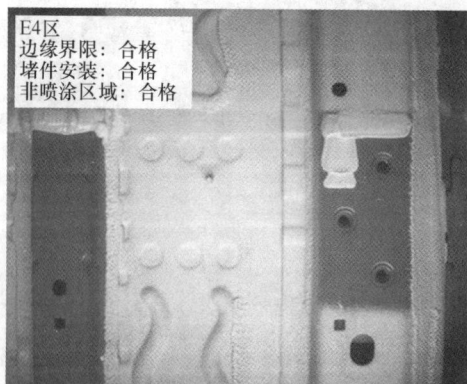

图 5-342 第五种车型 E4 区采样

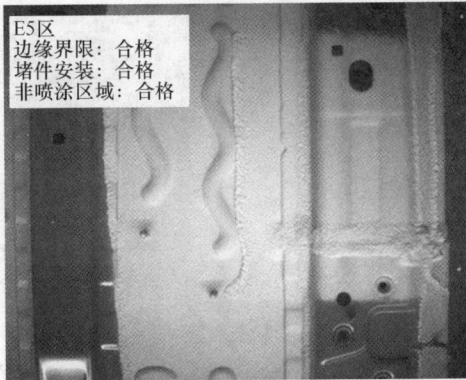

图 5-343　第五种车型 E5 区采样

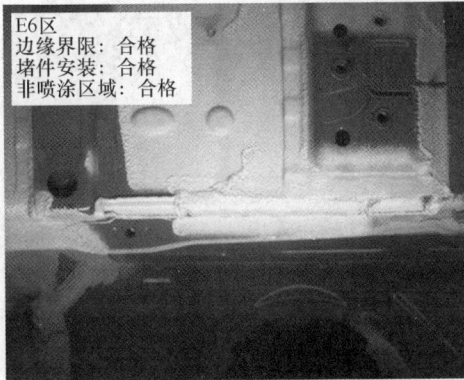

图 5-344　第五种车型 E6 区采样

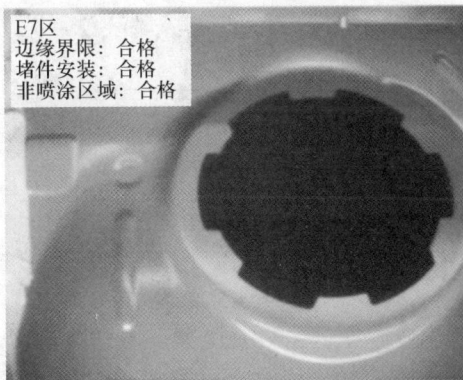

图 5-345　第五种车型 E7 区采样

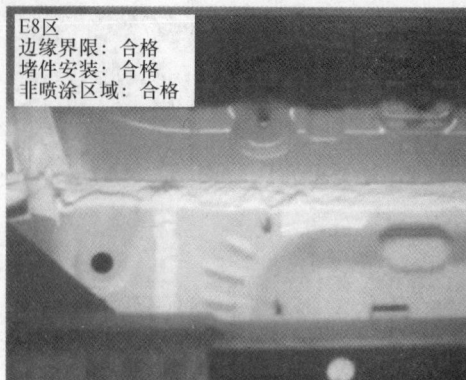

图 5-346　第五种车型 E8 区采样

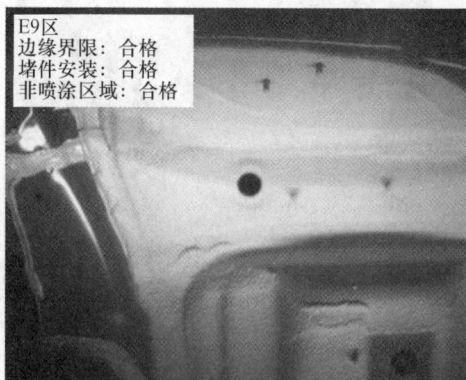

图 5-347　第五种车型 E9 区采样

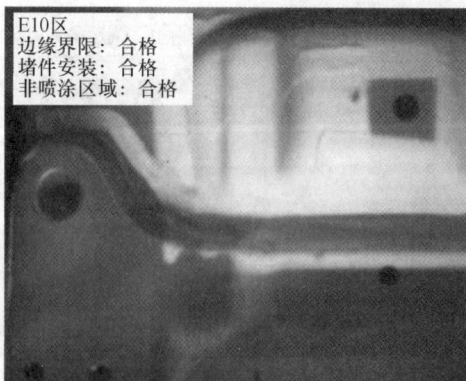

图 5-348　第五种车型 E10 区采样

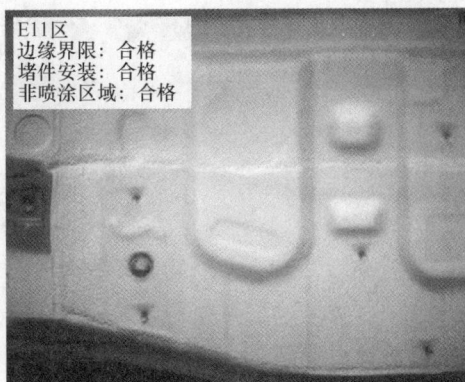

E11区
边缘界限：合格
堵件安装：合格
非喷涂区域：合格

图 5-349　第五种车型 E11 区采样

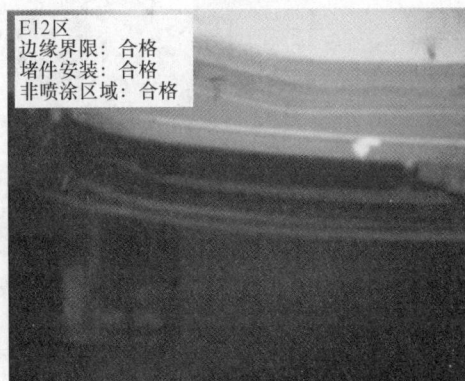

E12区
边缘界限：合格
堵件安装：合格
非喷涂区域：合格

图 5-350　第五种车型 E12 区采样

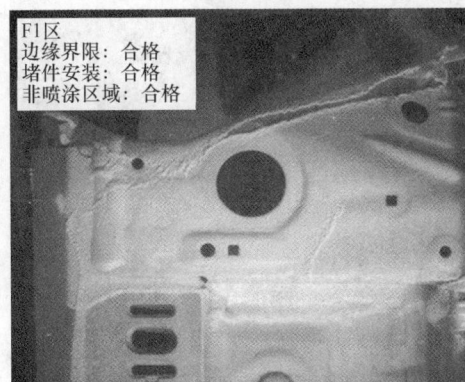

F1区
边缘界限：合格
堵件安装：合格
非喷涂区域：合格

图 5-351　第五种车型 F1 区采样

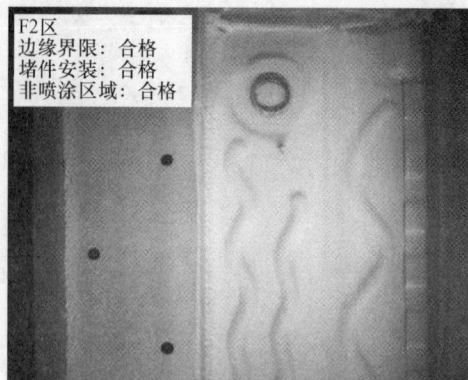

图 5-352 第五种车型 F2 区采样

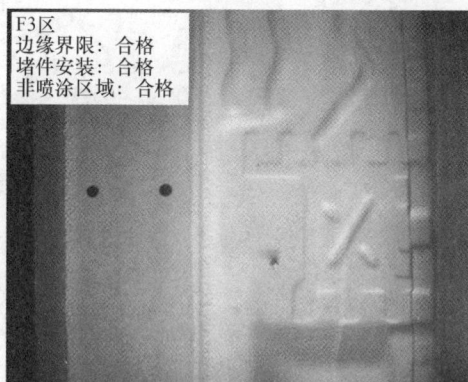

图 5-353 第五种车型 F3 区采样

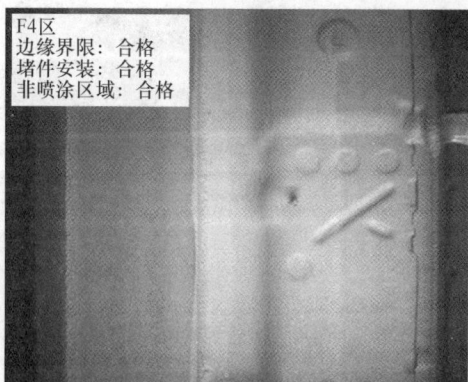

图 5-354 第五种车型 F4 区采样

F5区
边缘界限：合格
堵件安装：合格
非喷涂区域：合格

图 5-355 第五种车型 F5 区采样

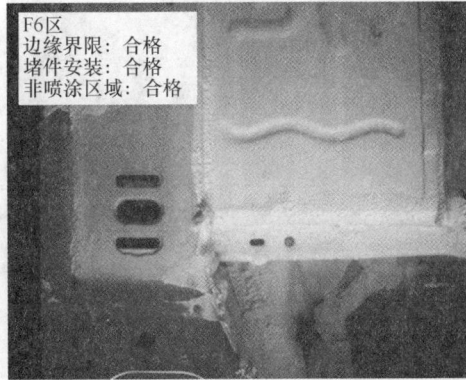

F6区
边缘界限：合格
堵件安装：合格
非喷涂区域：合格

图 5-356 第五种车型 F6 区采样

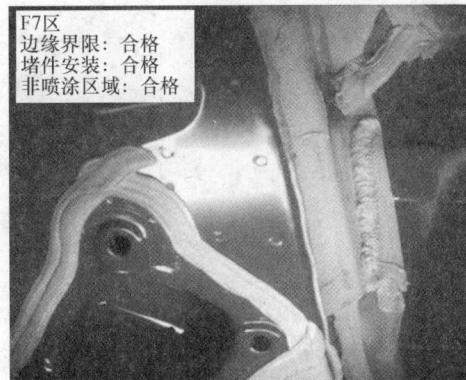

F7区
边缘界限：合格
堵件安装：合格
非喷涂区域：合格

图 5-357 第五种车型 F7 区采样

F8区
边缘界限：合格
堵件安装：合格
非喷涂区域：合格

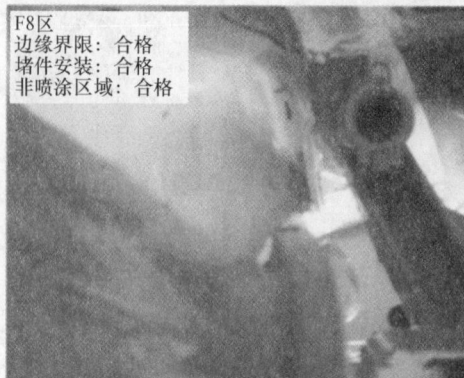

图 5-358 第五种车型 F8 区采样

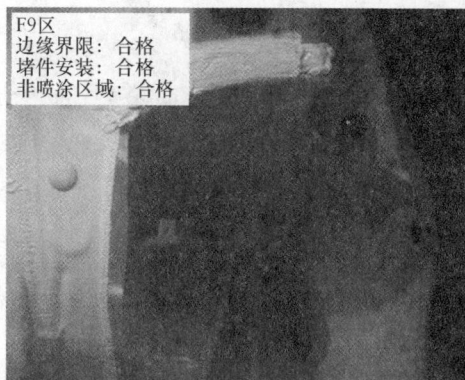

F9区
边缘界限：合格
堵件安装：合格
非喷涂区域：合格

图 5-359 第五种车型 F9 区采样

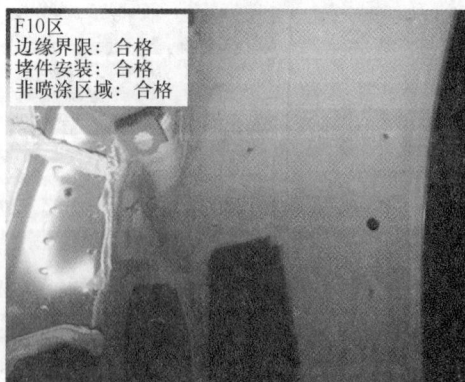

F10区
边缘界限：合格
堵件安装：合格
非喷涂区域：合格

图 5-360 第五种车型 F10 区采样

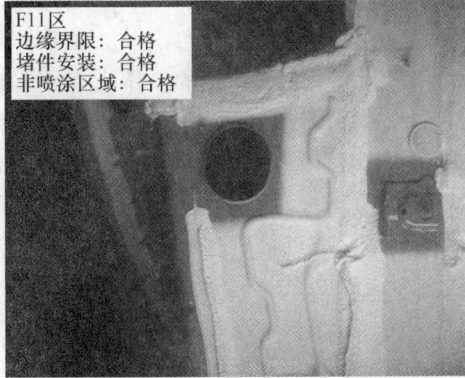

图 5-361 第五种车型 F11 区采样

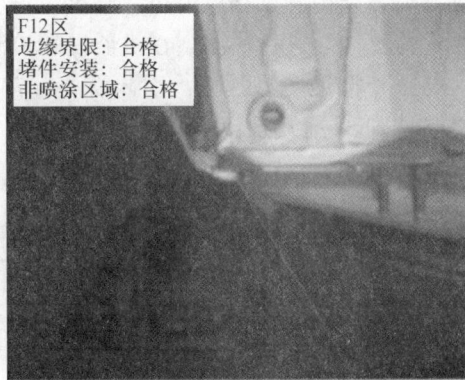

图 5-362 第五种车型 F12 区采样

5.2.5 系统稳定性

对于汽车制造业而言，实际的工业生产环境要比测试环境更加恶劣，车间内有多条生产线不停地运转，导致车间地面存在一定的震动，使得采集设备诸如相机、镜头、光源等不能保持原有位置不变，因此需要系统采集人员具备一定的前期采集检测经验，能够准确识别检测区域的偏移。汽车底盘 PVC 涂胶检测系统是一种高精度、高准确度、高定位度的检测系统，每次震动都会对其造成一定程度的偏差。因此，在设计机器视觉检测系统时，必须要将这些偏差考虑其中，才能准确设计出具备可支持生产且能稳定运行的机器视觉检测系统。

5.2.6 系统高效性

对于现代生产制造业而言，质量即是生命。传统检测方式不仅浪费了大量的人力和物力，而且不能完全保证检测产品样本的质量达标率。人工目视检测方法不仅检测误差高，而且稳定性不受控制，导致出现涂胶缺陷遗漏检测的现象。轻则影响后续的安装进度，重则影响汽车产品的使用性能。利用机器视觉检测系统不仅能够快速有效地进行产品样本 100%合格率检测，还能将每次与标准不符合的检测做出报警提示。同时，机器视觉检测系统具有实时有效保存检测数据的功能，有了大数据检测结果支持后，为后续改进生产提供了有效的数据支持。机器视觉检测系统自身还需要在硬件上具备测试环境变化所带来的自适应性，另外软件运行方面也还需要具备高速性。

5.3　机器视觉检测系统设计

机器视觉检测系统的主要设计流程是：首先接收来自于相机或者图像采集卡获取的图像，然后根据预先设定检测点和检测边缘要求，对已获取的图像进行分析处理，最后将机器视觉检测结果进行输出。在机器视觉检测系统中，由于检测位置相对分散，背景区与待检测区不易区分，因此需要分割出若干待检测区域。详细的检测系统通信链路如图 5-363 所示。

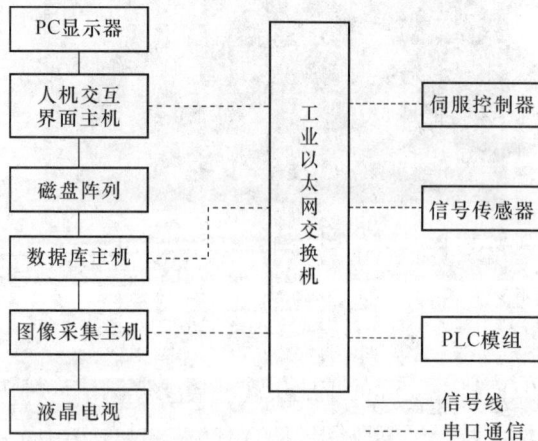

图 5-363　检测系统通信链路

5.3.1　系统硬件设计

该机器视觉检测研究系统主要针对汽车底盘表面 PVC 涂胶喷涂状况进行研究，检测系统利用了智能自动化系统来代替传统的人工识别缺陷检测系统，其硬件框架如图 5-364 所示。

机器视觉检测系统检测流程：首先，工控机向 PLC 传输检测信号，PLC 控

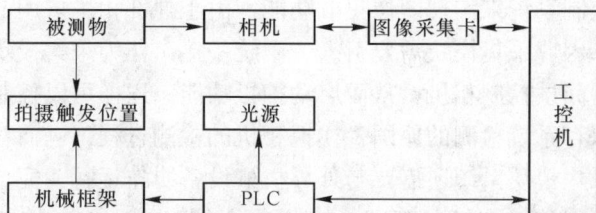

图 5-364 检测系统硬件框架

制的机械框架识别检测物到达指定检测位置，并将所得信息传输到工控机；随后，工控机的主控软件开启图像采集卡，利用相机开始进行图像采集；最后，采集完毕的图像再传输到工控机，以便软件进行分析检测。

5.3.2 系统软件设计

机器视觉检测系统是集智能化与视觉系统化于一体的检测系统。根据系统的不同功能特点，可将系统分为 4 个模块：PLC 控制系统模块、主控程序采集系统模块、数据库模块以及人机交互界面模块。其中，主控程序采集模块分为硬件采集和软件采集两部分，具体的检测系统软件划分模块如图 5-365 所示。

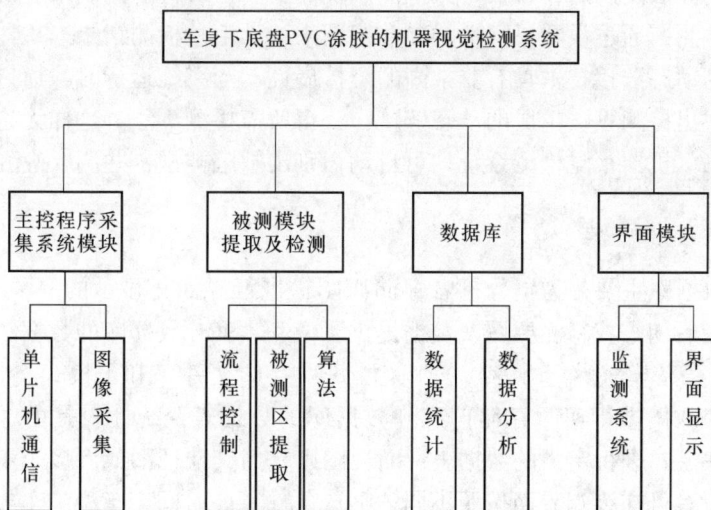

图 5-365 检测系统软件划分模块

5.3.2.1 主控程序采集系统模块

采集系统模块主要是进行系统硬件间的通信，并获取检测的车底图像。通过 6 个外部检测相机的定时拍摄，对汽车车底进行检测采集，因此模块中必须具有集成控制系统来实现图像集成功能。由于外部相机采用的驱动系统与开发包不尽相同，因此采集模块需要引入一个统一接口作为采集模块的中间层，使系统可以通过中间层控制相机，从而启动拍摄功能。这样可以控制相机运行的一致性，还可以保存系统检测的原图，模拟相机的检测过程，进而对系统进行整体检测。同时，采集模块系统还需要与外界机械设备协作运行，完成图像采集。系统通过传感器可以感知车辆是否进入检测试验台，通过 PLC 控制来确定采集模块与 PLC 系统通信采集图像的时间，最终达到与外界机械设备协作运行，完成图像采集的目的。

5.3.2.2　被测模块区域提取及检验

被测模块区域提取是通过对采集模块中的原图进行分析处理后，得到检测区域的检测图像。有效地提取出检测区域与背景区域，不仅能够节省出大量的检测时间，同时还可以排除边缘区域的杂质干扰。

机器视觉检测系统中的检测算法是以插件方式存在，检测系统通过算法模块与主控模块进行相应的配置及使用。机器视觉检测主要是对汽车底盘未喷涂区域大小及胶堵有无进行检测，系统需要分别对每种缺陷进行检测，而每种缺陷对应不同的检测算法。因此，机器视觉检测系统需要一个可行的机制来应对缺陷类型多样性的检测，通过设置灵活性的参数范围来统计汇总检测结果。机器视觉检测系统使用的动态链接技术具有非常高的可扩展性，当系统运行时，通过扫描图像文件，加载出检测算法生成的动态链接，获得所需检测算法。这样无论检测任何类型的缺陷，机器视觉检测系统均可自动识别出缺陷类型，并调取检测算法。

5.3.2.3　数据库

SQL 数据库主要是为了分析者存储原图，进行界面化显示的一种统计软件，其为分析者后期查找检测原图及数据提供了便利。SQL 数据库的数据结构可分为3 种模式：关系模式（基本表）、存储模式（存储文件）和子模式（视图）。基本表是一个数据进行实时存储信息到数据库的数据表；统计表是由一个或多个 SQL 数据库模式进行定义的数据表；而视图则是由其他视图或者多个不同基本表构成。分析者可在终端界面按照不同的筛选条件，如时间、车型、车号、缺陷类型等进行数据及图像查询或图像保存。

5.3.2.4　界面模块

为了带来更好的检测体验，可以通过人机交互界面实现对机器视觉检测系统的控制与调节。机器视觉检测系统中的界面使用一共有 3 种情况：第 1 种是简单直接的默认图像情况，该界面提供给操作者一些目视化界面，包含本次检测结果图像、当前车型及车号信息等基本功能；第2种是开发的检测软件界面，包含目视设备状态及异常报警等；第3种是参数设置界面，包含光源参数设置及操作目录等。

5.4 编程技术

机器视觉检测系统是基于 C++作为主开发系统的编程技术，基于 Microsoft Visual Studio 作为软件编写工具进行设计开发。C++是一项功能强大的编程语言，具有数据库数量大、图像处理性能强、代码执行效率高等特点，而 Visual Studio 是目前比较流行有效的软件开发环境。

XML（Extensible Markup Language）可扩展标记语言是包含结构信息的一种标记语言，可以用于进行数据传输及存储。XML 是以纯文本形式存在并独立于其他体系及语言形式，具有比较好的通用性。XML 允许系统自定义标签，可根据人们的不同需求进行设计，具有很好的扩展性和灵活性，因此被广泛应用于系统配置等方面。

动态链接（Dynamic-Link Library, DLL）是微软公司为实现共享函数而设计的一种方式，使进程可以调用不属于其可执行代码的函数。函数的可执行代码位于一个 DLL 文件中，该 DLL 包含一个或多个已被编译链接并与使用它们的进程分开存储的函数，DLL 还有助于共享数据和资源。多个应用程序可同时访问内存中单个 DLL 副本的内容。动态链接库是一个二进制程序文件，不可以被执行，但可以被动态加载到程序地址中。使用 DLL 可以使程序的升级更加容易。若需要升级时，只需替换 DLL 中编程代码文件，无需重新生成或修改程序文件，重新启动程序即可完成更新。DLL 不仅简化了项目管理，还可以资源共享和节省空间，提高了系统内存的使用率，有助于解决不同平台间的差异性。

5.5 本章小结

本章主要阐述了车身下底盘 PVC 涂胶的机器视觉检测系统的设计目标及应用环境，对系统需求进行了明确的分析，并对检测系统的功能进行了详尽的阐述，然后分别在设计流程、硬件技术、软件技术三个方面对系统进行了总体设计，并对数据库及界面显示部分进行了全面的论述，最后对机器视觉检测系统的相关技术，如 C++、XML 语言、DLL 等进行了介绍。

6 机器视觉检测系统硬件

6.1 机器视觉检测系统硬件结构

一套完整的机器视觉检测系统需要多个模块的相互配合来实现其检测功能，例如检测相机、镜头、照明、机械设备、采集模块接口等硬件程序相互结合，形成了一套既便捷又高效的自动化机器视觉检测系统。该检测研究系统是以 PVC 未喷涂位置大小及胶堵有无作为主要研究对象，以机器视觉系统作为检测方法。由于未喷涂区域以及胶堵大小不一，其位置也不相同，因此需要检测整车底盘，具体结构设计如图 6-1 所示。

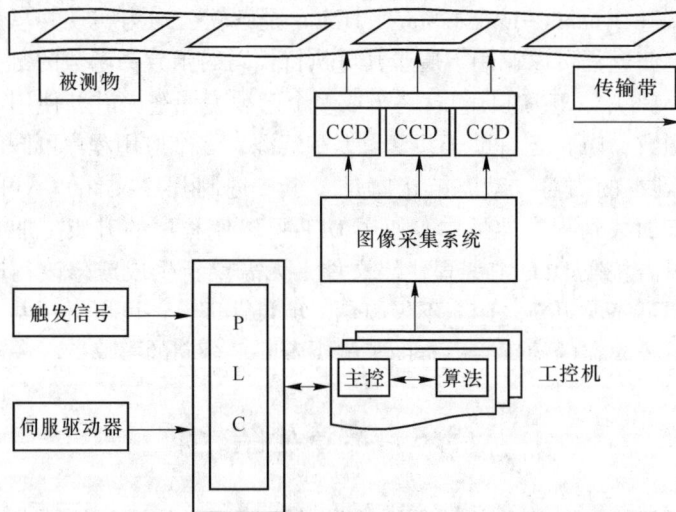

图 6-1 汽车底盘检测系统结构设计

机器视觉检测系统是一种自动化智能检测系统，包括图像采集单元、图像处理单元、数据存储单元及人机交互界面显示单元等，其可以自动拍摄图像并进行自动系统检测。该系统最大限度地利用相机进行采集数据，采用固定相机，令车辆匀速通过相机矩阵。这种布局既可以使用更少的相机来完成检测任务，同时又可以在不影响生产线效率的情况下，完成汽车底盘平面的 PVC 涂胶采集工作。

因此，合理的机械结构设计可确保相机检测稳定，并能实现底盘区域的全覆盖检测，相机支架的设计是检测系统结构设计的关键，其结构如图 6-2 所示。

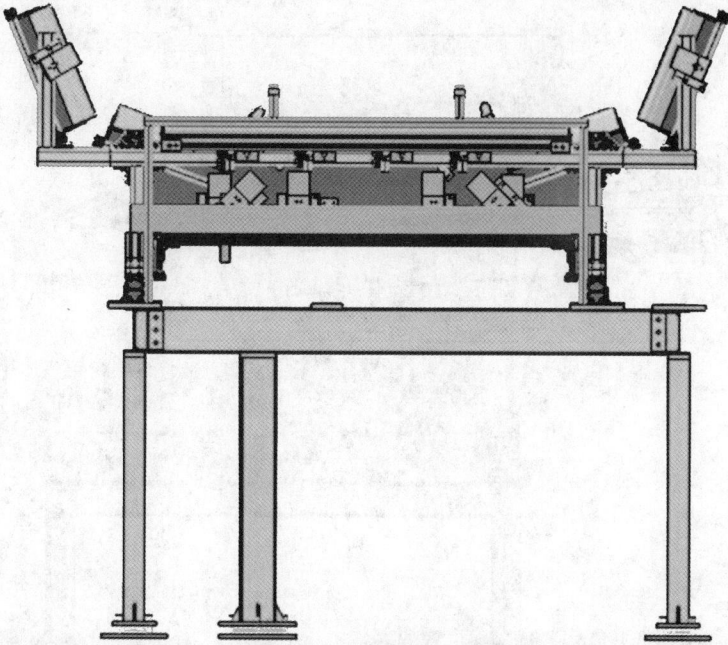

图 6-2　检测相机支架结构

检测相机支架结构设计的合理性要素应充分考虑到以下几个方面：

（1）结构的稳定性。由于相机是在车身运动过程中进行采样，因此支架结构的稳定性尤为重要，要求尤为严格。在设计过程中，必须要考虑到地脚螺栓的稳定性、框架结构材料的稳定性以及框架结构搭建的抗震性等诸多方面。在相机的结构固定端采用了高强度精密铝型材作为主要基材。

（2）结构的可调整性。由于在安装过程中误差是不可避免的，在安装后系统框架应具备基于现场实际车身底盘情况而能进行精确调整的功能。因此，在设计系统框架时，必须考虑结构的可调整性。

（3）结构的可扩展性。由于生产线的车型会随着时间进行不断的更新迭代，而随之而来的是底盘结构发生变化。因此，结构的设计必须具有可扩展性，以便于随时调整相机的数量与位置。

（4）结构设计的虚拟验证性。支架的结构设计一定要在现场安装前，通过3D 数模进行碰撞分析验证，具体如图 6-3 所示。只有通过了碰撞分析，才能最大限度地降低安装对生产线刮碰的风险，否则很可能导致产品车量出现批量划伤的严重质量事故。

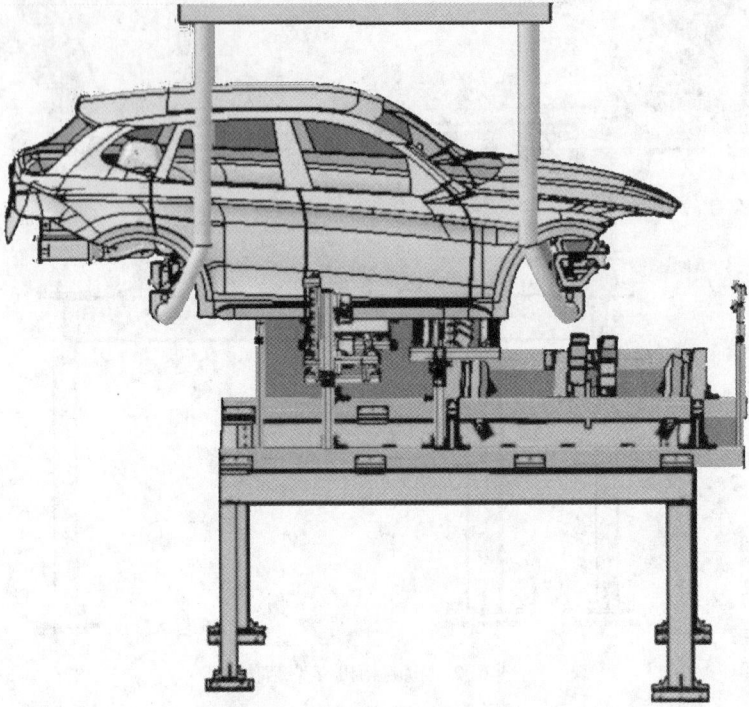

图 6-3 支架结构与车身碰撞 3D 模拟分析

汽车底盘 PVC 涂胶检测系统具备非常强的自我学习功能，该自我学习功能决定了系统的稳定性及精准性。由于拍摄到两张完全一样的图像难度非常大，尽管 PVC 涂胶已经采用了机器人程序操作，但每次在同一车型同一位置的涂胶依然存在着一定的差异。如果系统不具备自我学习功能，就会导致由于图像的轻微差异而出现误报警。检测系统自我学习功能是通过早期的系统调试阶段，把每次误报警的信息收集并归类，每次的检查采集图像均会与自己的数据库比对判断是否合格，从而不断地提高系统的检测精度，降低误报警率。图 6-4 所示为检测系统自学习采样，其是关于底盘堵件的数据库采样，尽管每次采样的图像均是同一车型同一位置，但仍旧可见轻微的图像差异。

识别检测区域、图像采集、照明方案及接口信息等方面的选择及使用是整个检测系统的关键。合理设计出机器视觉流程，才能更好地达到检测汽车底盘 PVC 涂胶质量的目的。

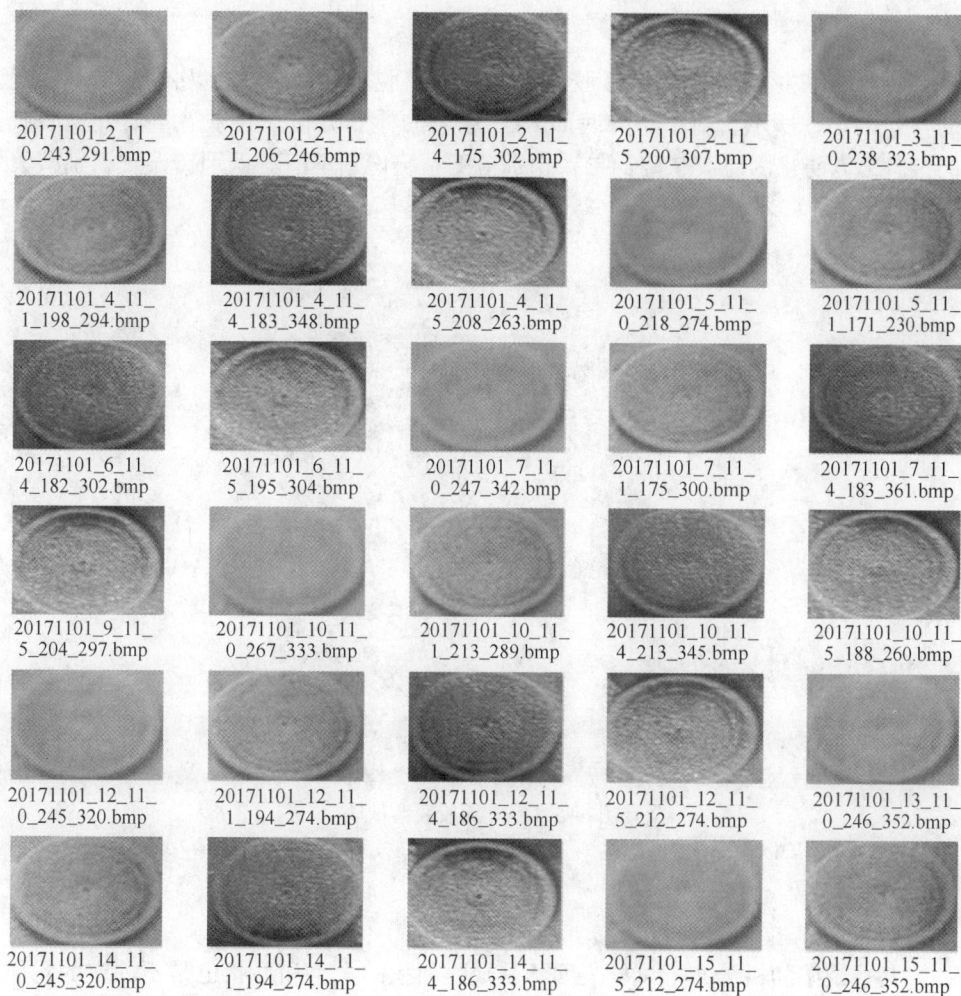

20171101_2_11_0_243_291.bmp	20171101_2_11_1_206_246.bmp	20171101_2_11_4_175_302.bmp	20171101_2_11_5_200_307.bmp	20171101_3_11_0_238_323.bmp
20171101_4_11_1_198_294.bmp	20171101_4_11_4_183_348.bmp	20171101_4_11_5_208_263.bmp	20171101_5_11_0_218_274.bmp	20171101_5_11_1_171_230.bmp
20171101_6_11_4_182_302.bmp	20171101_6_11_5_195_304.bmp	20171101_7_11_0_247_342.bmp	20171101_7_11_1_175_300.bmp	20171101_7_11_4_183_361.bmp
20171101_9_11_5_204_297.bmp	20171101_10_11_0_267_333.bmp	20171101_10_11_1_213_289.bmp	20171101_10_11_4_213_345.bmp	20171101_10_11_5_188_260.bmp
20171101_12_11_0_245_320.bmp	20171101_12_11_1_194_274.bmp	20171101_12_11_4_186_333.bmp	20171101_12_11_5_212_274.bmp	20171101_13_11_0_246_352.bmp
20171101_14_11_0_245_320.bmp	20171101_14_11_1_194_274.bmp	20171101_14_11_4_186_333.bmp	20171101_15_11_5_212_274.bmp	20171101_15_11_0_246_352.bmp

图 6-4　检测系统自学习采样

6.2　识别区域检测模块

6.2.1　涂胶缺陷

　　针对车身底部表面涂胶喷雾检测，PVC 涂胶的使用性能分析是该检测系统中重要步骤之一。在 PVC 涂胶喷雾时，可能出现以下几种缺陷类型，这需要在检测识别前分析该缺陷，以提高检测点的质量。

6.2.1.1 脱胶缺陷

脱胶缺陷主要发生在 PVC 胶条喷涂区域，脱胶的区域大小及位置是不固定的，如图 6-5 所示。对于车身底部 PVC 涂胶的检测分析，必须着重研究易脱胶的位置，以防止因脱胶缺陷而导致识别检测系统识别不清、识别错误及识别漏失等问题。

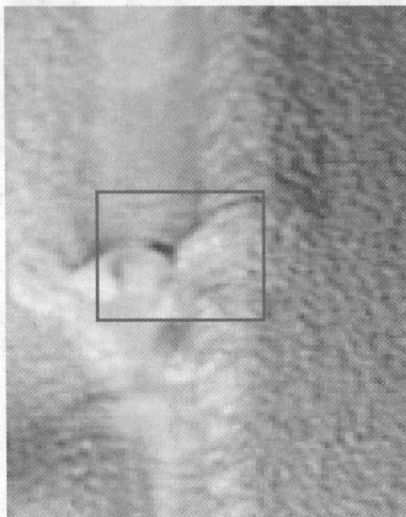

图 6-5　PVC 涂胶脱落缺陷

6.2.1.2 污迹缺陷

污迹缺陷随机分布于试样表面，其缺陷面积的大小和形状也是不固定的，如图 6-6 所示。试样表面 PVC 涂胶产生污迹的主要原因通常是由于喷涂涂胶过程中喷头与外部环境接触而产生杂质引起的。

6.2.1.3 边缘位置不明确

对于机器视觉检测系统，边缘位置确定是极其重要的环节，其涉及阈值大小与图像点位的确定。但由于制备工艺中的不同参数要求，常出现弧形、圆形、流线形等形状，导致边缘位置不明确。因此需要在原检测点基础上给予标准校订，才可进行准确检测，具体如图 6-7 所示。

6.2.1.4 浮色缺陷

浮色缺陷是指被喷涂样本应该与标准颜色一致，但由于诸多外界因素影响致

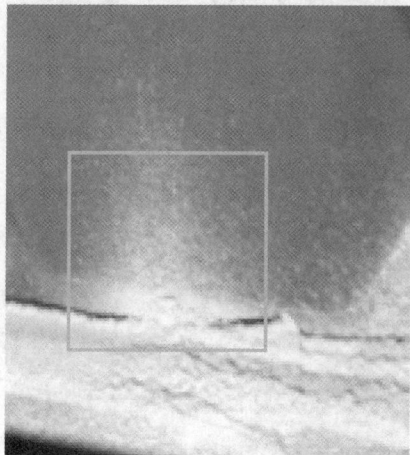

图 6-6 PVC 涂胶污迹缺陷

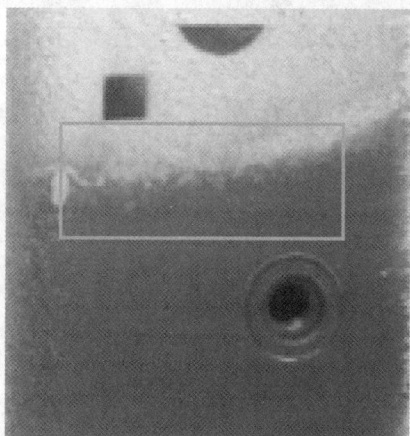

图 6-7 PVC 涂胶边缘位置不明确

使其与标准颜色不一致。表面喷涂均一颜色的涂料，但喷涂后部分位置与标准颜色相比或深或浅，其产生原因是由于涂料样本大小及密度不同，涂料絮凝导致涂料湿膜的沉降速度改变，进而导致喷涂时检测样本分层而产生浮色现象，如图 6-8 所示。

6.2.1.5 泡孔缺陷

泡孔缺陷是指在 PVC 涂胶喷涂后的干燥过程中，由于 PVC 涂胶的气泡滞留而形成的，其大多数是由于检测物表面张力差驱动流动产生，如图 6-9 所示。

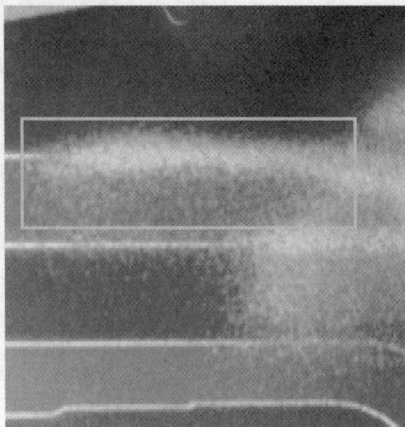

图 6-8 PVC 涂胶浮色缺陷

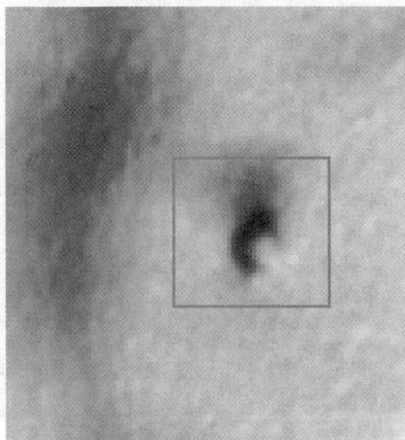

图 6-9 PVC 涂胶泡孔缺陷

6.2.2 涂胶缺陷识别

由于涂胶缺陷类型的多样化以及分布位置的不固定性，在多种缺陷分布的情况下，主要对以下常见缺陷进行研究分析。

6.2.2.1 胶堵识别

在汽车车辆的生产过程中，均会有胶堵的安装过程。而胶堵的类型分为临时性胶堵和永久性胶堵两种，临时性胶堵的主要作用是防止 PVC 涂胶喷涂时，胶雾通过安装孔的位置喷涂到车身内壁，不易清洁；而永久性胶堵在整个车身的应用中，均表现出良好的使用性能。

（1）排水孔性能。当车辆需要经过涉水路面时，用胶堵堵住车身底盘的安装孔，防止水雾进入车身内仓，有效防止了车身内部的腐蚀，同时还能有效防止外界灰尘进入车内，保证了车内清洁。

（2）检修口性能。车辆在行驶一段时间后，可能会出现某些故障。例如油泵更换需要预留出一定数量的安装孔，进行设备更换，不使用时可以用永久性胶堵进行覆盖。

胶堵识别主要针对车身永久性胶堵进行位置识别，其能准确高效地进行图像位置分析，如图6-10所示。

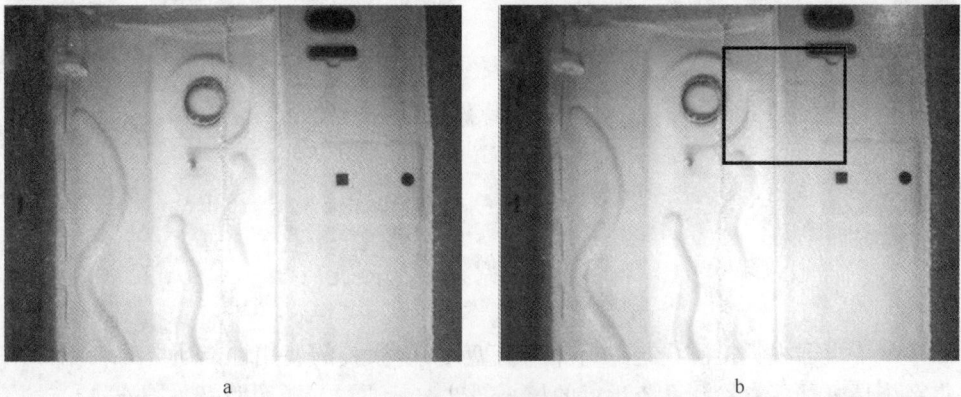

图6-10 胶堵识别图

a—胶堵识别标准图；b—检测胶堵区域

6.2.2.2 未喷涂区域识别

目前，安全、高效、舒适与快速是人们对于车辆性能的基本需求。在日常生活中，由于路面上长期有车辆的行驶，致使路面在一定程度上出现凸凹不平的损坏，严重地段甚至有沙石存在。在车辆快速行驶过程中，车身底部不断地与外界产生冲刷及撞击，很大程度上破坏了车身原始设计的表面涂层，大大降低了车身的防腐性能，减少了车辆使用寿命。为了有效地提高车辆的安全性能、舒适性能及使用寿命，加强车身整体的密封性能，增强车辆的防腐性能，在车身设计阶段时，就必须在车辆底盘包括轮罩部分喷涂 0.5~1cm 厚度的 PVC 涂胶材料，同时也需要为后续其他安装预留出一定位置的未喷涂区域（见图6-11）。

传统的 PVC 涂胶喷涂采用人工手喷方式，其具有效率慢、涂胶位置不一致等缺陷。为了统一涂胶的一致性，采用机器人替代人工方式进行 PVC 涂胶喷涂操作，并使用机器视觉检测系统对喷涂胶的大小和位置进行精确检测，以有效监测喷涂效果，改善涂胶大小及位置的准确性。

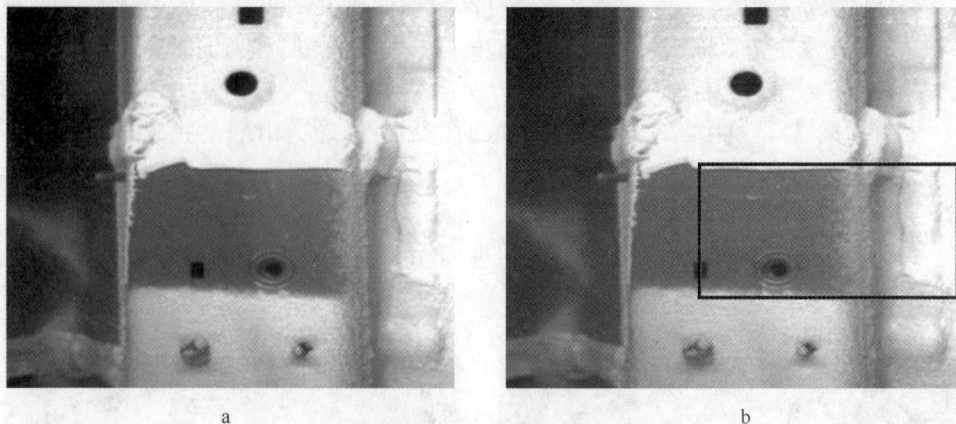

图 6-11　未喷涂胶堵识别图
a—未喷涂区域标准图；b—检测未喷涂区域

6.3　图像采集系统

　　基于机器视觉检测系统进行车身底盘 PVC 涂胶的使用性能研究时，图像采集系统是机器视觉检测系统运行的核心部件，其通过光源照明（见图 6-12）、检测相机与镜头的三效组合，对 PVC 涂胶样本进行图像拍摄，并使用图像采集卡进行图像采集及储存。

6.3.1　检测相机型号

　　检测相机类型及型号的选择是机器视觉采集图像的重要环节之一，检测相机的选择不仅对采集图像的清晰度及分辨率有较大影响，同时还与整个检测系统的运行模式有诸多联系。

　　根据检测相机的不同划分标准，检测相机有如下分类：

　　（1）根据图像的不同色彩，可划分为彩色相机和黑白相机两种。根据检测样本的要求，选用对应色彩的相机。对于需要区分检测样本颜色时，选用彩色相机；对于检测样本色彩要求较低时，仅需观测检测物刮痕有无、划痕大小等，则选用黑白相机即可。当选取同分辨率相机，且对检测物无明显颜色区分时，最佳选用黑白相机。因为在同分辨率情况下，黑白相机的精确度要高于彩色相机。

　　（2）根据芯片的不同类型，可划分为 CCD 相机和 CMOS 相机两种。CCD 相机是集光电转换、电荷转移、电荷储存及信号读取为一体的固体成像器件。通过光电转换成电荷，在驱动作用下不断转移并不断放大后输出图像，该检测相机具有适应测试环境能力强、低功耗、寿命长等诸多特点。CMOS 相机是将

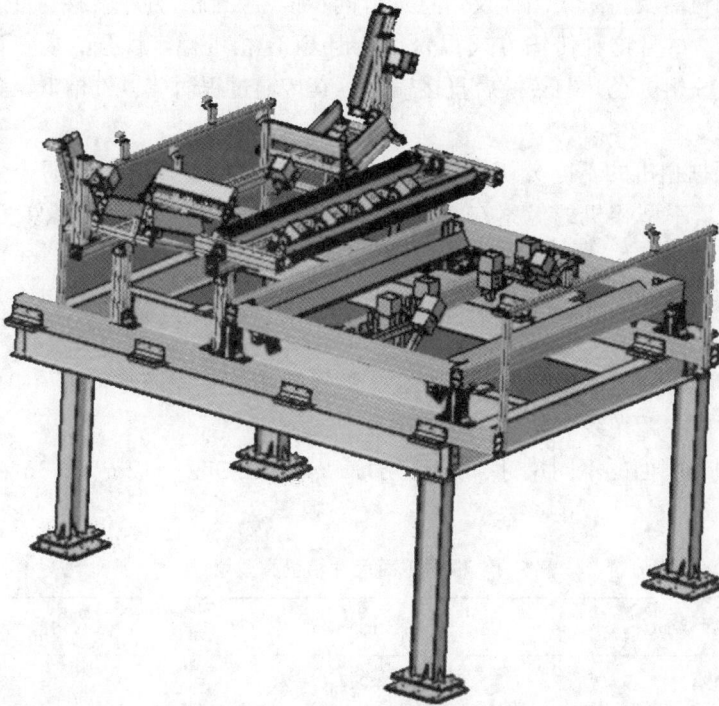

图 6-12 相机光源的布局结构

图像信号放大器、信号读取器、信号处理器、信号控制器及转换电路集成在一块芯片上的器件，该检测相机具有良好的集成性、低功耗、局部像素可随机访问等优点，其适用于高分辨率场合。CCD 相机和 CMOS 相机的具体传输方式如图 6-13 所示。

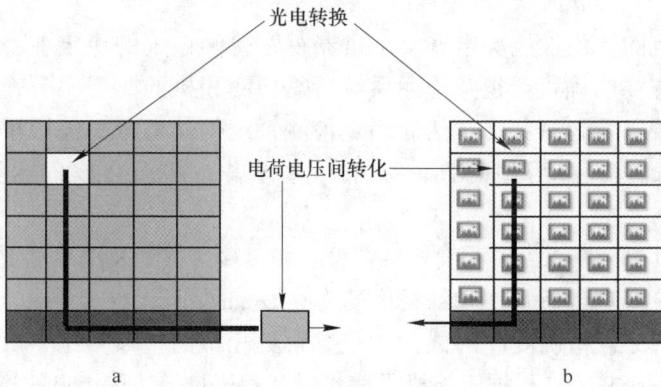

图 6-13 检测相机传输方式图

a—CCD；b—CMOS

CCD 相机需要将采集图像及信息进行同步信号控制后方才转移,并且不断放大传输信号。尽管这种传输方式很繁琐,但 CCD 相机稳定性强、质量高、寿命长;而 CMOS 相机经光电转换后直接输出,其传输过程简单、价格低、使用比较广泛。

(3) 根据相机的不同分辨率,可划分为高分辨率型相机和普通分辨率相机两种。高分辨率型相机的像素在 38 万以上;而普通分辨率相机的像素在 38 万以下。

(4) 根据相机的不同灵敏度,可划分为普通型相机、星外型相机及红外型相机 3 种。

普通型相机的工作照度需要 1~3lx;星外型相机工作照度需要 0.01lx 以下;而红外型相机在无光线情况下方可成像。

(5) 根据靶面的不同尺寸,可划分为 1/4in、1/3in、1/2in、2/3in、1in,具体尺寸见表 6-1。

表 6-1   根据靶面尺寸相机类型划分

靶面尺寸/in	宽×高/mm×mm	对角线/条
1/4	3.2×2.4	4
1/3	4.8×3.6	6
1/2	6.4×4.8	8
2/3	8.8×6.6	11
1	12.7×9.6	16

注:1in (英寸) = 2.54cm。

检测相机的使用性能决定着整个机器视觉检测系统的稳定性,因此在选择相机时,首先要明确机器视觉检测系统所需检测相机的类型,明确所需检测样本的精确度要求及运行状态;然后确定检测系统硬件类型,包括相机的传输方式及触发方式等;最后根据性能要求,选择出一部适合该机器视觉的检测相机。

对于相机的选择,需要明确相机类型、相机接口类型及精确度要求。在本检测系统中,检测 PVC 涂胶的边缘精确度为 0.18mm,且无色彩要求,因此选择了在同分辨率情况下精确度高的黑白相机。常见相机的接口类型一般分为 GIGE、Camera Link、USB 等。根据工控机通信接口及相机自带通信接口的稳定性,本检测系统采用 GIGE 接口作为相机通信接口,最终确定为 CCD 黑白 GIGE 接口相机进行图像拍摄。

可根据式 (6-1) 及式 (6-2), 计算出 X 与 Y 方向机器视觉检测的精确度:

$$系统精确度_{X方向} = 视野范围/CCD\ 芯片像素数量 \tag{6-1}$$

$$系统精确度_{Y方向} = 视野范围/CCD\ 芯片像素数量 \tag{6-2}$$

PVC 边缘检测是在车身运行过程中进行检测, 通过环境温度测试, 得出了由排风系统控制的环境温度在 25~35℃ 之间。但随着车身样品数量的增多, 平均每天系统检测近 16h, 因此应选择寿命长、功耗小和精确度高的 CCD 黑白相机。

汽车底盘 $X \times Y$ 方向距离为 4200mm×1800mm, 选取 6 部不同相机, 每部相机检测 12 次。车辆在行驶过程中存在晃动, 因此检测范围需设定安全系数, 以放大检测范围。相机检测范围最小为 700mm×300mm, 预留 10% 重叠部分, 检测范围需设置为 770mm×330mm。若光源照射效果良好, 相机 X 方向分辨率为 770/0.18/2 = 2138. 89pixel (像素), 相机 Y 方向分辨率为 330/0. 18/2 = 916. 67pixel。根据检测设备需求, 相机像素需要选择 2139×917pixel 以上。但相机在使用一定时间后, 可能降低检测效果。因此应预留一定范围的像素点, 本检测系统选择了 2448×2550pixel 的相机, 检测图像如图 6-14 所示。

图 6-14   PVC 未喷涂检测效果

在无压缩情况下, 由 CCD 检测相机拍摄, 并通过采集卡传输到标准图像分辨率为 2448×2550pixel 的工控机, 这能够满足检测区域的边缘性能要求。同时, 选定了 Basler 检测相机作为机器视觉系统采集相机, 并进行界面参数一致性测试, 如图 6-15 所示。

由系统程序设定, 对相机在限定时间内的检测次数进行了近 10000 次测试, 并分别在 1h、5h、12h、24h、72h、168h 进行监测。结果显示, 6 个相机在同一时间段内检测次数一致。同时对相机温度进行试验, 发现相机在 150h 长时间运行情况下, 温度在 32~40℃ 之间, 其属于正常温度范围, 可以判定 Basler 相机能够满足机器视觉系统检测长时间运行及一致稳定性的使用要求。

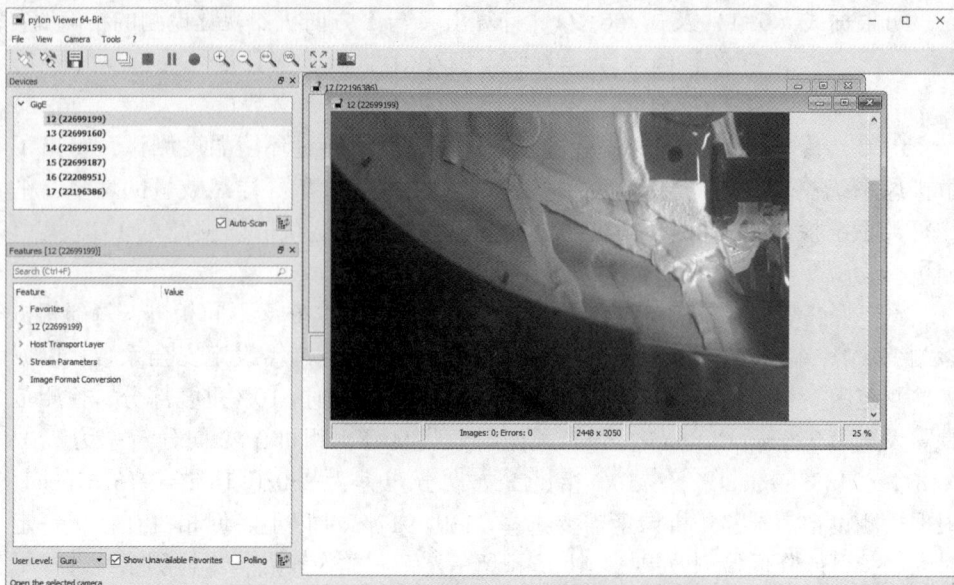

图 6-15　Basler 相机界面参数一致性测试

6.3.2　镜头型号选择

在机器视觉检测系统中，镜头是连接相机与外界间的纽带，正确选用标准镜头能够有效地提高图像检测清晰度和分辨率，其对图像显示效果具有决定性的作用。

市场上工业拍摄相机的类型多种多样，因此在镜头选择时需注意以下几点：

（1）焦距。焦距是光在经过镜头内镜片的折射，在镜头主轴线上形成的聚焦点，用 f 表示。焦距值的大小直接决定成像的大小。

（2）视角。物体成像平面上对角线与镜头上中心点之间的夹角叫视角，相同面积的物体成像，焦距越小，镜头视角越大。

（3）光圈。相对孔径是镜头入射光直径与焦距的比值，而光圈是相对孔径的倒数，即 f/D，用 F 表示。一般镜头上标识为 $1:1.8$ 或者 $f/1.8$，表示一个镜头上的最大孔径为 27mm，焦距为 50mm，即这个镜头的相对孔径最大值为 $1:1.8$。

（4）景深。镜头检测物体清晰图像前后间的距离，即拍摄样本最近清晰成像到最远清晰成像间的距离，被称为景深。

（5）测定距离。镜头与检测物之间的距离被称为测定距离，用 WD 表示。镜头检测物体可以检测到无限远，因此在设定镜头距检测样本间距离时，需根据图像清晰度调试出一个可调试的有限测定距离。

根据传感器尺寸确定出镜头的放大倍数，再根据检测物体可用测定范围，确定出镜头的测定距离，利用式（6-3）及式（6-4）辅助计算焦距，确定出镜头的型号选择。

$$PMAG = H_i/H_0 \tag{6-3}$$

$$f = WD \times PMAG/(1+PMAG) \tag{6-4}$$

式中　H_i——相机传感器靶面尺寸，mm；

　　　H_0——测试高度，mm；

　　　f——焦距，mm；

　　　WD——测定距离，mm；

　PMAG——镜头放大倍数。

在实际试验环境中，镜头检测车身底盘测试高度为450mm，靶面相机尺寸为2/3in，预选用16mm焦距的镜头，如图6-16所示。但在实际装配时存在安装误差，因此对所选镜头进行了测试验证，分别选用了12mm、16mm、35mm及50mm焦距镜头对同一位置进行多次拍照测试。图像结果表明，焦距为12mm的镜头检测物体成像较小，不易识别检测区域，如图6-17a所示；焦距为16mm的镜头检测图像大小适中，作为待选项，如图6-17b所示；焦距为25mm的镜头检测样本，图像被放大多倍，检测范围小，不易对整个车底面划分区域进行检测，如图6-17c所示；焦距为50mm的镜头检测样本，检测区域范围被放大，照射测试范围变小，如图6-17d所示。因此，选用了16mm镜头作为试验镜头。

图6-16　镜头

在使用过程中，已设定好的镜头不可改动其镜头直径，但可根据镜头预留的"光圈"值进行调整。研究表明，转动转盘，通过适当的大小圆孔进行照射物挡触，使光线移动到指定的光轴上，可以满足对照射物孔径的有效控制。汽车底盘

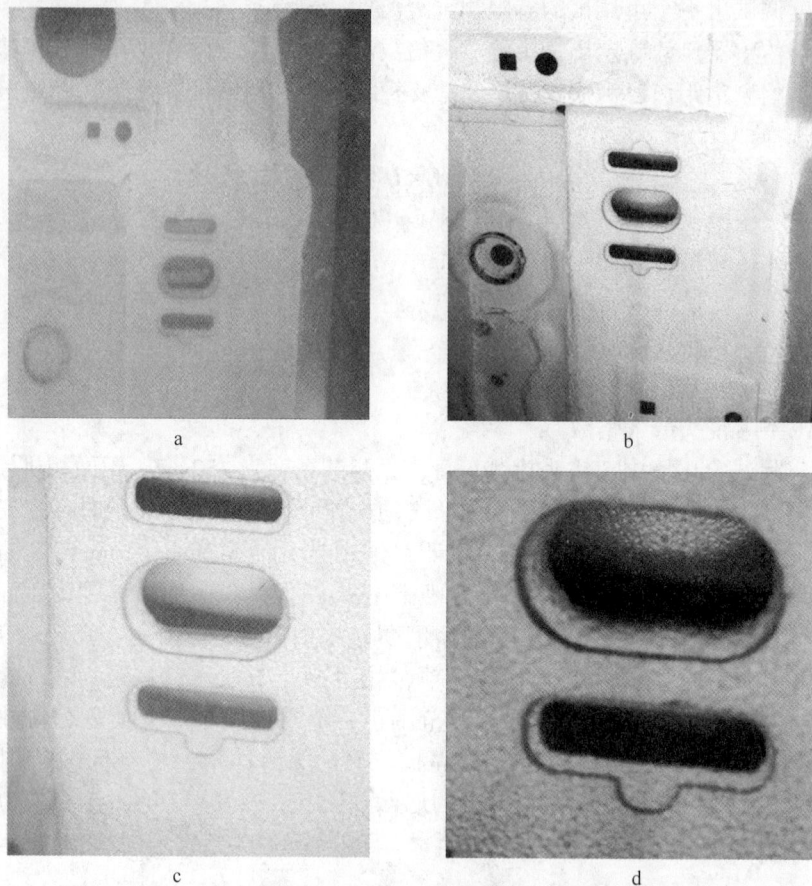

图 6-17 不同焦距镜头检测的对比

a—12mm; b—16mm; c—35mm; d—50mm

PVC 涂胶机器视觉检测系统选取了几组光圈值进行比较, 如图 6-18 所示。

研究显示, 两个相邻光圈之间挡位的进光量设计数值相差 1.4 倍, 透光孔之间面积相差 1 倍, 孔直径相差 $\sqrt{2}$ 倍, 底片上的影像光亮度相差 1 倍, 曝光时间相差 1 倍。如在设置镜头光圈时, 由初始的 $F/2.8$ 设置成 $F/4$, 进光量则缩小 1 倍, 也就是光圈缩小了 1 级, 用于工业型镜头的光圈常选用在 $F/2 \sim F/5.6$ 之间。由此可见, 光圈的大小决定于进光量的多少, F 后面的数值越小, 光圈范围越大, 进光量越大, 检测出来的画面越大, 图像亮度越高, 反之亦然。

在实际应用中, 环境光亮度很强, 选用 $F/4$ 时的光圈值足以满足检测的需求。确定光圈数值后, 相机的曝光时间初始设置为 2000ms, 但由于部分相机检测位置未满足需求, 因此相机的曝光时间调整为 4000ms 进行检测, 能够保证车身底盘 PVC 涂胶使用性能的采集质量。

F/2   F/2.8   F/4   F/5.6

F/8   F/11   F/16   F/22

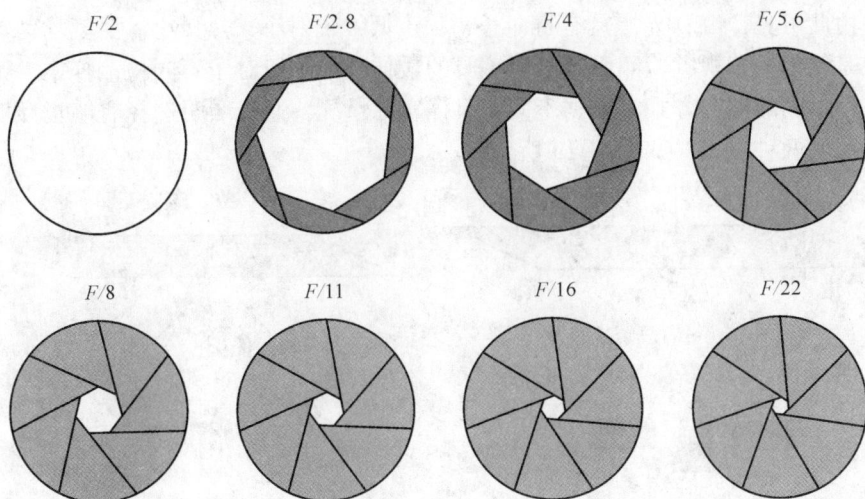

图6-18 镜头光圈

6.4 照明研究

对于车身底盘 PVC 涂胶及胶堵检测，由于 PVC 涂胶喷涂及胶堵位置不一，而且还需要满足不同位置的光源照射情况，因此必须设计出合理的照明方式来进行涂胶缺陷检测。在机器视觉检测系统中，合理的照明方案是整个检测系统成功检测的关键，光源的照射应尽可能突出检测区域的特征，使该特征明显区别于背景区域，这不仅增强检测区域与背景区域的对比度，同时还能增强整体的照明度，提高检测图像的清晰度，以达到检测要求。

在机器视觉检测系统中，照明方案的设计主要有 3 部分：首先是光源类型的选择，其次是光源位置的选定，最后是光亮度的调整。这些部分合理的选择，才能设计出最优的照明方案。常见的光源类型主要有白炽灯、荧光灯、LED 灯及日光灯等，其具体特点见表 6-2。

表 6-2 各类光源特点

光源种类	光源特点
普通白炽灯	安装容易、启动成本低、热量高、照度不均匀
卤素白炽灯	体积小、寿命长、易安装、集中亮度高
荧光灯	光谱有限、发热少
LED 灯	寿命长、噪声低、辐射小、热量小、照度均匀
普通日光灯	颜色选择多、照度高
PL 灯	照明安全、体积小、寿命长、能源节省

　　由此可见，LED 光源具有寿命长、噪声低、辐射小、热量小、照度均匀等优势，是作为机器视觉检测系统照明工具的最佳选择。但对于不同检测样本，则需要采用不同的照明方式。根据不同的具体实际情况，通常照明选择有明场照明及暗场照明两种方式，如图 6-19 所示。

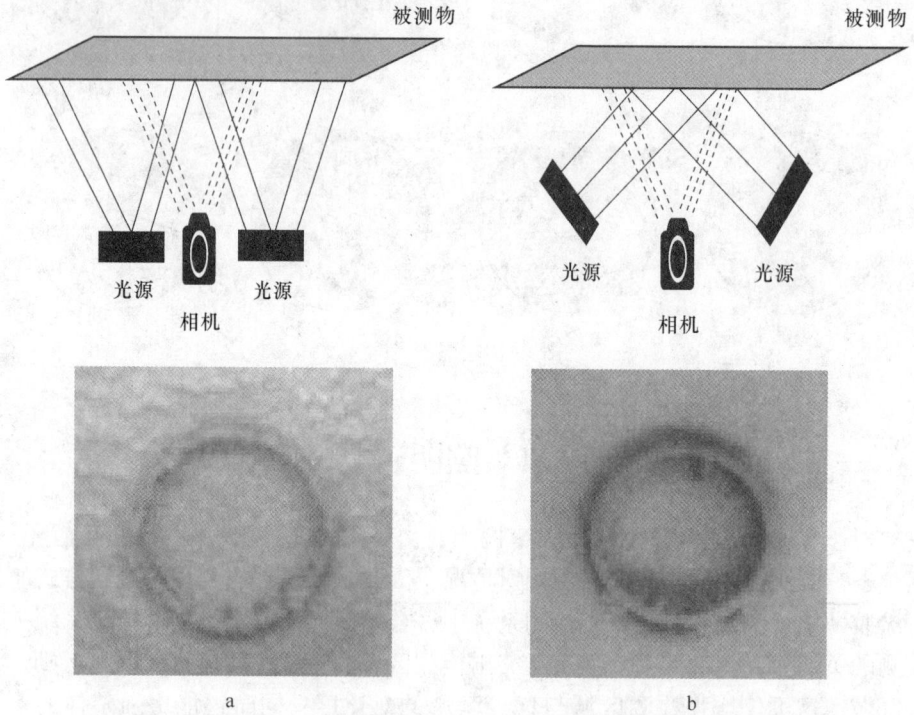

图 6-19　光源照射原理图
a—明场照明；b—暗场照明

　　在实际应用中，还需要根据测试环境进行调试，以选择明场照明或者暗场照明。明场照明是将照明检测系统放置在检测物与相机前面，清晰照射出检测物缺陷，经常选用的光源类型有条形光源、线形光源、环形光源、点光源等；暗场照明是将光源放置在检测物侧面或者后面进行光亮度增强，常选用的光源类型有背光源、同轴光源等。这种照明方式能够有效地使检测样本检测区域边缘凸显，但却不易观察检测区域的微观缺陷。因此在选定光源后，应根据光亮度调节进行测试，选定出最终的光源类型。

　　在车辆检测过程中，主要以下底面喷涂 PVC 未喷涂区域边缘为例，进行采集光源设计。在实际运行过程中，针对不同的检测区域适当修正不同的光源设计方案。车身底部表面工艺有螺纹孔、胶堵、PVC 涂胶扇面、PVC 胶条等。汽车底盘 PVC 涂胶检测系统主要以检测胶堵及 PVC 未喷涂区域作为研究对象进行设计，可以看出，不同位置需安装的胶堵类型及未喷涂区域大小不尽相同。因此针对不同位置的检测，系统设计了不同的采集方案。车身底盘的图像采集检测系统主要以相机垂直底盘为主，光源以明场照明方式为辅进行检测。整车车身底盘尺寸长×宽为 4200mm×1800mm，待测区域范围较大，因此需要设计两条光源线，供 6 个相机同时检测光亮度。由于不同胶堵类型（见图 6-20a~c），以及未喷涂区域形状上的差异（见图 6-20d~f），因此在设计检测系统时，需要考虑光源的照明度因素。

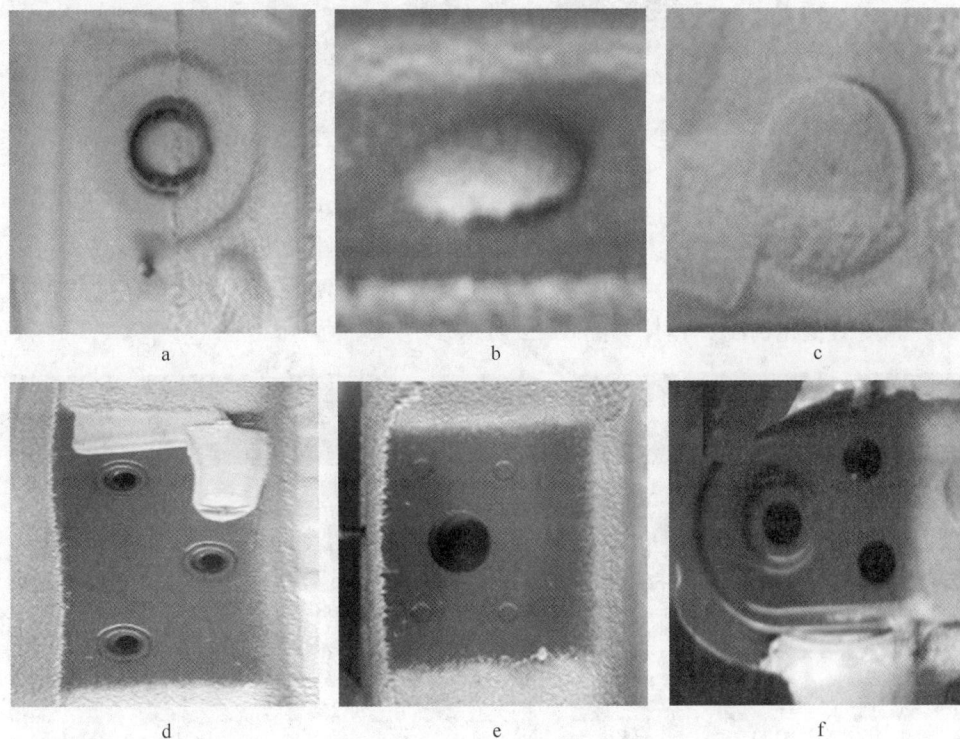

图 6-20　堵件及未喷涂缺陷类型对比
a—胶堵1；b—胶堵2；c—胶堵3；d—未喷涂1；e—未喷涂2；f—未喷涂3

　　根据大量的实验验证发现，使用 LED 光源在明场照明方式下照射检测时，照射图像的光亮度最均匀，采集图像的分辨率最优。该检测系统选用了 LED 光源，其按照线性分布可分为条形光源和线形光源。条形光源照射检测物时，照射面积大且光亮度均匀，而线形光源照射检测物时，以某一区域为主要照射范围凸显检测区域光亮度。由于该研究的照射区域较大，故选择 OPT 条形光源及控制器，如图 6-21 所示。

　　关于光源光亮度的调整，在确定好相机及光源位置后，通过光源控制器对光

图 6-21   OPT 条形光源及控制器

亮度进行调整。光亮度的大小测试是在周围无光的条件下进行的，安装测试时需要进行微调。以光源光亮度 10 级为一组开始进行调整，逐渐增强光亮度并查看其光亮度的变化情况，具体如图 6-22 所示。

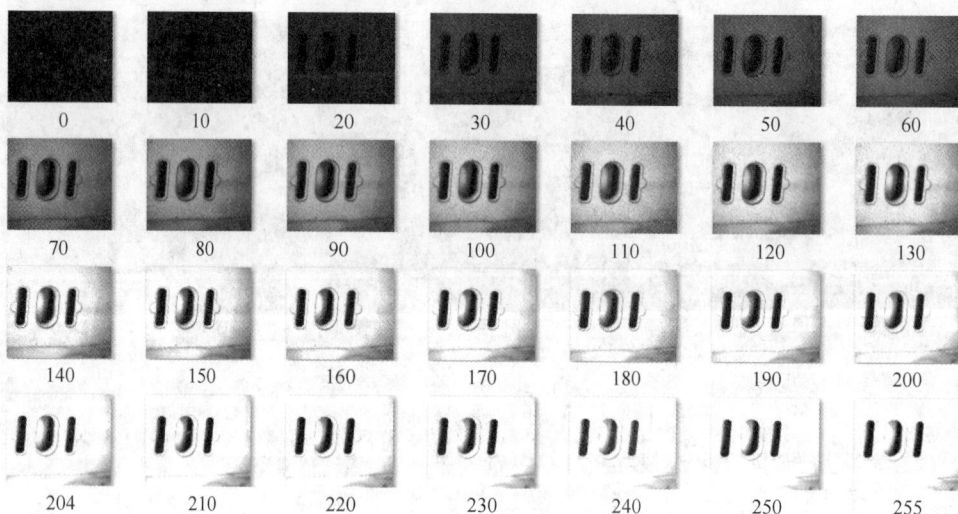

图 6-22   光源光亮度变化

研究结果显示，光源照射时的光亮度在 120~255 灰度级范围内，其光亮度最佳。但是考虑到光源寿命及光亮度会有一定程度上降低，需要在控制器中将光源预留 20%，即实际光线强度可用范围为 120~204 灰度级。LED 光源的光亮度还需要根据测试环境中的外界光线强度进行调节，光亮度设置约为 120 灰度级时，能够满足机器视觉系统检测标准。

6.5 采集模块接口

鉴于上述机器视觉检测系统对硬件采集方面的具体阐述，继续对软件间信息传输及采集模块间的传输信号进行详细分析，各部分功能如下：

（1）ICamera。图像采集卡与传输接口，通过该接口对采集卡进行控制。

（2）ICapture。通过接口进行图像采集。

（3）IIluminant。进行光源控制的一种接口控制。

（4）CaptureController。主控管理类程序，通过该类程序对光源及相机程序进行逻辑控制以及串口和模块通信等功能控制。

（5）IMessageExchange。信息交互接口，采集信息通过 IMessageExchange 接口进行串口间的信息交换。

不同检测设备使用采集卡数量不同，如相机使用数量不同，使用采集卡数量也不相同。因此，在检测系统设计时需使用相应的采集卡接口。检测系统由于针对不同的配置参数进行设置，生成新的配置文件和替换的 DLL 文件，并将其放置在运行程序中，并在指定的路径下运行，而对操作者仅展示 CaptureController 接口及操作界面。程序内具体的内容放置在 DLL 文件中并进行封存，分析者仅可通过改变配置文件对所在文件进行路径更改，却改变不了程序的源代码，以保证软件程序设计的完整性及安全性。CaptureController 程序与其他部分的接口主要有以下几种：

（1）ProfilePath。配置文件保存路径由于设计阶段所需设计的参数较多且变换次数也较多，因此模块对于参数部分不进行具体参数设置接口，而是通过配置文件进行更改。

（2）Pair〈Mat，string〉。Mat 为采集到的图像，string 为采集图像周围的信息参数，通过 Pair〈Mat，string〉这个返回值二元组进行图像及信息的获取。

（3）VoidsentMessage。通过该接口与 PLC 间进行通信，实现信息传输。

（4）Voidclear。在下一次车辆进入试验检测台前，进行检测系统清零操作，清除上一次检测样本的所有信息，为下一次检测样本进入检测位置做准备。

6.6 本章小结

本章主要研究了车身底盘 PVC 涂胶的机器视觉检测系统的硬件设计及调试效果，分别在相机、镜头、光源及程序接口四方面进行了深入分析，并详细阐述了采用 500 万像素 CCD 相机、16mm 焦距镜头、明场条形光源照明的原因，同时以灰度值 10 级为 1 组进行了大量光亮度的对比。结果表明，光线强度可用范围为 120~204 级灰度值，光源设置参数为 120 灰度级，能够满足测试环境检测需求。

7　机器视觉检测系统软件

汽车底盘 PVC 涂胶的机器视觉检测系统软件主要是由人机界面、数据库、PLC、主控程序及算法模块等组成。本章主要针对机器视觉检测系统各流程的具体功能进行详细阐述，并对算法模块机制进行分析，设计出基于算法模块的算法组态化及易于并行的检测机制，最后对检测结果进行分析。

7.1　人机界面

机器视觉检测系统的人机界面是为了更好地进行系统与分析者间的信息交换，对系统进行界面设置。首先，以分析者使用特征为原则进行界面设置研究；其次，按照使用顺序进行主界面、二级界面及三级界面等设置研究，例如查询范围由大到小、由模糊到精确、由初级到高级等；最后，进行功能设置的人机界面研究。人机界面按照使用原则，并根据不同设置参数功能分层进行设计，具体如图 7-1 所示。

机器视觉检测系统中界面使用分为 3 种情况：（1）检测结果图像信息，例如车型信息、车号信息、检测缺陷信息等重要界面；（2）设计开发软件检测界面，

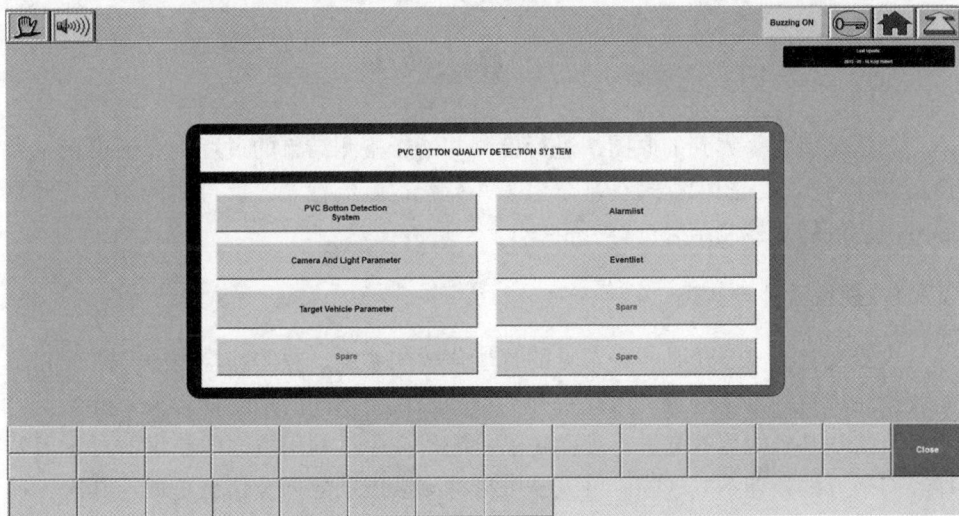

图 7-1　人机界面显示

包括目视设备状态信息及设备异常报警信息等；（3）设置参数界面，包含光源参数设置、操作目录等。人机界面主要通过调节 HMI 模块进行操作界面设置，以达到快速查询检测内容，并可以在人机界面上设置光亮度、曝光度等参数功能。

7.2　数　据　库

汽车底盘 PVC 涂胶的机器视觉检测系统软件是基于 SQL 数据库进行设计存储的软件，也是检测系统流程中最关键的一步。大量数据的采集需要一定存储空间进行图像的整理、归档及存储，同时还需将检测数据实时传输给 IT，供数据分析。存储的结果图像需要进行界面显示，供分析者实时观测检测数据，发现问题时可立即进行涂胶喷涂工艺的参数调整。

数据库数据的存储功能是为了供多个分析者共同使用而建立的。不同的分析者可以对同一数据进行不同方式的使用，根据自己的需求进行数据量的提取。换言之，数据库可以为每个分析者提供其所需要的信息内容，同时也能满足各分析者之间的通信需求。

数据库的结构可以分为 3 种层级来反应数据库不同方面的信息：（1）物理数据层，主要是存储的源图像，即需被分析者进行处理的对象，常由字串和字符组成；（2）概念数据层，指数据间的逻辑关系，能够有效满足各子系统之间的联系以便提供适当的数据进行系统测试；（3）分析者数据层，分析者能通过显示器清晰看到输出的数据，以满足分析者对于 PVC 涂胶喷涂工艺的监测。

7.3　算法模块

算法是接收采集到的原图，进行检测并给予检测结果的过程，算法模块主要包括设计与实现、图像处理、基于组态并行化检测流程算法及检测消除重复计算部分等，最终对检测结果进行分析。

7.3.1　模块设计与实现

机器视觉检测系统是一种常见的智能化检测系统。在实际检测中，由于 PVC 涂胶喷涂位置判定不一致，因此每种类型缺陷需要不同的检测算法来分析。

目前，基于机器视觉进行表面缺陷检测研究中，利用较多的是机器自学习及神经网络方法处理不同缺陷。首先，进行检测区域预处理及信息提取；其次，通过分类器对涂胶缺陷进行分类；最后，进行涂胶缺陷结果输出。但是这种检测处理方式存在一定不足：（1）在汽车底盘检测中，对于同一种 PVC 涂胶及胶堵进行检测，由于缺陷不同，需要在采集图像阶段就对不同缺陷类型进行分类；（2）对于同一检测类型，为了凸显不同检测区域的位置特征点，需要不同的预处理方法，不可统一进行处理。

在常见的机器视觉 PVC 涂胶检测区域中，提取检测区域时有如下几个特点。

7.3.1.1　检测区域与背景区域混合

在喷涂 PVC 涂胶时，由于检测区域与背景区域将在同一图像上，这种混合有简单混合检测，例如检测区域被背景区域包围，如图 7-2a 所示。同样也存在复杂混合检测，背景区域与检测区域交错混合在一起，这种情况分析起来相对复杂，会增加提取难度，如图 7-2b 所示。

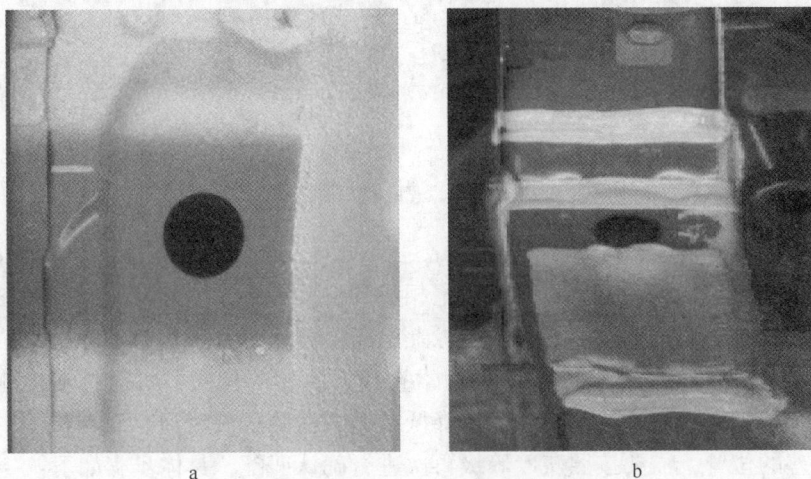

图 7-2　检测区域与背景区域采集图像
a—简单混合；b—复杂混合

7.3.1.2　检测区域形状一致

在车身底盘 PVC 涂胶实际喷涂过程中，涂胶检测虽然位置不一，但同一检测位置的形状是一致的，且每次需采集的图像信息也是固定不变的。因此，在同一位置检测不同车身图像中，检测区域位置及形状基本一致，但车辆在经过试验台位置时会产生一定偏差，需要设定一定范围的阈值进行检测。

7.3.1.3　光亮度不同导致图像检测提取难度不同

由于光照的光亮度及照射方向对检测采集图像会有很大影响，因此针对不同位置缺陷时，需要不同的光源进行照射。而采用不同光照进行图像提取时，会提高检测区域的提取率，例如同一位置采用 50 级光亮度和 80 级光亮度照射，会产生不同的效果，对比图片如图 7-3 所示。

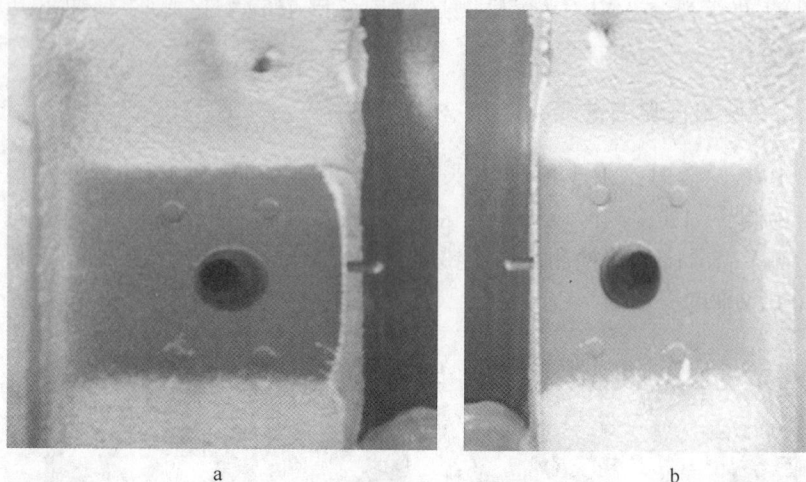

a   b

图 7-3　不同光亮度照射图像

a—50 级光亮度；b—80 级光亮度

采集图像提取特征方式的主要思路是检测同一车辆车身底盘 PVC 涂胶的喷涂位置基本一致、大小一致，并且设定相机的位置固定，因此检测同一组图像基本检测点位置一致。在获取的原始图像上，需检测点位置距离与实际检测位置距离按 1∶8 比例对应，因此在原图上搜索查找实际检测位置，可通过在检测区域周围进行搜索查找，这在一定程度上降低了搜索检测区域时间。而在检测中容易出现偏差的位置，需要按照灰度等级再次进行确认匹配，具体步骤如下：

（1）获取一组原图作为模板，根据检测 PVC 涂胶喷涂规格及位置，在图像中对应处进行分类、建模并存储。

（2）对于模板原图上的信息进行计算并存储，如直方图算法。

（3）进行新图像采集时，所得图像需要进行全局计算，并与模板原图上的全部信息进行对比，所得对比数量作为整个图像的偏移量。通过大量偏移量的计算确定出平均偏移值，进行再一次图像匹配。

（4）对于匹配后的待检测图像，需要对图像中各个检测形状与建模过程中获得的全局信息再次进行精确匹配，从而获得精确度高的匹配检测图像。

7.3.2　检测算法组态化

检测算法是基于插件模式进行组态化设计，并基于组态化设计进行图像处理，同时设计出易于并行的检测机制，为后续扩展车型检测提供预留。

基于机器视觉的 PVC 涂胶系统检测是一个非常复杂的检测过程，在设计阶段有两种方式：一种方式是将特定缺陷的识别算法封装成一个固定的插件，系统直接调用即可输出检测结果，这种识别方式虽然简便，但具有不可更改性；另一种方式是在固定插件的方式下进行检测算法的组态化，通过不同子算法组合生成检测算法，其具有较强的可扩展性。实际上一个检测算法具有多个子算法，而子算法是以检测节点存在于检测流程中，常用 Algorithm 模型进行检测，包括输入 Input 算法和输出 Output 算法。对于子算法均由以下 3 部分组成，即核心算法、输入 Input 算法、输出 Output 算法，而核心算法的主要功能就是图像处理。

组态化检测算法虽然在很多地方能够补充插件式算法存在的不足，但是对于不同检测区域使用组态式算法进行检测，并不是指所有检测区域的处理过程是完全不同的，不同检测区域之间有可能存在重复检测部分，需要在设计组态式算法时在子算法的层面上查找不同检测区关系，而整个组态式算法作为一个插件式算法进行处理检测结果时，很难找出同一检测区域不同检测算法间重复的计算部分。设计完成的子算法检测可以作为延伸用于不同被检测重复部分使用，提高整体算法检测效率。

一个完整的检测算法是由多个子算法组成，PVC 涂胶喷涂边缘性能检测就是采用组态式算法进行检测。虽然在设计流程上看似简单，但实际上其由多个子系统组合完成检测任务，如图 7-4 所示。

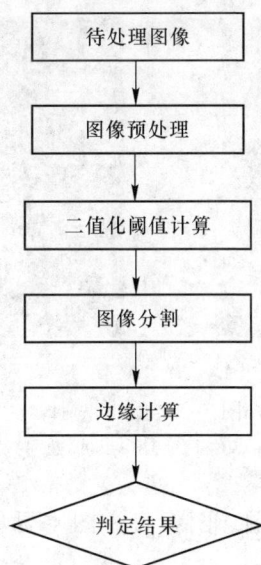

图 7-4　PVC 涂胶喷涂边缘性能检测流程

由此可见，对于待处理的采集图像，首先经过预处理将图像分割成若干子图像，然后将分割后的图像进行二值化阈值计算，最后将处理后的图像进行边缘计算后输出结果。在获取检测图像后，对图像进行预处理，即将每个图像分别检测出来提交到识别模块中。在图像分析过程中，对检测图像进行目标特征提取及分割，主要消除检测目标中无用的背景信息，提取检测目标的有用信息，增强检测区域与背景区域间的差异性，为图像分割提供更高的可靠性。图像预处理需要直接对图像像素进行处理，输出图像中每个像素的灰度值仅与输入图像中每个像素的灰度值有关，而与输入图像所在像素位置无关，可用式（7-1）和式（7-2）计算：

$$G(x, y) = T[f(x, y)] \tag{7-1}$$

$$s = T(r) \tag{7-2}$$

式中　　　　$G(x, y)$——原图图像像素位置；

　　　　$T[f(x, y)]$——灰度值；

　　　　r——输入图像灰度值；

　　　　s——输出图像灰度值。

将采集的原始图像预处理后，转换为检测区域灰度值，并采用直方图方式进行均衡化，然后对均衡化后的图像进行检测，如图 7-5 所示。灰度直方图表示一个图像的灰度值中像素出现的频率，横坐标为灰度值，纵坐标为灰度值出现的频率。通过图像直方图可以分析图像分布情况，而修改直方图则是有效改善灰度值的方法之一。

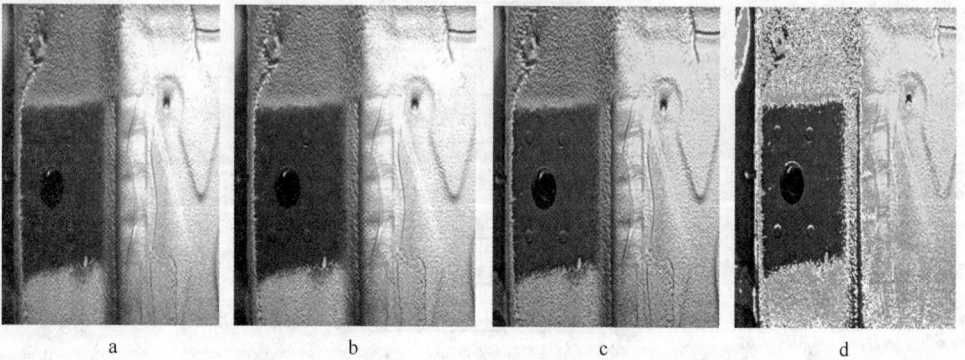

图 7-5　预处理图像

a—标准图；b—30%处理；c—60%处理；d—90%处理

（1）低亮度图像及直方图。图像直方图主要集中在低的灰度值范围，如图 7-6a 所示。

（2）高亮度图像及直方图。图像直方图主要集中在高的灰度值范围，如图 7-6b 所示。

（3）30%对比度图像及直方图。直方图主要分布在灰度范围的中间位置，且像素分布比较窄，如图 7-6c 所示。

（4）70%对比度图像及直方图。直方图主要分布在灰度范围的较宽位置，且像素分布比较均匀，如图 7-6d 所示。

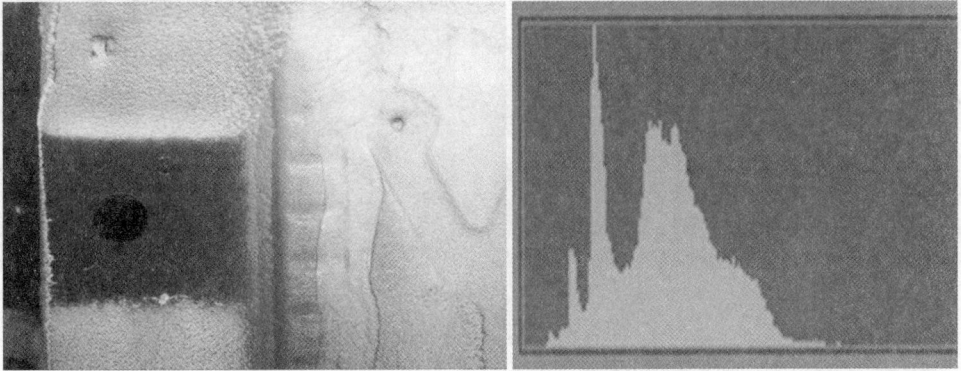

a

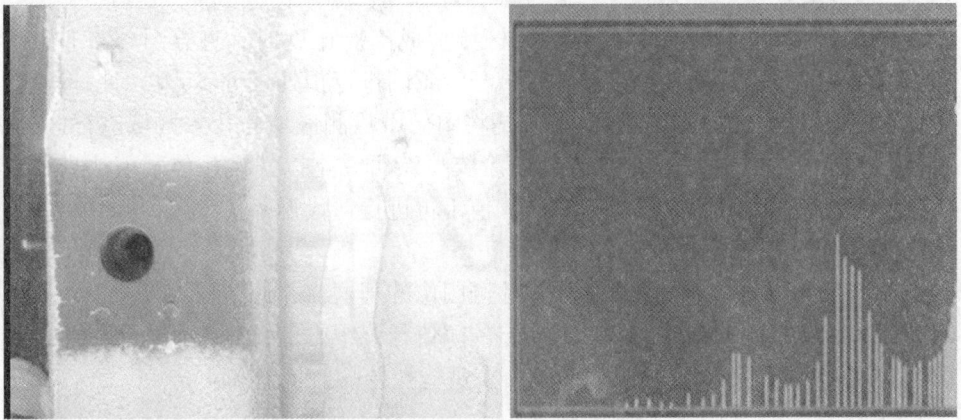

b

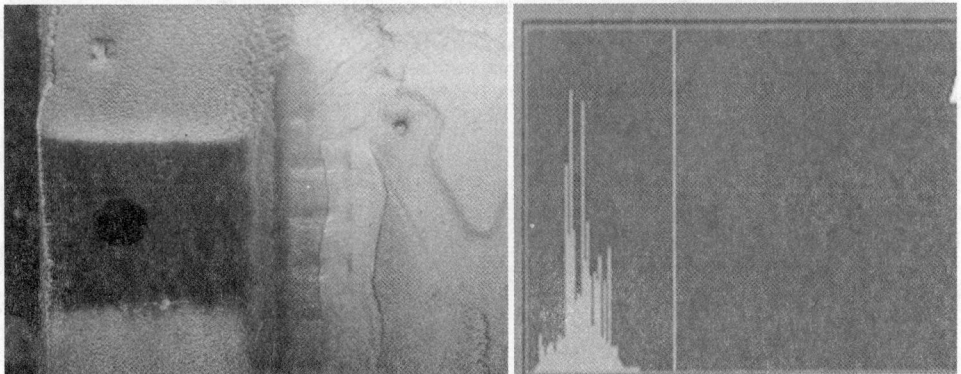

c

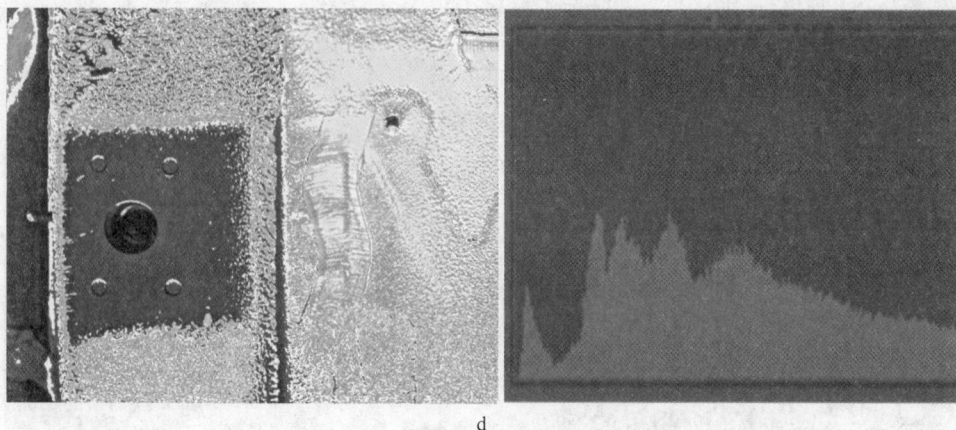

d

图 7-6　灰度对比图及直方图
a—低亮度图像及直方图；b—高亮度图像及直方图；
c—30%对比度图像及直方图；d—70%对比度图像及直方图

　　由图 7-6 可见，检测区域与背景区域形成高对比度时，直方图分布非常均匀。因此在进行检测时，应将检测区域与背景图进行预处理分离，再对图像进行二值化阈值计算。图像二值化的目的是将图像中检测区域与背景区域进行区分，并保留图像检测区域。车身底盘 PVC 涂胶喷涂研究是以迭代最佳阈值法进行二值化阈值计算，直到整个图像选取的阈值不再进行迭代循环，该数值则作为二值化的标准阈值。

　　在图像上先假定某个灰度值作为检测图像的阈值，并计算在该阈值下检测区域与背景区域阈值的中心值。如果假定的阈值与该中心值相等，则迭代停止，并以假定阈值进行二值化。利用式（7-3）进行初始阈值 T_0 计算：

$$T_0 = (g_i + g_u)/2 \tag{7-3}$$

式中　g_i——最大灰度值；

　　　g_u——最小灰度值。

　　根据初始阈值 T_0 值的大小，将源图像分割成检测区域和背景区域，求出检测区域和背景区域两者的平均灰度值，分别用 A_b 和 A_f 表示，并用式（7-4）和式（7-5）进行计算。

$$A_b = \sum_{g=g_i}^{T_0} g \times h(g) \bigg/ \sum_{g=g_i}^{T_0} h(g) \tag{7-4}$$

$$A_f = \sum_{g=T_0+1}^{g_u} g \times h(g) \bigg/ \sum_{g=T_0+1}^{g_u} h(g) \tag{7-5}$$

　　根据式（7-6）进行阈值迭代循环，若 $T_K = T_K + 1$，则为图像阈值。否则根据式（7-4）及式（7-5）继续进行迭代，直至计算出合适的阈值。

$$T_K = \frac{A_b + A_f}{2} \tag{7-6}$$

标准图及效果图如图 7-7 所示。

图 7-7 标准图及效果图
a—标准图；b—效果图

在图像二值化阈值设定后进行图像分割，这样不仅可以压缩大量数据，降低图像储存容量，还可以有效简化后续计算步骤，增加识别速率。图像分割是利用图像中检测区域目标特征、位置、形状、纹理等差异选取阈值，把原图分割成若干互不交涉的区域，明确每个像素点是检测区域还是背景区域，把检测区域与背景区域分离区分，并判定检测区域二值化是否还需要阈值处理。

对于图像的处理，首先对输入图像进行预处理，其次对图像进行核心算法处理，最后对特定图像处理并存储图像结果，或传输到更高的图像处理系统。

对于图像分割过程，可分为预处理、核心算法处理及后处理 3 个步骤。

（1）图像预处理包含图像输入、平滑、去噪声等，其中去噪声常用高斯滤波器进行处理；

（2）核心算法是整个图像分割的核心，算法运算速率的快慢决定了分割图像的效率快慢，因此需要保证其稳定性；

（3）图像后处理也是必不可少的环节，在分割后存在很多小区域或者闭合区域，因此需要对后续算法进行完善。

对于基于梯度检测的边缘检测，是将图像中某一行作为一维函数，计算其一阶导数，但是离散型函数的一阶导数是无定义的，因此需要特定方法对其算法进行评估。最有效的边缘检测方法是按照像素点对原图进行邻域构造边缘算法，常用检测算子有 Prewitt、Roberts、Sobel 等。本研究针对机器视觉底盘 PVC 涂胶喷涂，使用了 3×3 滤波区域灰度变化做出响应，而不是仅仅固定在某分辨率或尺度上的 Sobel 算子。

7.3.3　并行检测流程

7.3.3.1　流程结构

每个完整的机器视觉检测算法都有其独特的处理流程，算法的处理结构不仅包含顺序处理结构，还包含聚合处理结构、分支处理结构，如图 7-8 所示。

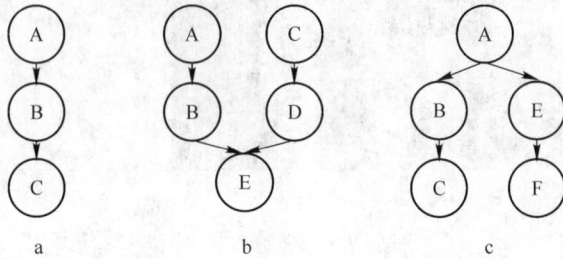

图 7-8　算法检测流程结构
a—顺序结构；b—聚合结构；c—分支结构

7.3.3.2　运行顺序

由 3 种看似简单的结构组合，可以产生诸多复杂的算法处理流程，所有算法检测系统中子算法的运行必须要在它前驱节点运行完毕后方可进行。因此，机器视觉系统必须明确子算法节点的运行顺序。

在检测算法中，子算法节点检测流程有动态分析和静态分析。静态分析是指在运行检测流程之前，子算法节点即被确定运行顺序；而动态分析是指在运行过程中子算法节点确认运行顺序，即一边运行算法，一边确认下一次需要运行的节点。

在机器视觉算法检测流程中，由于整个检测流程都是由上至下无环图顺序，则常常采用拓扑顺序方式来进行静态分析，这样可以保证有向无环图后面的算法节点始终在前驱节点的后面，使整个算法能够按照顺序进行。但是在检测流程前，还需要再次对算法节点进行拓扑顺序排序，这样可以有效保证整个算法流程结构的顺序准确性。具体步骤如下：

（1）对所有运行的节点进行一次深度搜索，并记录退出时间；

（2）按照算法节点退出时间，进行倒序输出。

深度搜索是先找到一个起始点 V_1，后在 V_1 周围未被访问的节点对图像进行搜索，直到搜索到所有与 V_1 节点路径相同的节点 $(V_1$、V_2、V_3、$\cdots$、$V_n)$ 为止，V 点深度搜索执行时间表见表 7-1。

表7-1 V点深度搜索执行时间表

节点	V_1	V_2	V_3	…	V_n
时间/ms	78.3	78.8	78.9	…	78.8

7.3.3.3 静态分析与动态分析

在单线程运行情况下，静态分析具有很快的运行速度，但在并行组态进行算法时，各部分算法节点间存在很多依赖关系，对已设定好的算法节点顺序只能按照单线程执行，这是CPU一个很大的缺点。在车身底盘检测过程中，由于检测点分布在各个区域，所以在一定程度上可以避开线程顺序缺陷。但在实际运行过程中，静态分析在设定好顺序后再次进行组态检测时，由于之前设定好的顺序不适用于组态后的线程处理，就易造成系统资源的浪费，增加算法节点的运行时间。

动态分析的主要设计思路是节点间是无顺序的，只有激活和未激活两种状态。激活状态是当前可运行状态，未激活状态是当前不可运行状态。只要当前状态处于激活状态，节点就可以运行算法检测机制，重复节点只作为一个节点，具体步骤如下：

（1）重复节点合并，并保留一个重复计算节点，保留其前驱不变为各节点合集。

（2）将入度为0的节点设为激活节点，其他为未激活节点。

（3）所有激活节点以任务形式放置在线程池中进行执行。

（4）当一个节点执行完毕后，继续更新状态，若后继节点变为可激活状态，则将后继节点放置线程池中，直至所有节点检测完毕。

检测机制运行流程以图7-9为例进行研究，假设A、B及D、E检测流程外部参数一致，使用同一算法进行检测。A、D为重复计算节点，经过第1步合并重复计算节点后，变成单独的A、D节点，经过第2步运行后节点A、节点D被激活，由第3步放置在线程池中执行，最后经过第4步可知，节点B、节点E在节点A、节点D被执行后激活，并被放置在线程池中以同样的方式进行激活，最终节点C、节点F也被激活。由此可见，整个运行过程中没有无效计算被执行，也没有静态分析时顺序流程执行等待时间缺陷，激活节点一直在运行，线程池中有空闲位置时，及时补充节点继续执行。其最大程度上节省了时间，提高了检测速度。

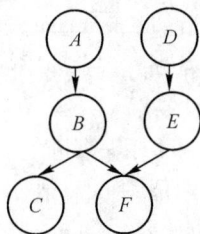

图7-9 重复点合并检测流程

对于重复节点的消除，首先需要找到重复节点位置，对所有 n 个节点建立一个 $n×n$ 矩形阵列，分为重复计算节点、未比较计算节点、非重复计算节点 3 种类型。对于图 7-9 中 A、B、F 及 D、E、F 重复节点寻求规律，其流程为 X，根据算法可得到重复节点的关系，1 是重复计算节点、−1 不是重复计算节点，重复计算节点矩阵关系见表 7-2。

表 7-2 重复计算节点矩阵关系

节点	XA	XB	XD	XE	XF
XA	1	−1	−1	−1	−1
XB	−1	1	−1	−1	−1
XD	−1	−1	1	−1	−1
XE	−1	−1	−1	1	−1
XF	−1	−1	−1	−1	1

7.3.3.4 运行算法

算法是将所有计算节点作为一个集合，并从该集合中任意选出两节点进行比较。多次比较后，降低集合内比较次数，提高算法运行速率，具体步骤如下：

（1）首先找到集合内入度为 0 的所有计算节点，并以其为起始点进行广度搜索，记录每个入度为 0 的最短距离。

（2）将最短相同距离的入度为 0 的计算节点划分到一个集合内。

（3）所有计算节点划分到不同集合后的两个节点，很难再重复计算节点，但可以用简单的反证法，优化算法的准确性，减少计算的误差。

7.3.4 算法模块接口

测试样本特征提取及图像处理主要以 algorithm controller 与外界通信，使用以下几种接口进行通信：

（1）加载配置文件（load profile）。通过 load profile 接口读取算法中的配置文件，该接口还可对算法模块进行初始化，profile path 为保存算法模块配置文件的路径，此文件中含有所有算法流程内的配置信息，每次对算法优化都需更新该文件。

（2）添加检测图片（void add check image）。void add check image 是向算法中添加一个源图像，包含 const string（字符串常量）、image（源图像）、name（源图像名称）、roi（源图像检测区域）。

（3）完成判断（bool is complete）。判断算法检测当前状态是否检测完成，返回值为 true 表示完成任务，返回值为 false 表示当前算法检测未完成。

（4）执行检测（check executor get executor）。在当前算法模块内获取一个检测任务，其检测函数为算法的核心函数。外界在调用算法函数时，不需要内部算法流程，只需要使用即可。完成该核心算法只需要 3 步：

1）执行包含检测节点的算法；

2）更新检测算法后的节点激活状态；

3）把非激活状态节点变成激活节点，转换成 check executor 中的检测任务，放置在线程池内，即可完成整个检测流程。

（5）清空（void clear）。将算法内保存的源检测图像及相关信息进行清除，为下一车辆进入试验站检测做准备。

7.4 结果分析

对车身底盘使用性能进行检测时，发现有效地喷涂 PVC 涂胶，可使车身的抗腐蚀性能长达 13 年之久。因此对车身底盘涂胶及胶堵的制备工艺要求极高，车身底盘图像检测处理流程如图 7-10 所示。

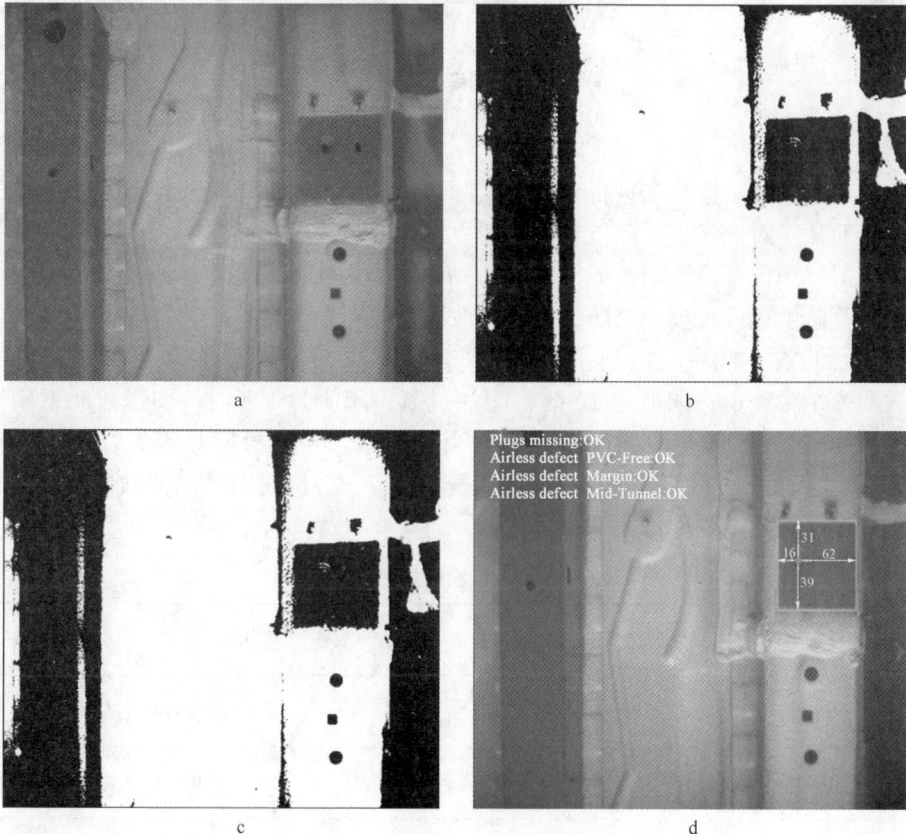

图 7-10 车身底盘图像检测处理流程

a—标准图；b—处理图像；c—定位图像；d—结果图像

对 PVC 涂胶进行性能检测时，首先需要获取图像，并对图像进行预处理、图像分割及图像定位；其次，由定位孔延伸至检测周围进行数据对比输出；最终完成检测输出数据，如图 7-11 所示。

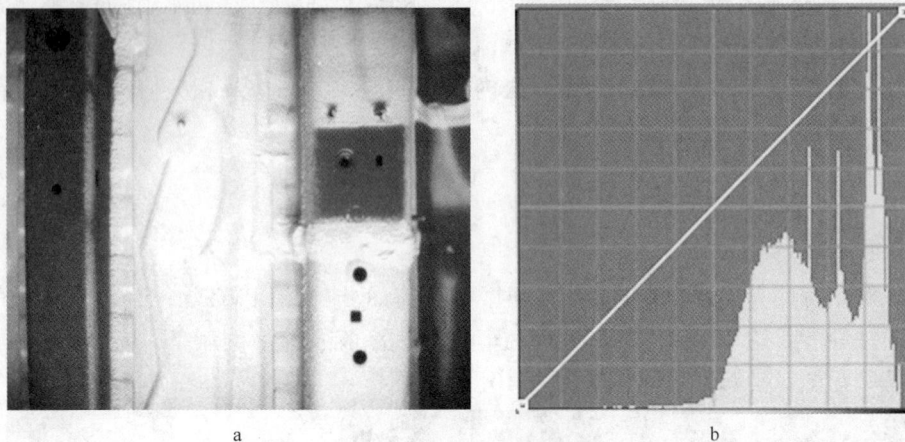

图 7-11　图像灰度值输出

a—标准图；b—图像灰度值曲线图

对于获取的图像首先进行灰度值实际数值输出，通过调整灰度值分布范围进行图像对比。对比发现：降低灰度值时，图像颜色变亮，如图 7-12a 所示；升高灰度值时，图像颜色变暗，如图 7-12b 所示。但在实际应用中，改善灰度值时会在处理算法上造成很多小缺陷，因此更改阈值对图像进行提取，并对同一图像的阈值进行调整，如图 7-13 所示。

研究结果显示：阈值为 10 时，图片过亮；阈值为 128 时，图像过暗；阈值设定在 50 时，背景与检测区域检测分离最清晰。于是根据此阈值，对该区域 3000 个样本进行了检测验证，检测结果率见表 7-3。同时对该样本进行了胶堵有无的测试，检测结果率见表 7-4。

表 7-3　PVC 涂胶检测结果率

测试样本类型	检测数/个	成功数/个	错误数/个	合格率/%	误报率/%
合格喷涂	2950	2940	10	99.66	0.34
不合格喷涂	50	49	1	0.98	0.02
合　计	3000	2989	11	99.63	0.37

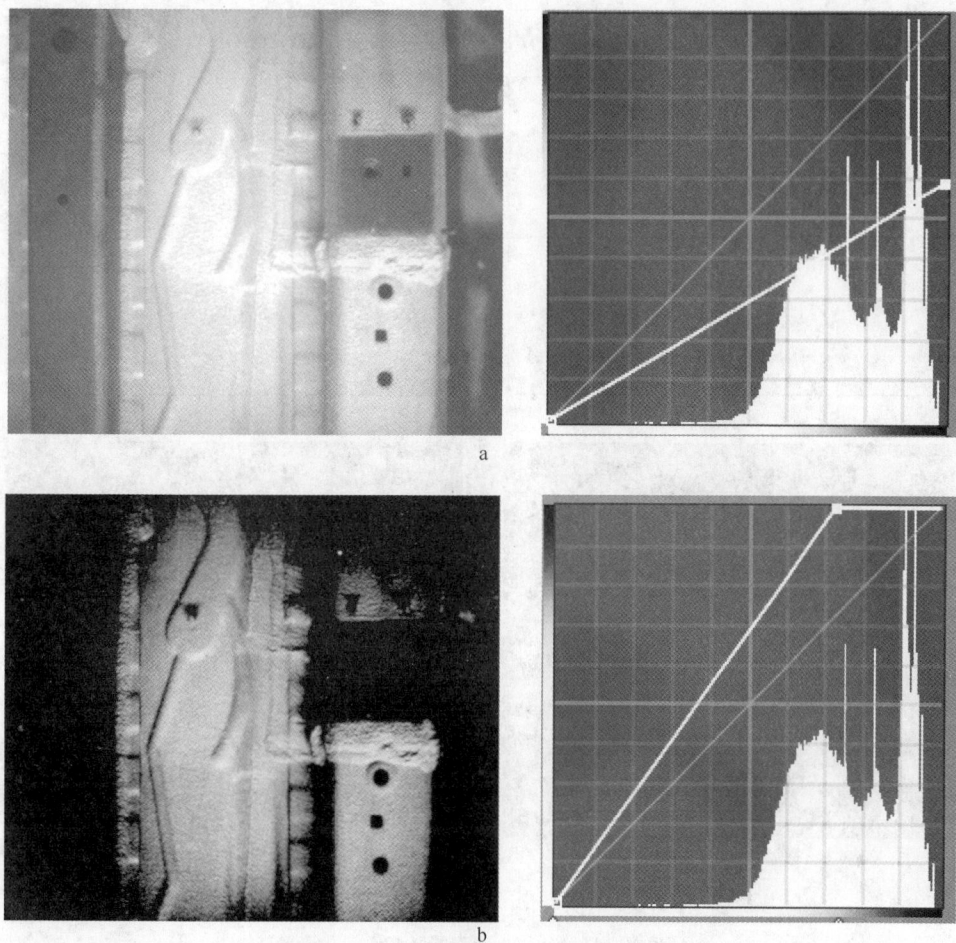

图 7-12　不同灰度值对比

a—灰度值降低；b—灰度值增高

表 7-4　胶堵检测结果率

测试样本类型	检测数/个	成功数/个	错误数/个	合格率/%	误报率/%
合格胶堵	2980	2978	2	99.9	0.1
不合格胶堵	20	19	1	95	5
合　计	3000	2997	3	99.9	0.1

　　针对检测 PVC 涂胶错误进行了图示化显示，如图 7-14 所示。在车辆运行过程中进行检测时，由于存在一定程度的晃动，需要设定一定阈值适应定位范围调

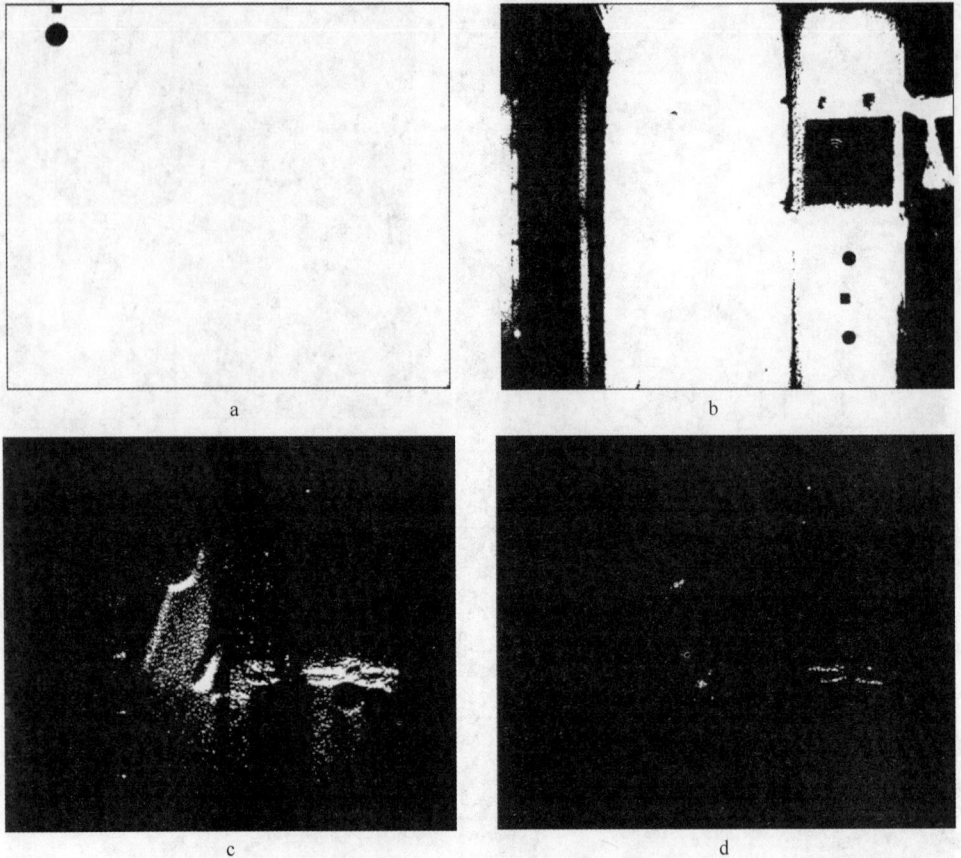

图 7-13 不同阈值对比

a—阈值 10；b—阈值 50；c—阈值 128；d—阈值 158

整。由实验结果可以看出，检测车辆中合格样本检测正确率为 99.66%，误报率为 0.34%。同时，以图 7-14a 作为基础图像进行误报错图像对比时，发现图 7-14b 中由于图像边缘检测位置不确定，使选择检测边缘时误将 PVC 涂胶喷涂的机械边缘缝隙当成了未喷涂边缘，而未识别出实际的 PVC 未喷涂检测边缘，从而产生了误判；而图 7-14c 中，由于车身在行驶过程中晃动，机器视觉系统对于识别定位孔产生了偏差。

由右上侧螺旋孔作为中间的定位孔，使得检测产生了偏差。为了达到高检测准确率，需要不断地更新数据样本库，增加正负样本量，如图 7-15a 所示，以提高机器视觉检测系统的准确率。

对喷涂 PVC 机器人更换涂胶时，胶雾存在一定的差异性，如不同的稀释度等。因此，在喷涂时会存在一定的误差，如图 7-15b 所示。在更换涂胶后，

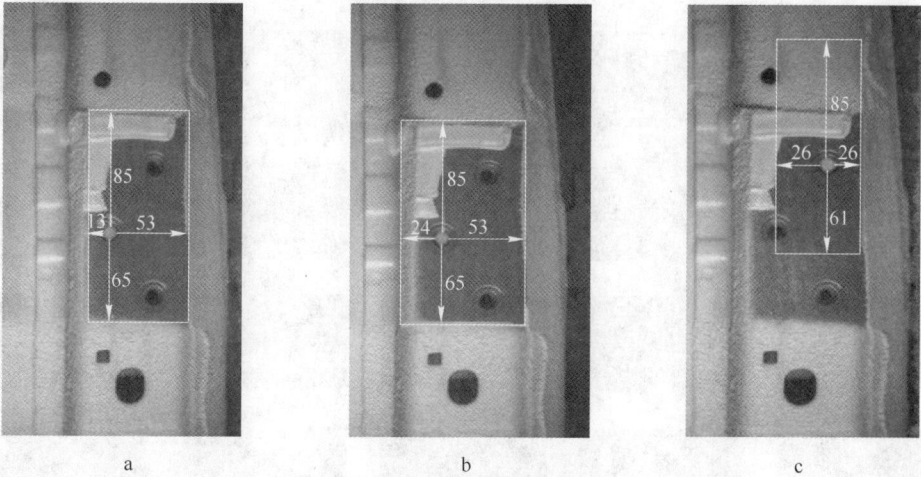

图 7-14 检测图像输出结果对比

a—检测图像；b—边缘定位偏移图像；c—定位孔偏移图像

根据实际检测结果调整胶雾温度，每向外喷涂偏移 3mm，温度需提高 1℃。同时，由于试验车辆在进行电泳过程中，车辆需要全部浸泡到电泳池中。因此，需在车底预留一定的工艺孔，并在后续安装时用胶堵进行封堵，以防止车辆在正常行驶过程中出现密封性不严等情况，降低了车辆的防腐性能。因此，需要对胶堵的有无进行检测，以确保每辆汽车的生产质量，具体检测结果如图 7-15c所示。

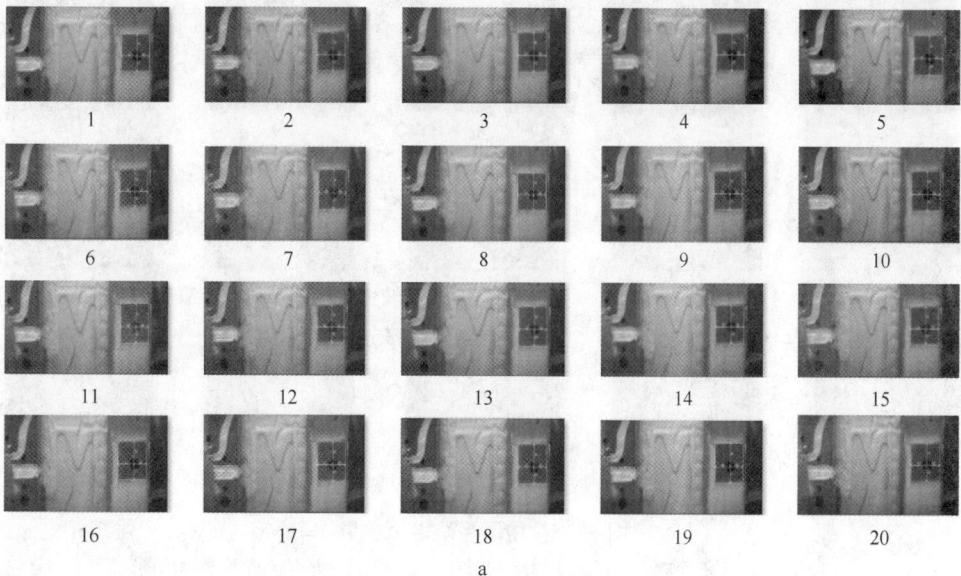

a

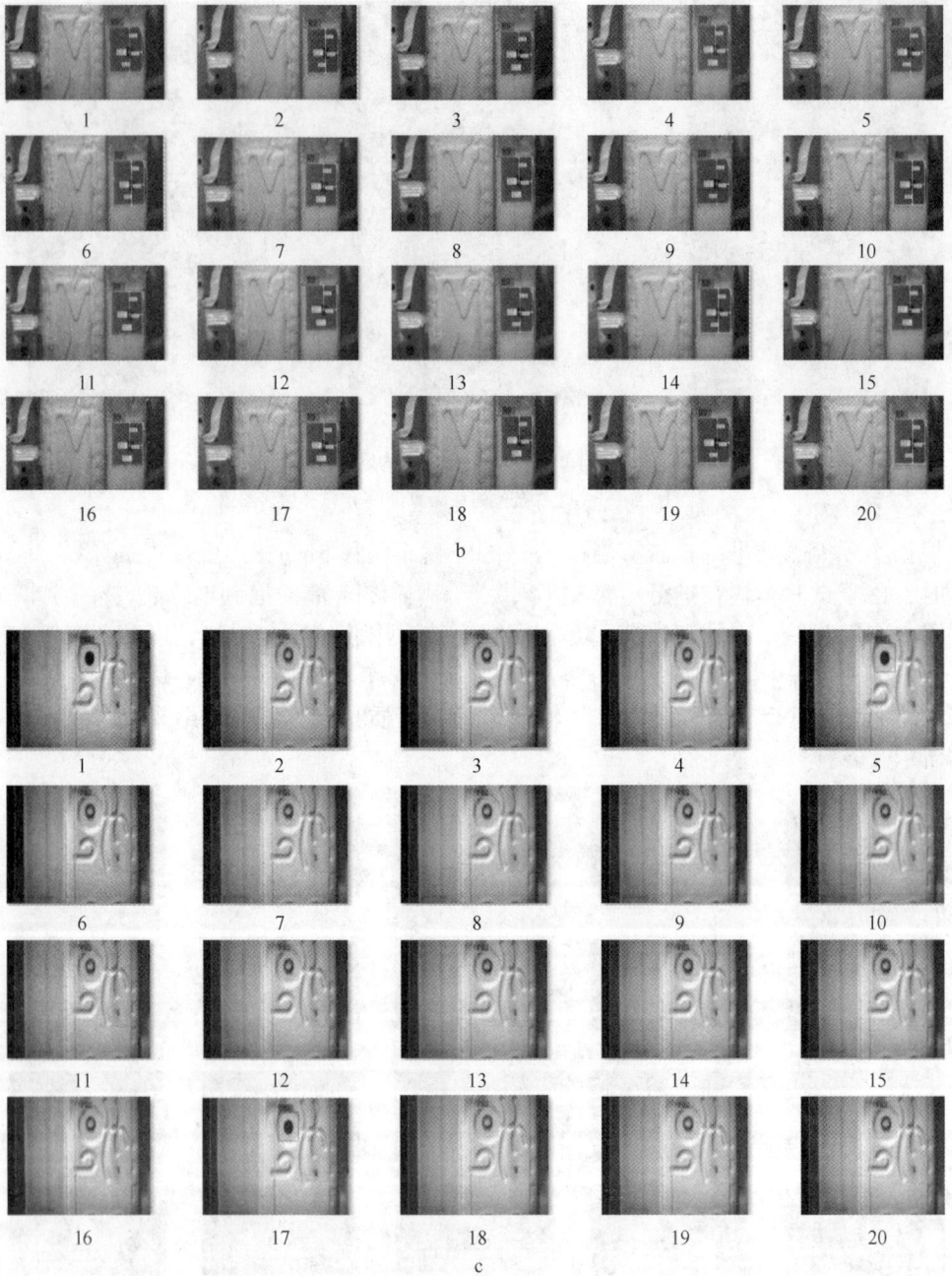

图 7-15 检测系统输出结果
a—PVC 涂胶正确输出图；b—PVC 涂胶错误输出图；c—胶堵有无检测输出图

7.5　本章小结

　　本章主要研究了车身底盘 PVC 涂胶的机器视觉检测系统软件设计及调试效果，分别在人机界面显示、数据库存储、算法结构流程、图像分割及二值化阈值等软件设计上进行了深入分析。通过图像灰度值与直方图的对比，并采用迭代法进行算法阈值设定，通过计算选取最佳阈值为 50，其可有效地提高图像提取特征并增加算法识别速度。在人机界面及数据库等方面，发现合理应用数据统计界面，可以有效地提高生产使用设备效率，同时在界面上还可以及时得到设备报警信息，便于有针对性地对设备进行维修。

8 视觉系统与生产系统通信

本章主要基于机器视觉理论对汽车底盘 PVC 涂胶进行视觉系统与生产系统通信间的相关技术研究。汽车底盘 PVC 涂胶视觉检测系统正常运行需要视觉检测系统的 PLC 与汽车涂装生产系统通信建立联系。根据涂装车间 PVC 涂胶的检测需求分析，视觉系统的 PLC 需要获取各类信息，如每日车型、汽车驱动是四驱还是二驱、每种车型每日台数、每日总台数、车号和对应时间等，同时还需要生产通信给 PLC 输送逻辑信号及链速等信息。根据现场应用场景的分析可知，视觉系统和生产系统通信主要与两个方面有关：一是与输送系统通信关联；二是与 IPS-L 系统通信关联。只有生产系统通信与视觉系统 PLC 紧密结合，才能使 PVC 视觉系统检测得更加准确、快速、方便。

8.1 视觉检测系统框架

图 8-1 所示为汽车底盘视觉检测系统的框架图。由图可知，视觉检测系统主要与汽车涂装车间以太网及生产通信系统建立联系。

生产系统通信传递信息到 PLC 控制系统，而 PLC 控制系统对于整个视觉检

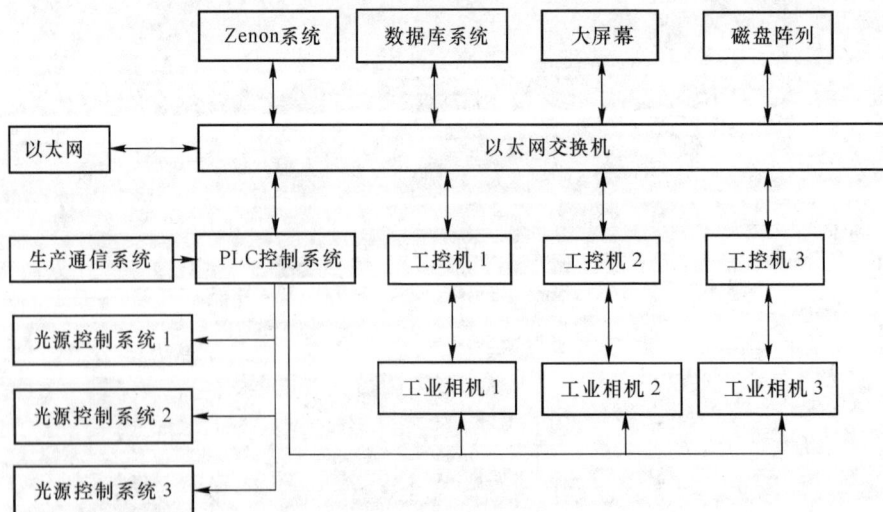

图 8-1 汽车底盘视觉检测系统框架图

测系统传输信息至关重要，因此下面分别介绍机器视觉系统、输送系统通信和 IPS-L 和 IPS-T 系统通信等环节。

8.2 视觉系统

机器视觉是一门涉及图像处理、模式识别、计算机技术等诸多领域的交叉学科，与传统检测定位技术相比具有检测效率高、定位精度高及实时性能好等诸多优点。机器视觉系统便于与各类设备协同使用，能够提高设备的智能化水平。随着机器视觉理论与技术不断发展，以及相关硬件成本大幅度下降，使用机器视觉解决汽车底盘 PVC 涂胶的检测与定位问题成为了首选。因此，基于机器视觉理论的汽车底盘 PVC 涂胶检测与定位问题，相关理论及技术研究能够替代传统解决方案，有效降低企业的生产成本，提高 PVC 涂胶检测设备的自动化程度，将工人从长时间重复性劳动中解放出来。

自 AlphaGo 在围棋大赛击败了全国冠军、围棋天才柯洁后，人工智能也成为了人们讨论的热点话题，诸多产业都想给自己的产品贴上 AI 的标签。谷歌的前总裁李开复表示，基于当前科技的发展程度和趋势，合理推测在 15 年内人工智能产品将取代 40%~50% 的工作岗位。这些岗位主要集中在大量重复性工作，固定式内容和对话，简单的数据分类等，而智能化机器视觉系统的设计实现了用机器代替人眼的功能，并在一定程度上推进生产的质量及效率，促进智能化产业的发展。

机器视觉是人工智能领域内的热门研究方向之一，随着计算机视觉与机器学习理论的快速发展，机器视觉也得到了迅猛进步，并广泛应用于社会生活中的各个领域，例如工业产品检测、农产品检测、目标定位识别等。尽管机器视觉的研究从 20 世纪中期到如今只有短短数十年的时间，但是国内外科研人员进行了大量的科学研究，各种理论及方法层出不穷，尤其是近几年学习理论的突飞猛进，在图像分类研究中取得了重要进展，极大推动了机器视觉向更深层次发展。

国外机器视觉的研究开始较早，相关领域的理论研究也相对成熟。尽管国内机器视觉研究起步较晚，但经过 20~30 年的不断积累，我国在机器视觉领域已经取得了长足进步。目前，不仅很多科研院所及高校对机器视觉投入了巨大的研究精力，而且众多国内外知名自动化公司也推出了诸多机器视觉应用产品。

机器视觉检测是指利用机器代替人眼进行分析和决策的智能测控技术，具有智能化程度高、检测速度快、准确率高及实时性好等诸多优点。虽然目前机器视觉检测已经广泛应用于生产制造的各个领域，但还主要针对比较分散和特定的应用领域，尚未形成统一的技术体系。

美国康耐视公司的 In-Sight 视觉系统提供了强大的高级视觉工具库（见图 8-2），允许用户根据生产现场调整视觉系统参数，具有简单、方便、灵活、多样等特点，目前广泛应用于自动化生产线的产品质量检测环节。

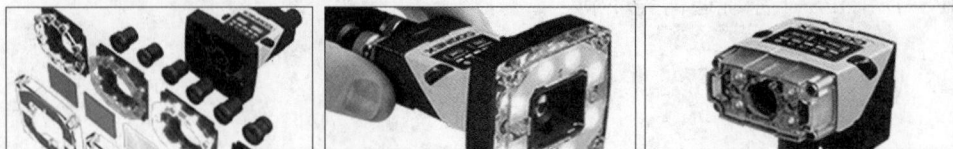

图 8-2 康耐 In-Sight 视觉系统

目前，机器视觉系统被广泛应用于汽车行业，只有汽车生产通信与机器视觉 PLC 电气控制系统紧密地结合起来，机器视觉系统才能在汽车行业取得长足的进步。

8.3 输送系统通信

在视觉检测系统中，生产输送系统通信起着不可替代的作用。其中最主要的生产通信系统就是 IPS-L。IPS-L（International Production System Logistic）是国际生产订单控制系统。而 IPS（International Production System）是汽车生产线的信息系统交互平台。

首先，IPS-L 负责把车身的相关信息传送给视觉检测系统。例如，汽车车型、汽车车号、汽车驱动是四驱还是二驱等车身信息，通过 IPS-L 传递给机器视觉检测系统的 PLC 电气控制系统，如图 8-3 所示。视觉系统数据库通过电脑屏幕显示车身的各类信息，如图 8-4 所示。

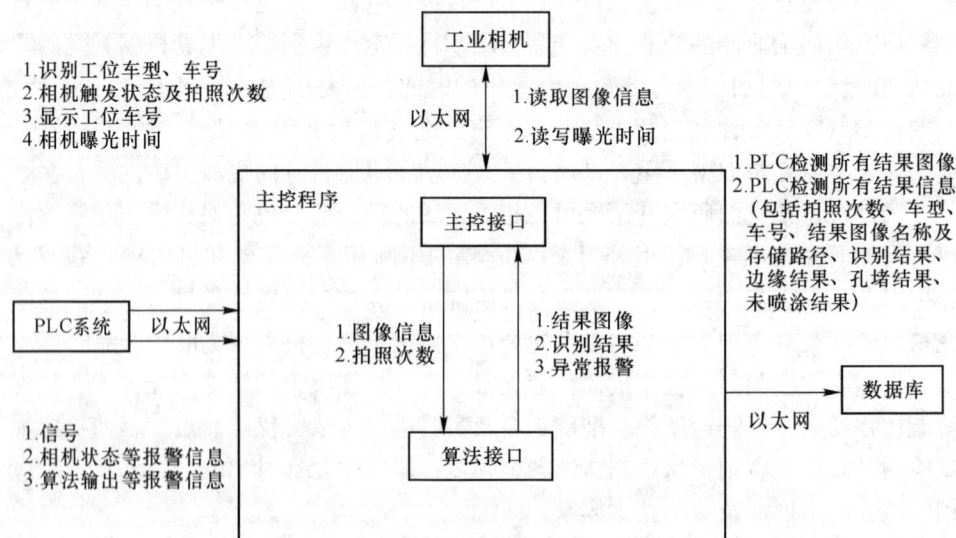

图 8-3 输送系统通信框架图

ID	Model	IGEF No.	Camera No.	Photo No.	Image Name	Pass	Time	Plug missing	PVC-free issue	Margin issue	Image Viewer
171	F49	3617U417	M	2	F49_201952219x2m26a_0_4_ZUHE5.jpg	Y	2019-05-22 15:03:25	0	0	0	Click
172	F49	3617U417	M	3	F49_201952219x2m26a_0_6_ZUHE5.jpg	Y	2019-05-22 15:03:25	0	0	0	Click
173	F49	3617U417	M	4	F49_201952219x2m26a_0_8_ZUHE5.jpg	Y	2019-05-22 15:03:25	0	0	0	Click
174	F49	3617U417	M	5	F49_201952219x2m26a_0_10_ZUHE5.jpg	Y	2019-05-22 15:03:25	0	0	0	Click
175	F49	3617U419	M	2	F49_201952219x4m3a_0_0_ZUHE5.jpg	Y	2019-05-22 15:05:02	0	0	0	Click
176	F49	3617U419	M	3	F49_201952219x4m3a_0_6_ZUHE5.jpg	Y	2019-05-22 15:05:02	0	0	0	Click
177	F49	3617U419	M	2	F49_201952219x4m3a_0_4_ZUHE5.jpg	Y	2019-05-22 15:05:02	0	0	0	Click
178	F49	3617U419	M	1	F49_201952219x4m3a_0_2_ZUHE5.jpg	Y	2019-05-22 15:05:02	0	0	0	Click
179	F49	3617U419	M	4	F49_201952219x4m3a_0_8_ZUHE5.jpg	Y	2019-05-22 15:05:02	0	0	0	Click
180	F49	3617U419	M	5	F49_201952219x4m3a_0_10_ZUHE5.jpg	Y	2019-05-22 15:05:02	0	0	0	Click
181	F49	3617U094	M	0	F49_201952219x5m41s_0_0_ZUHE5.jpg	Y	2019-05-22 15:06:40	0	0	0	Click
182	F49	3617U094	M	1	F49_201952219x5m41s_0_2_ZUHE5.jpg	Y	2019-05-22 15:06:40	0	0	0	Click
183	F49	3617U094	M	2	F49_201952219x5m41s_0_4_ZUHE5.jpg	Y	2019-05-22 15:06:40	0	0	0	Click
184	F49	3617U094	M	3	F49_201952219x5m41s_0_6_ZUHE5.jpg	Y	2019-05-22 15:06:40	0	0	0	Click
185	F49	3617U094	M	4	F49_201952219x5m41s_0_8_ZUHE5.jpg	Y	2019-05-22 15:06:40	0	0	0	Click
186	F49	3617U094	M	5	F49_201952219x5m41s_0_10_ZUHE5.jpg	Y	2019-05-22 15:06:40	0	0	0	Click
187	F49	3617U168	M	0	F49_201952219x10m35s_0_0_ZUHE5.jpg	Y	2019-05-22 15:11:33	0	0	0	Click
188	F49	3617U168	M	1	F49_201952219x10m35s_0_2_ZUHE5.jpg	Y	2019-05-22 15:11:33	0	0	0	Click
189	F49	3617U168	M	2	F49_201952219x10m35s_0_4_ZUHE5.jpg	Y	2019-05-22 15:11:33	0	0	0	Click
190	F49	3617U168	M	3	F49_201952219x10m35s_0_6_ZUHE5.jpg	Y	2019-05-22 15:11:33	0	0	0	Click
191	F49	3617U168	M	4	F49_201952219x10m35s_0_8_ZUHE5.jpg	Y	2019-05-22 15:11:33	0	0	0	Click
192	F49	3617U168	M	5	F49_201952219x10m35s_0_10_ZUHE5.jpg	Y	2019-05-22 15:11:33	0	0	0	Click
193	F49	3617U438	M	0	F49_201952219x12m12a_0_0_ZUHE5.jpg	Y	2019-05-22 15:13:11	0	0	0	Click
194	F49	3617U438	M	1	F49_201952219x12m12a_0_2_ZUHE5.jpg	Y	2019-05-22 15:13:11	0	0	0	Click
195	F49	3617U438	M	2	F49_201952219x12m12a_0_4_ZUHE5.jpg	Y	2019-05-22 15:13:11	0	0	0	Click
196	F49	3617U438	M	3	F49_201952219x12m12a_0_6_ZUHE5.jpg	Y	2019-05-22 15:13:11	0	0	0	Click
197	F49	3617U438	M	4	F49_201952219x12m12a_0_8_ZUHE5.jpg	Y	2019-05-22 15:13:11	0	0	0	Click
198	F49	3617U438	M	5	F49_201952219x12m12a_0_10_ZUHE5.jpg	Y	2019-05-22 15:13:11	0	0	0	Click

图 8-4　车身信息显示屏

其次，通过 IPS-L 系统传递输送端的逻辑信号。例如，汽车的占位信息即工位占位/显示工位占位，汽车的生产线便于节能的运行/停止信息。

再次，输送运行的链速应配合好拍照曝光的间隔时间。汽车的占位触发了首次拍照曝光，而链速配合相机拍照曝光的间隔时间，确保了每次采集既不缺失各类信息，也不过度重复采集信息，图 8-5 所示为视觉系统运行图。

图 8-5　视觉系统运行图

8.4　IPS-L 和 IPS-T 系统通信

将机器视觉 PVC 涂胶视觉检测系统的现场报警信息传递给 IPS-T（International Production System-Technical），便于中控室对现场状态的监控，对历史故障信息的查询，对故障和设备 EA（Equipment Ability）的大数据分析。图 8-6 所示为现场故障报警信息，其以网页形式表示。

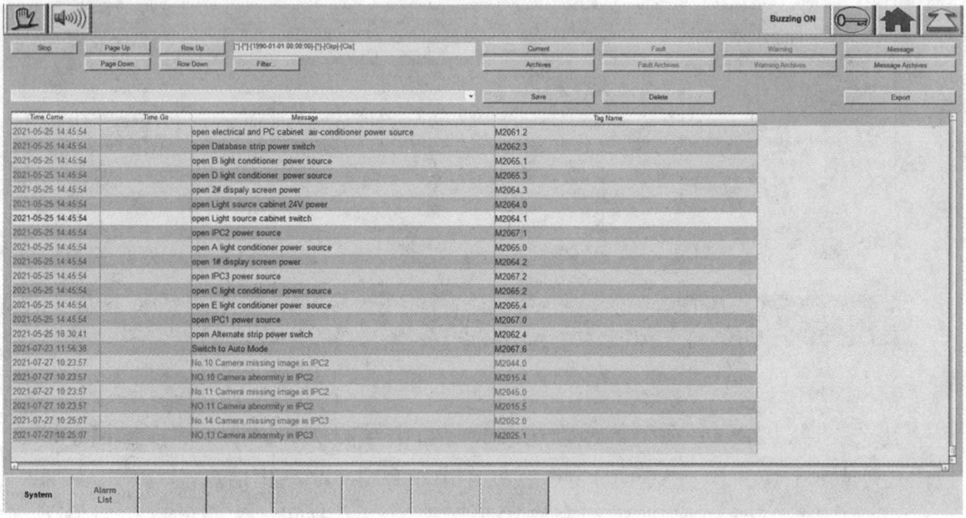

图 8-6　现场故障报警清单

常见的现场故障信息及故障处理如下：

（1）由于图像检测对拍照顺序有严格要求，所以主控程序软件必须在车辆进入视觉检测工位之前启动，禁止车辆在进入检测工位后才启动软件。

（2）PLC 显示为 NOT 时，工控机跟 PLC 通信异常。处理方法是检查 PLC 及网络通信是否正常。

（3）界面显示为 NO CAM 情况时，说明该位置相机存在异常。处理方法是检测相机供电及网络状态。

IPS 系统的全称是 International Production System，是一种广泛应用于汽车工业领域的生产监控系统，该系统功能强大，扩展灵活，互相结合构成一个强大的生产监控网络，在车间日产量的监控方面，具有不可替代的作用。该系统主要由三部分组成：IPS-L、IPS-T 和 IPS-Q，现分别介绍各系统的功能：

（1）IPS-L 系统是生产订单控制系统，L 是 Logistic 的缩写，为了实现零库存，车间的日产量根据客户的订单来安排，各种车型的日产量及每辆车的参数配置均由此系统发出指令来完成，此系统还可以实时查询各个区域的缓存情况。

（2）IPS-T 系统是生产监控系统，T 是 Technique 的缩写，该系统主要接收来自 PLC 的实时生产数据，主要包括产量、节拍、KPI 等，并通过网页的形式显示。

（3）IPS-Q 系统是质量检测系统，Q 是 Quality 的缩写，此系统主要用作整车质量检测。

在生产通信信息传递给视觉系统的过程中，先前一般选择 PLC 作为数据源，此方法简单、易行。但缺点是某些区域 PLC 无法计算，这样导致结果与实际值存在很大误差，对生产控制造成很大影响。

IPS-L 系统的数据库中存储大量的生产信息，通过其可以精确查询各个区域的缓存数据，且数据精准无误。但该系统使用起来比较复杂，往往仅限于专业人士使用，而且很难通过图形界面显示出来，这给应用领域造成了一定的困难。而 IPS-T 这一系统恰好能弥补 IPS-L 的不足方面，它能很好地把数据通过图形界面表示出来。因此，设想在生产通信信息传递给视觉系统时，可以选择从 IPS-L 读取数据，由 IPS-T 来实现输出，这样既精准又方便监控。相比于以 PLC 作为数据源，从 IPS-L 取数的精度更高，能够很好地满足生产控制的需求。

8.4.1　方案设计

该方案主要由 3 部分组成：采集单元、统计与存储单元、显示单元。

（1）采集单元负责把各个区域的源数据采集出来，要求数据准确无死区，这部分主要由 IPS-L 系统完成。

（2）统计与存储单元负责把采集单元数据进行累加求和，并存储到 IPS-T 数据库中，以便可以查询历史数据。

（3）显示单元是输出部分，负责把计算结果通过 IPS-T 的网页显示出来，形成人机界面。此单元主要由两部分组成：一是图形设计部分，由 Legato 公司提供的专用软件 Designer 来实现；二是图形显示部分，即把设计好的图形上传到 IPS-T 的网页上面，这样我们就可以直观地监控涂装车间生产通信信息传输到视觉系统的车身数据，从而进行有效的生产控制。

3 个单元之间各自独立，紧密配合，共同完成对系统缓存的统计工作，如图 8-7 所示。下面将详细介绍各单元的具体实现过程。

8.4.2　方案实施

以涂装车间 UBS 区域为例，讲述各单元实现过程。

8.4.2.1　采集单元

UBS PVC 机器人喷涂生产线分为若干区域，这些区域分为两种类型：一类

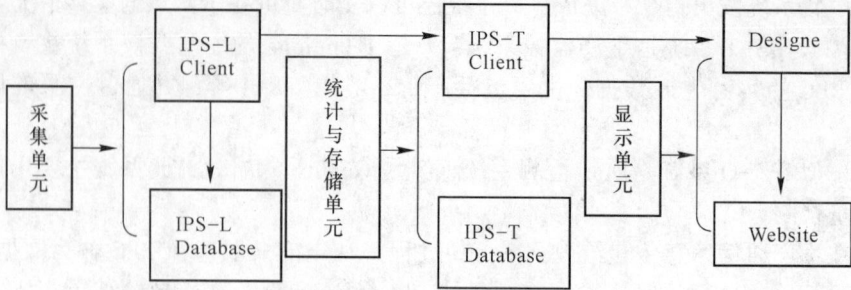

图 8-7　方案设计构成图

是工作站区域；一类是传送链区域，其位于两个工作站之间。这两类区域都存有工件缓存，在计算生产通信系统传输到视觉系统信息时，都需要计算在内。采集单元的任务就是把这两类区域中每一部分的缓存计算出来，然后传送给统计与存储单元。两类区域的计算原理一致，下面以 PVC 涂胶工艺生产线为例进行说明。采集单元主要由 IPS-L 系统来完成，IPS-L 计算工件缓存的原理是在每个区域起始位置设置 checkpoint 点，也就是检测点。当工件通过此检测点时，在系统中以检测点来标识此工件，这样在一段时间内有多少工件通过这个检测点，系统就能通过检测点标识，准确地计算出工件的数量，而当此工件向前传送至下一个新 checkpoint 点时，它又以新的 checkpoint 点来标识，每个工件在同一时刻只以唯一的 checkpoint 点来标识，这样能有效地避免工件被重复计算，IPS-L 系统就是通过此原理来完成工件的计数。

在涂装车间，IPS-L 系统为 UBS 分配的 checkpoint 点为 CP1210，给下一个 UBS 传送链段分配的 checkpoint 点是 CP1210950，然后通过 SQL 的专用指令 SELECT COUNT（＊），就能计算出通过各个 checkpoint 点的工件数量，即各个区域的缓存数量。

8.4.2.2　统计与存储单元

IPS-L 把计算出来的缓存先放于 IPS-L 数据库中，再把它输出给 IPS-L 客户端。由 IPS-L 客户端把数据传送给 IPS-T 客户端，IPS-L 客户端与 IPS-T 客户端之间通过 Gateway IPS-L 建立连接，如图 8-8 所示。IPS-T 客户端开发一段存储区域用来存储这些数据，而这些数据还可以存储在 IPS-T 的数据库中进行归档，以便日后查询历史数据。

开发 PPE001 区域用来存储 CP1210 传输的数据，即 UBS 的缓存数量，开发 PPE002 区域用来存储从 CP1210950 传送来的数据，即 UBS 传送链段的缓存数量。以此类推，一直到 PVC 涂胶车间，然后再把这些数值在 IPS-T 的客户端累

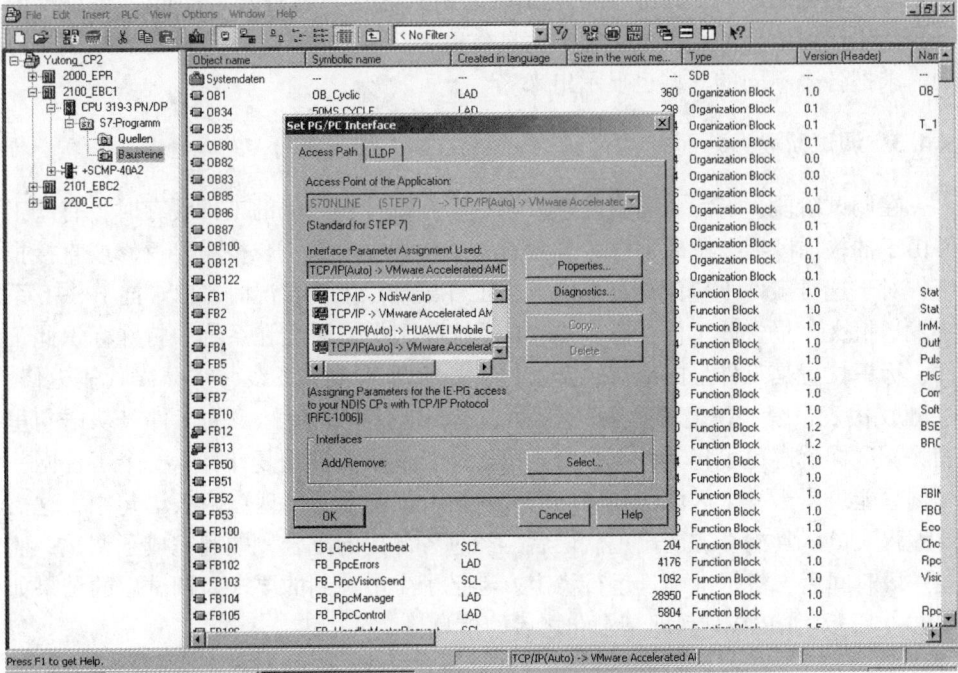

图 8-8　IPS 系统通信配置

加起来，这样求和就是最终的生产通信系统传输到视觉系统的信息。把全部区域的 checkpoint 点及对应的 PPE 存储区列表显示，见表 8-1。

表 8-1　checkpoint 点映射表

区域	英文缩写	IPS-L	IPS-T
A	Brush pvc	CP1470950	PPE014
B	UBS robot room	CP1474	PPE015

在表 8-1 中，按照规则给每一个区域分配一个英文缩写，下面的显示单元即以此英文缩写来显示。

8.4.2.3　显示单元

显示单元用来把得到的数据以图形的形式表示出来，其包括两部分内容，即图形编辑和图形显示。这两部分都是通过 Legato 公司出品的软件 Designer 与 Website 来实现。Designer 用来制作编辑画面，是一个与 IPS 系统相关联的画图软件，图形为 SVG 格式，画面中的变量即是 PPE001～PPE019。Website 是网页显示系统，做好的画面上传到该网页系统之后，这样只需打开 Website，就能实时监控到生产通信传输到视觉系统的信息数值，非常方便控制生产状态。根据生产的需求把各个不同的车型也显示出来。

8.4.3 调试阶段

在调试阶段，有三点需要注意。第一，在统计各区域的工件缓存时，有些工件由于抽检原因需要临时下线，或者有些工件焊接质量不合格需要返修或直接报废，对于这类工件不应该计算在内。当工件出现以上诸情况时，PLC 向 IPS-L 系统发送报文，报告此工件状态，IPS-L 系统收到报文后会在系统中特殊标识此工件，标识位置是工件号的最后一个字母，如字母 E 代表下线、字母 A 代表返修、字母 D 代表报废，在编写 SQL 语句时，需要把持有此类标识的工件号从语句里删除，这样就避免了将其计算在内。第二，工件不能被重复计算，一个工件同一时刻只能隶属于一个区域，即同一个 checkpoint 点不能出现在两条语句中，这需要编程人员认真检查方能避免。最后，经过各部门的配合，顺利完成了调试、监控一段时间后，数据准确且运行稳定，满足了生产控制的要求。调试后的结果如图 8-9 所示，UB-MF 列即是求和之后的信息量。

UB-MF	UB	UB-US	US	US-F1	F1	F1-F1R	F1R	F1R-F2	F2	F2-F2R	F2R	F2R-F3	F3	F3-F3R1	F3R1	F3R1-F3R2	F3R2	F3R2-MF	MF
229	15	5	6	29	6	6	6	8	8	16	7	35	6	2	6	3	5	28	30
82	4	5	2	7	2		2	1	0	0	21	2		2	6		0	7	14
45	2		0	1	7	3		1	0	2	3	3	0	0	0	3	2	8	7
102	9		0	3	15		0	1	6	8	14	4	11	4	0	0	3	13	9

图 8-9 调试结果

8.5 本章小结

本章讲述了以 IPS-L 作为数据源的生产通信系统传输信息到视觉系统的全过程，该方案的重点在于数据采集阶段，合理选择 checkpoint 点是关键，不能出现死区和重叠区域，而且要根据实际情况进行有效调试。经过大量实验验证，结果与实际值没有偏差，投入使用后运行稳定，满足了生产控制的需求。从 IPS-L 读取数据，开辟了 IPS-T 应用新方向，具有重大意义。由于 IPS-L 系统中存有大量的有用信息，随着生产需求的不断深入，从 IPS-L 读取数据将更加频繁，因此以 IPS-L 作为数据源采集数据势必获得更加广泛的应用。机器视觉 PVC 涂胶检测系统与涂装车间生产通信的紧密结合，提高了视觉系统检测汽车底盘 PVC 涂胶的效率，为企业节省了大量人工成本，使自动化设备向人工智能又迈进了一大步。

9 结论与展望

9.1 结 论

本书主要对车身底盘PVC涂胶的机器视觉检测系统的整体流程进行了构建，对于硬件系统中相机、镜头、照明方式进行了设计及研究，并对软件系统中数据库、算法模块、人机交互界面进行了分析，基于算法对检测特征区域进行提取并检测研究。系统的设计及实现主要在以下几方面进行相关的工作：

（1）通过查阅大量的文献资料，充分掌握了机器视觉检测系统的研究背景及意义。

（2）对车身底盘表面缺陷进行了全面的调研，明确了系统检测目的，研究设计出机器视觉的相机、镜头、光源等硬件参数并实验测试其可行性。

（3）通过对车辆生产的温度环境进行分析研究，在32~40℃温度范围内，硬件采集系统中选用500万像素相机、16mm镜头及以明场照明120灰度级照明的方式，使用性能最优。并对研究选取的相机、镜头、光源等硬件设备进行了组合实验验证。结果显示，系统每天长时工作达16h，可以满足机器视觉检测性能指标。

（4）对采集图像进行了灰度值预处理，结果显示灰度值为60%预处理时图像失真，灰度值为30%预处理时图像最佳；并通过图像灰度值及直方图方法实现了图像特征的提取，观测对比度为70%时，灰度分布范围宽，像素分布均匀。

（5）对系统软件算法作为插件进行了流程分析，软件系统采用迭代法进行算法阈值设定优化，选取阈值为50时对比度最佳；同时对PVC喷涂同一位置进行了3000台车辆样本检测。结果显示，系统检测准确率高达99.66%。

（6）当机器人系统更换PVC涂胶时，需根据检测结果重新设定喷涂胶的温度值范围，若PVC涂胶浓度稀释，检测区域则出现了浮胶、多胶等杂质，通过设定机器人喷涂温度范围进行修正，喷涂每向外偏移3mm，实际温度需提高1℃。

9.2 工作展望

本书主要对车身底盘PVC涂胶的机器视觉检测系统进行了研究，该系统下检测了样品，并能够在车底 PVC 喷涂检测中实现结果输出，其可行性及安稳性得到了验证，但是还有一些缺陷需要继续进行验证及研究：

（1）在车间底盘 PVC 检测环境中，外界环境的干扰及设备震动都会对检测系统产生干扰，致使检测结果产生一定的误差，产生定位偏移，因此需要更完善地设计出合理检测设备，能够有效满足测试环境的检测应用。

（2）系统中产生了大量的配置文件，如检测区域提取样本扩充和算法检测流程，目前这些信息需手动编辑进行设置，需研发出相应的配置文件，使这些信息能够更直观地进行设置，最大限度减少检测工作量。

（3）由于该系统仅对车身底盘进行了检测，还需在更多地方进行设计实验，并能够增加其系统的扩展性，如轮罩 PVC 检测，但在侧面检测时还需进行检测斜率修复。

附 录

附录 A　视觉系统 HMI 人机界面说明

A. 1　HMI 系统组成

A. 1. 1　硬件组成

HMI 系统包括电脑主机一台；控制显示器一台。

A. 1. 2　软件组成

操作系统：Windows_7_Ultimate_With_SP1_x64　　　Microsoft；
HMI 软件：ZOP7-DEV-4096 zenon 7. 5　　　Copadata。

A. 2　通信方式

HMI 与控制单元采用工业以太网进行数据通信，通信协议如下：
S7　TCP-IP：

Local IP（IPv4）：	10. 201. 170. 162	255. 255. 255. 0
Primary Connetion IP（IPv4）：	10. 201. 170. 150	255. 255. 255. 0
Reconnect delay：	20000 ms	
Connection name：	USER_PC	
Net address：	0	

A. 3　变量定义

附图 A-1 为变量定义图。

A. 4　图形结构

状态栏包括：
（1）功能按键栏；

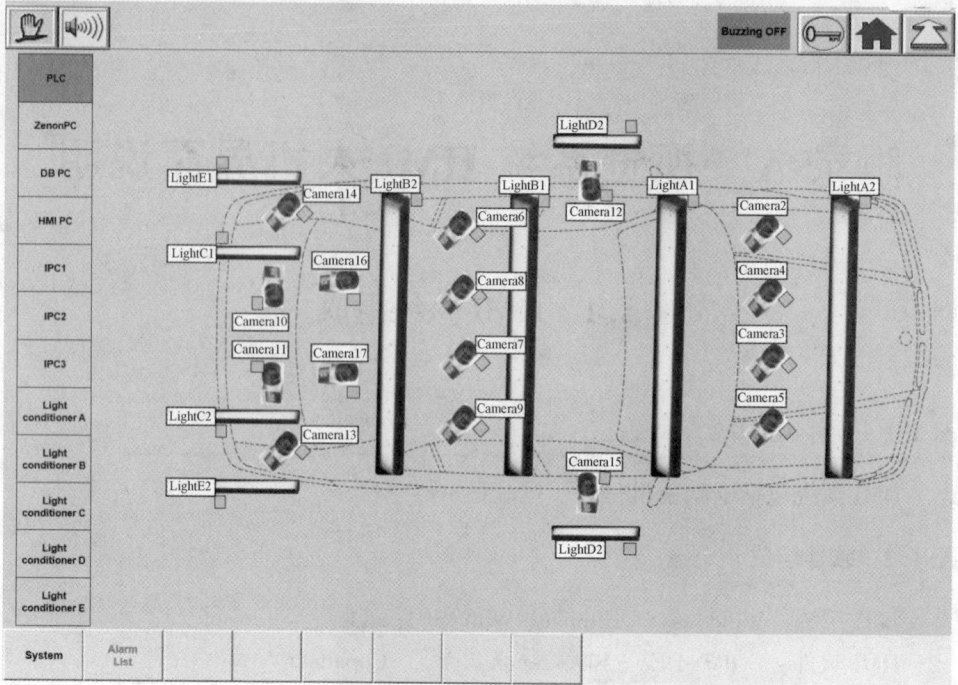

附图 A-1 变量定义图

（2）流程显示区域；

（3）菜单栏。

A.5 功能键及菜单功能

（1）退回上次打开的画面 ；

（2）打开主画面用户登录 ；

（3）保留功能 。

A.6 人机界面

A.6.1 主界面

功能介绍：

（1）PVC 底涂质量检测系统，切换到"PVC 底涂质量检测系统"界面。

（2）相机参数及灯光参数设定，切换到"相机参数及灯光参数设定"界面。

（3）目标车辆参数设定，切换到"目标车辆参数设定"界面。

（4）报警列表，切换到"报警列表"界面。

（5）事件列表，切换到"事件列表"界面。

A.6.2 PVC 底盘喷涂质量检测系统界面

PVC 底盘喷涂质量检测系统界面图，如附图 A-2 所示。

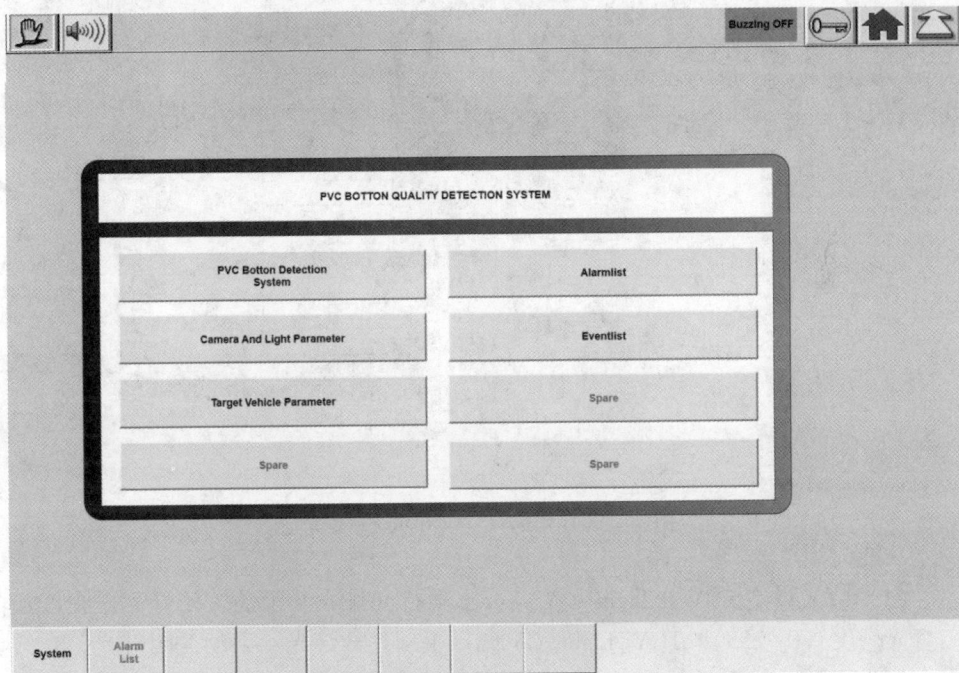

附图 A-2 PVC 底盘喷涂质量检测系统界面图

功能介绍：

（1）系统各个设备运行状态显示，当某一设备出现故障时，对应的设备显示框由正常绿色变为异常红色。

（2）Buzzing OFF，当系统出现故障后，现场蜂鸣器出现报警，点击该按钮蜂鸣器消音，当再次出现故障后，蜂鸣器再次激活报警。

（3）相机及灯光分布位置值示意图，当某一相机或者灯光出现异常时，对应设备示意图由正常绿色变为异常颜色，红色为报警、黄色为警告、蓝色为消息、绿色为正常。

A.6.3 相机参数及灯光参数设定

相机参数及灯光参数设定图，如附图 A-3 所示。

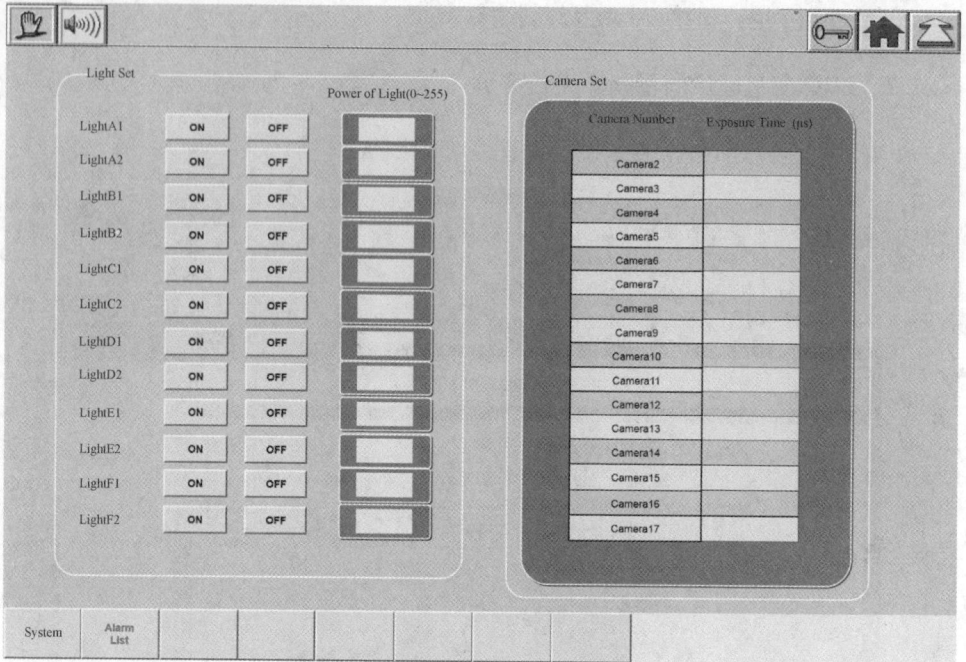

附图 A-3　相机参数及灯光参数设定

功能介绍：

（1）灯光设定。TGY_Light_GYA1：手动打开灯光、手动关闭灯光、在线设定灯光亮度（0~255）。TGY_Light_GYA2：手动打开灯光、手动关闭灯光、在线设定灯光亮度（0~255）。TGY_Light_GYB1：手动打开灯光、手动关闭灯光、在线设定灯光亮度（0~255）。TGY_Light_GYB2：手动打开灯光、手动关闭灯光、在线设定灯光亮度（0~255）。TGY_Light_GYC1：手动打开灯光、手动关闭灯光、在线设定灯光亮度（0~255）。TGY_Light_GYC2：手动打开灯光、手动关闭灯光、在线设定灯光亮度（0~255）。TGY_Light_GYD1：手动打开灯光、手动关闭灯光、在线设定灯光亮度（0~255）。TGY_Light_GYD2：手动打开灯光、手动关闭灯光、在线设定灯光亮度（0~255）。TGY_Light_GYE1：手动打开灯光、手动关闭灯光、在线设定灯光亮度（0~255）。TGY_Light_GYE2：手动打开灯光、手动关闭灯光、在线设定灯光亮度（0~255）。TGY_Light_GYF1：手动打开灯光、手动关闭灯光、在线设定灯光亮度（0~255）。TGY_Light_GYF2：手动打开灯光、手动关闭灯光、在线设定灯光亮度（0~255）。

（2）相机设定。2号相机曝光时间设定、3号相机曝光时间设定、4号相机曝光时间设定、5 号相机曝光时间设定、6 号相机曝光时间设定、7 号相机曝光时间设定、8 号相机曝光时间设定、9 号相机曝光时间设定、10 号相机曝光时间设定、11 号相机曝光时间设定、12 号相机曝光时间设定、13 号相机曝光时间设定、14 号相机曝光时间设定、15 号相机曝光时间设定、16 号相机曝光时间设定、17 号相机曝光时间设定。

当点击上述某一参数后，如果没有相应权限密码，需要操作人员输入用户名及密码确认输入人的更改权限，方能进行修改。

A.6.4　目标车辆参数设定（Camera 2~5）

附图 A-4 为目标车辆参数设定图 1。

功能介绍：设定预留车型的拍照时间或位置（Camera 2~5）。

Type NO	POS1	POS2	POS3	POS4	POS5	POS6	POS7	POS8	POS9	POS10	POS11	POS12	Spear	Spear
F045	288	28	28	30	35	23	23	0	0					
F035	282	25	29	26	33	30	33	0	0					
F030	281	24	33	31	30	47	33	0	0					
F039	288	28	23	35	35	20	20	0	0					
F052	290	23	28	30	35	30	28	0	0					
F049	288	28	28	30	35	20	25	0	0					
F049P	283	31	25	32	30	24	31	0	0					
G20	260	28	30	30	30	56	25	0	0					
G28	287	26	33	27	29	29	26	0	0					
G28BE\	140	28	20	20	20	20	20	0	0					

附图 A-4　目标车辆参数设定图 1

A.6.5　目标车辆参数设定（Camera 6~9）

附图 A-5 为目标车辆参数设定图 2。

功能介绍：设定预留车型的拍照时间或位置（Camera 6~9）。

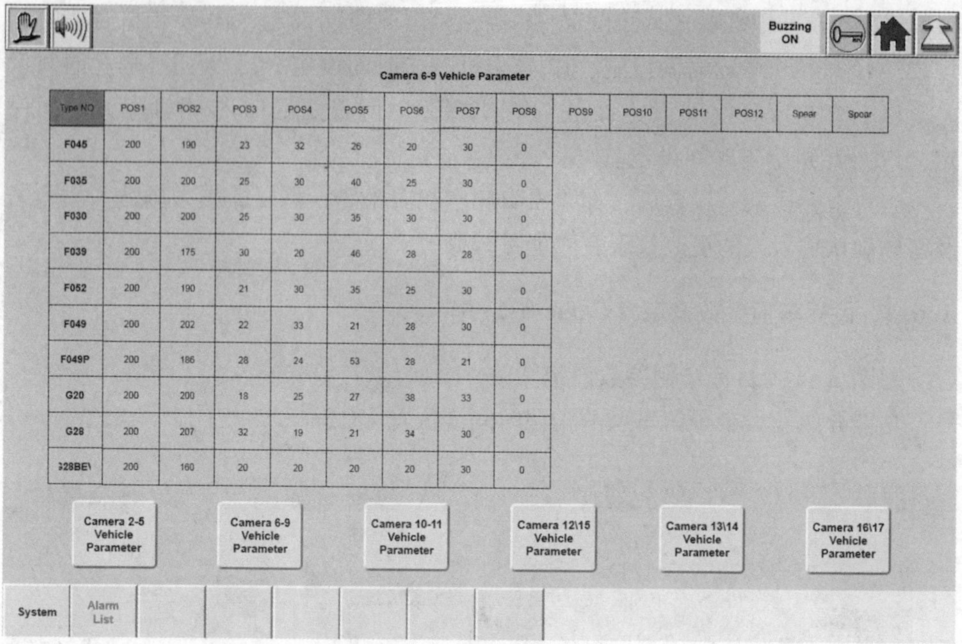

Type NO	POS1	POS2	POS3	POS4	POS5	POS6	POS7	POS8	POS9	POS10	POS11	POS12	Spear	Spear
F045	200	190	23	32	26	20	30	0						
F035	200	200	25	30	40	25	30	0						
F030	200	200	25	30	35	30	30	0						
F039	200	175	30	20	46	28	28	0						
F052	200	190	21	30	35	25	30	0						
F049	200	202	22	33	21	28	30	0						
F049P	200	186	28	24	53	28	21	0						
G20	200	200	18	25	27	38	33	0						
G28	200	207	32	19	21	34	30	0						
G28BE\	200	160	20	20	20	20	30	0						

附图 A-5　目标车辆参数设定图 2

A.6.6　目标车辆参数设定（Camera 10、11）

附图 A-6 为目标车辆参数设定图 3。

功能介绍：设定预留车型的拍照时间或位置（Camera 10、11）。

A.6.7　目标车辆参数设定（Camera 12、15）

附图 A-7 为目标车辆参数设定图 4。

功能介绍：设定预留车型的拍照时间或位置（Camera 12、15）。

A.6.8　目标车辆参数设定（Camera 13、14）

附图 A-8 为目标车辆参数设定图 5。

功能介绍：设定预留车型的拍照时间或位置（Camera 13、14）。

A.6.9　目标车辆参数设定（Camera 16、17）

附图 A-9 为目标车辆参数设定图 6。

功能介绍：设定预留车型的拍照时间或位置（Camera 16、17）。

Camera 10-11 Vehicle Parameter

Type NO	POS1	POS2	POS3	POS4	POS5	POS6	POS7	POS8	POS9	POS10	POS11	POS12	Spear	Spear
F045	290	20	20	0	0									
F035	290	20	20	0	0									
F030	290	22	29	0	0									
F039	290	20	20	0	0									
F052	290	20	20	0	0									
F049	290	20	20	0	0									
F049P	300	20	22	0	0									
G20	295	20	20	0	0									
G28	300	23	15	0	0									
328BEV	290	29	20	0	0									

Camera 2-5 Vehicle Parameter　Camera 6-9 Vehicle Parameter　Camera 10-11 Vehicle Parameter　Camera 12\15 Vehicle Parameter　Camera 13\14 Vehicle Parameter　Camera 16\17 Vehicle Parameter

System　Alarm List

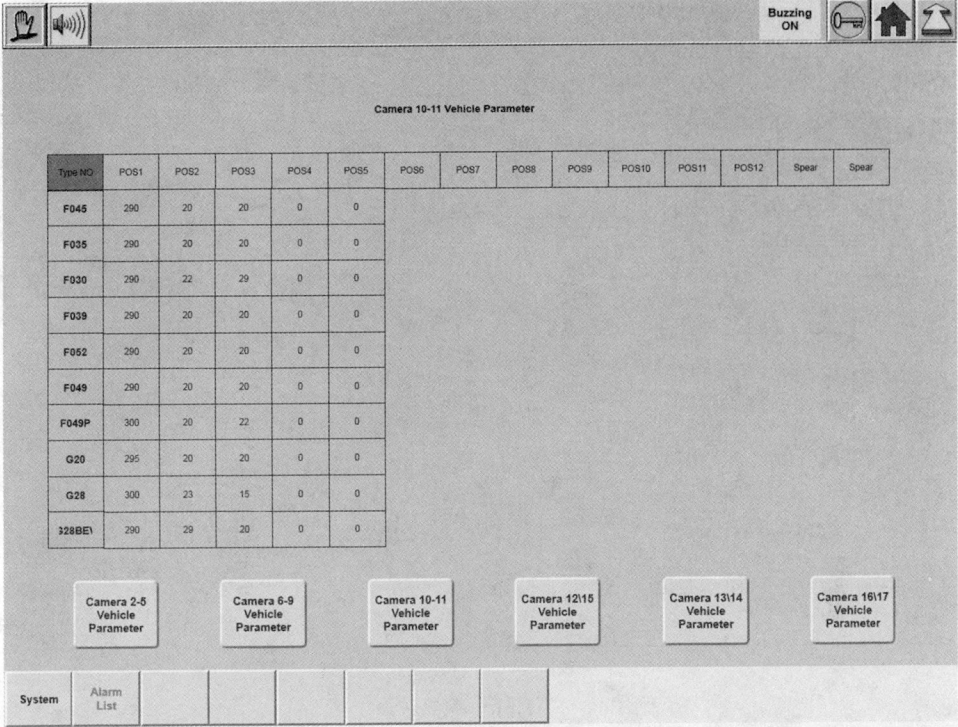

附图 A-6　目标车辆参数设定图 3

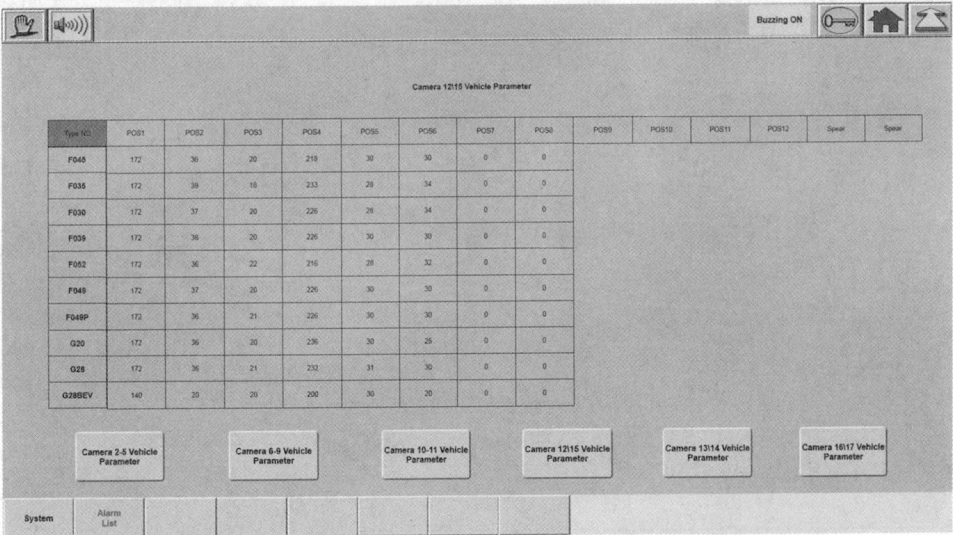

Camera 12\15 Vehicle Parameter

Type NO	POS1	POS2	POS3	POS4	POS5	POS6	POS7	POS8	POS9	POS10	POS11	POS12	Spear	Spear
F045	172	36	20	218	30	30	0	0						
F035	172	36	18	233	28	34	0	0						
F030	172	37	20	226	29	34	0	0						
F039	172	36	20	226	30	30	0	0						
F052	172	36	22	216	28	32	0	0						
F049	172	37	20	226	30	30	0	0						
F049P	172	36	21	226	30	30	0	0						
G20	172	36	20	236	30	25	0	0						
G28	172	36	21	232	31	30	0	0						
G28BEV	140	20	20	200	30	20	0	0						

Camera 2-5 Vehicle Parameter　Camera 6-9 Vehicle Parameter　Camera 10-11 Vehicle Parameter　Camera 12\15 Vehicle Parameter　Camera 13\14 Vehicle Parameter　Camera 16\17 Vehicle Parameter

System　Alarm List

附图 A-7　目标车辆参数设定图 4

Camera 13\14 Vehicle Parameter

Type NO.	POS1	POS2	POS3	POS4	POS5	POS6	POS7	POS8	POS9	POS10	POS11	POS12	Spear	Spear
F045	0	0	0	0	0	0	0	0						
F035	0	0	0	0	0	0	0	0						
F030	0	0	0	0	0	0	0	0						
F039	0	0	0	0	0	0	0	0						
F052	0	0	0	0	0	0	0	0						
F049	0	0	0	0	0	0	0	0						
F049P	0	0	0	0	0	0	0	0						
G20	0	0	0	0	0	0	0	0						
G28	0	0	0	0	0	0	0	0						
G28BEV	0	0	0	0	0	0	0	0						

| Camera 2-5 Vehicle Parameter | Camera 6-9 Vehicle Parameter | Camera 10-11 Vehicle Parameter | Camera 12\15 Vehicle Parameter | Camera 13\14 Vehicle Parameter | Camera 16\17 Vehicle Parameter |

System | Alarm List

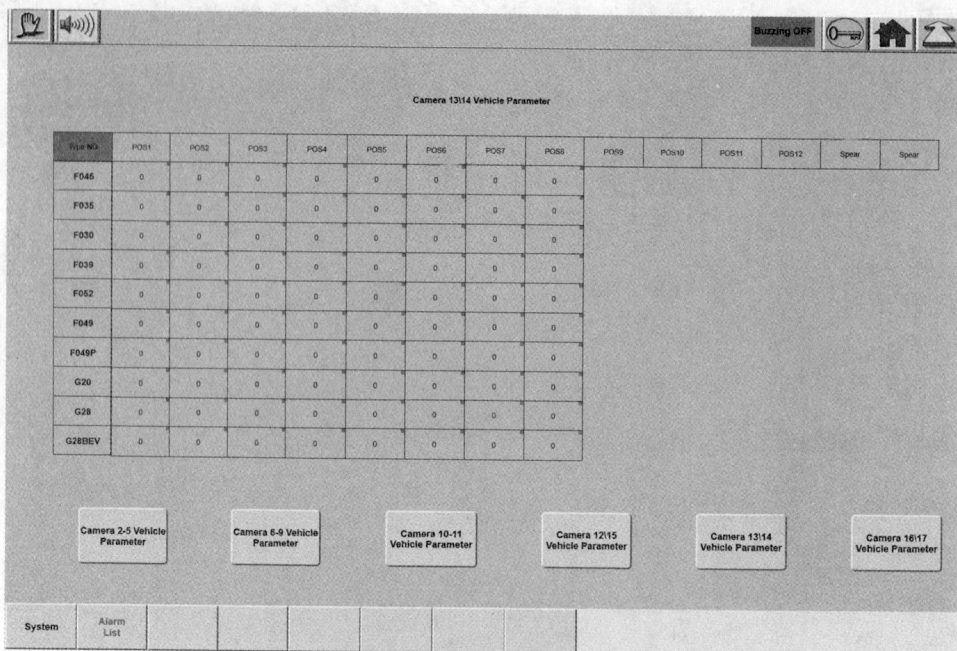

附图 A-8　目标车辆参数设定图 5

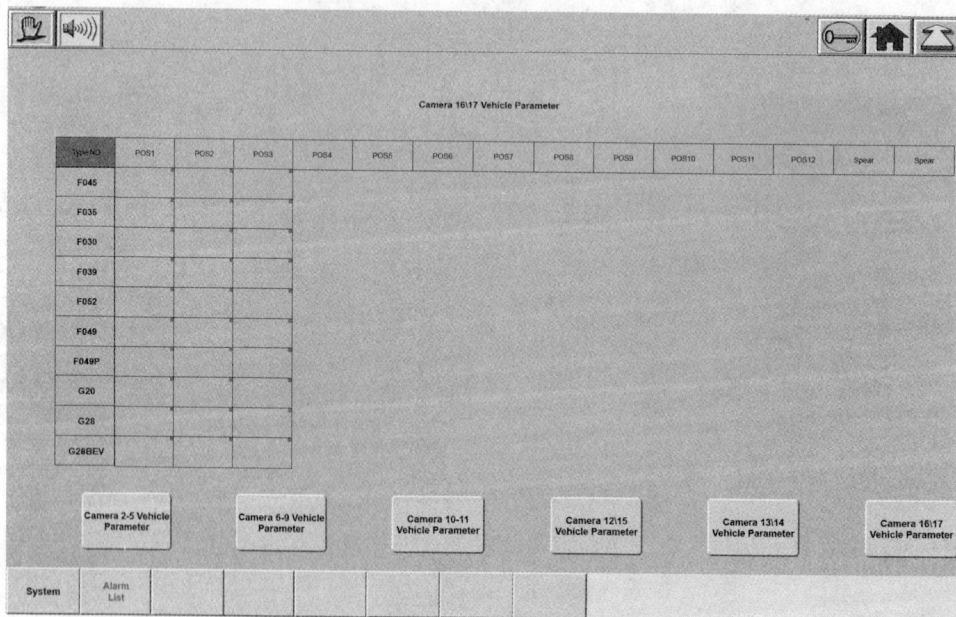

Camera 16\17 Vehicle Parameter

Type NO.	POS1	POS2	POS3	POS4	POS5	POS6	POS7	POS8	POS9	POS10	POS11	POS12	Spear	Spear
F045														
F035														
F030														
F039														
F052														
F049														
F049P														
G20														
G28														
G28BEV														

| Camera 2-5 Vehicle Parameter | Camera 6-9 Vehicle Parameter | Camera 10-11 Vehicle Parameter | Camera 12\15 Vehicle Parameter | Camera 13\14 Vehicle Parameter | Camera 16\17 Vehicle Parameter |

System | Alarm List

附图 A-9　目标车辆参数设定图 6

A.6.10　所有归档（报警、警告、消息）

功能介绍：点击 Current 可以查看当前所有设备的报警、警告、消息信息，点击 Archives 可以查看所有设备历史的报警、警告、消息信息（红色为报警信息、粉色为警告信息、蓝色为消息信息）。

A.6.11　报警消息

附图 A-10 为报警消息图，点击 Fault 可以查看当前所有设备的报警信息，点击 Fault chives 可以查看所有设备的历史报警信息（红色为报警信息）。

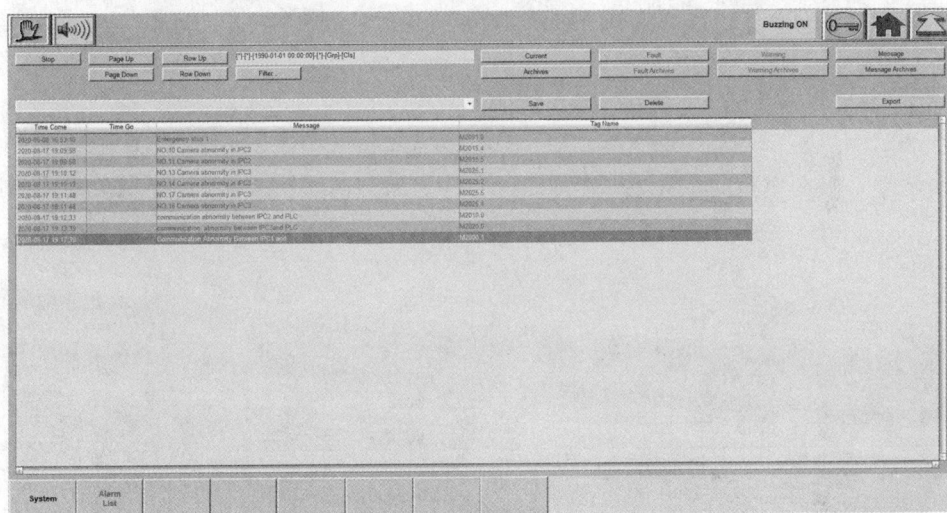

附图 A-10　报警消息图

A.6.12　警告消息

附图 A-11 为警告消息图，点击 Warning 可以查看当前所有设备的警告信息，点击 Warning chives 可以查看所有设备的历史警告信息（粉色为警告信息）。

A.6.13　消息信息

附图 A-12 为消息信息图，点击 Message 可以查看当前所有设备的消息信息，点击 Message chives 可以查看所有设备的历史消息信息（蓝色为消息信息）。

扫一扫
看更清楚

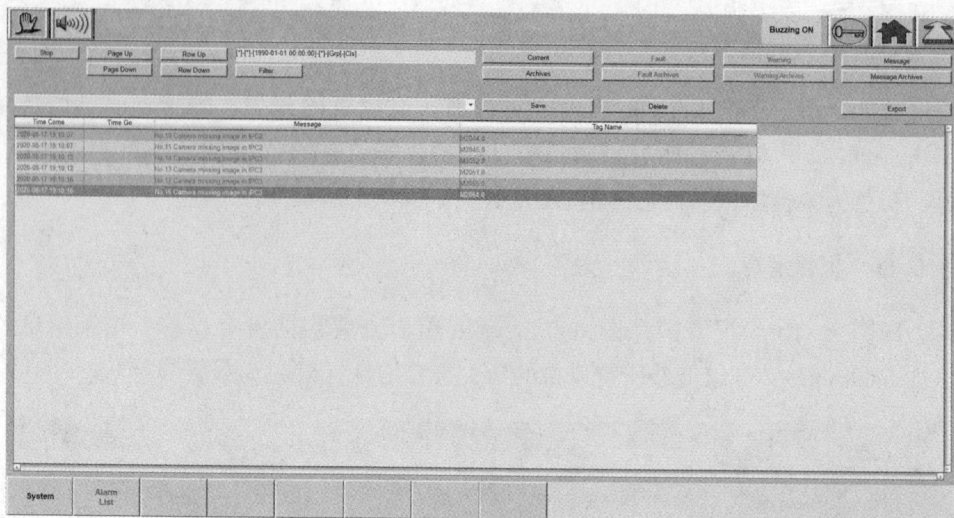

附图 A-11　警告消息图

扫一扫
看更清楚

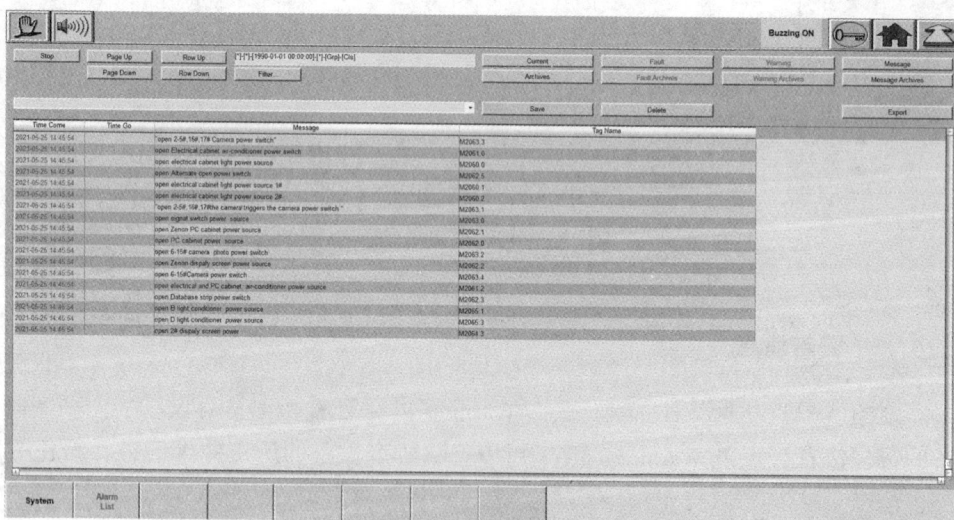

附图 A-12　消息信息图

A. 6. 14　事件列表

附图 A-13 为事件列表图。

功能介绍：查看 HMI 系统的操作记录、登录记录、修改记录等。

扫一扫
看更清楚

附图 A-13 事件列表图

A. 6. 15 系统信息

附图 A-14 为系统信息图。

附图 A-14 系统信息图

功能介绍：（1）查看当前电脑名称；（2）查看项目名称；（3）查看电脑用户名称；（4）查看内存及硬盘的占用情况；（5）当前登录用户的权限级别；（6）退出用户登录；（7）退出系统。

附录 B 系统工控机介绍

B.1 开　机

控制柜通电后，将三台工控机开机。

开机按钮、电脑启动后指示灯状态如附图 B-1 所示。

附图 B-1　开机按钮、电脑启动后指示灯状态

B.2　软件启动和关闭

在生产线停止或检测区域内没有车辆时启动和关闭检测软件。

双击桌面图标 （三台工控机分别对应识别程序名称 IPC1.exe，IPC2.exe，IPC3.exe）启动软件，系统启动如附图 B-2 所示。

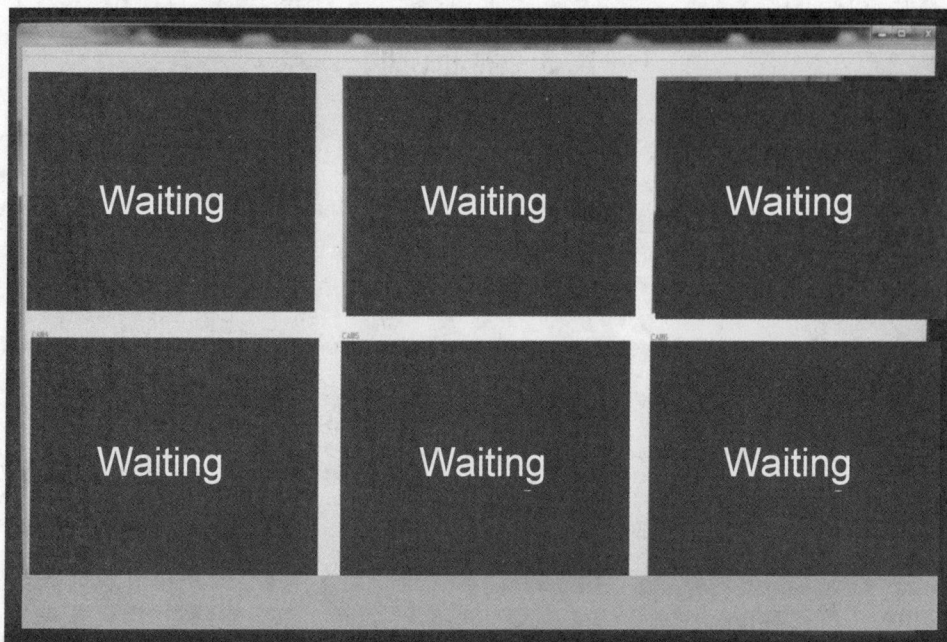

附图 B-2　系统启动

单击界面右上角×按钮，关闭程序，如附图 B-3 所示。

附图 B-3　关闭软件

B.3 界面说明

B.3.1 结果图像显示区

结果图像显示区如附图 B-4 所示，该区域用于显示识别后的结果图像，相应窗口相机每触发一次拍照，结果图像更新一次。当一台车拍照识别结束后，每个窗口显示相应相机最后一次拍照后识别的结果图像。

附图 B-4　结果图像显示区

当相机异常（相机未通电，网络不通，未触发拍照等），相应相机窗口会显示 NO CAM（见附图 B-5）。

B.3.2 功能及状态显示区

附图 B-6 为功能及状态显示区，图中界面中的不同按钮相应地代表了各自的功能。

（1）In use：表示相机正在被主控程序使用中。

（2）释放相机：关闭软件时必须先单击释放相机按钮，成功释放相机后 In use 位置显示为 OK，代表相机被成功释放。

（3）No save：表示程序是否正在保存图像。

（4）保存/取消：单击保存按钮，No save 将显示为 Saving，代表正在保存原始图像；单击取消按钮，Saving 将显示 No save，表示未保存原始图像（由于原

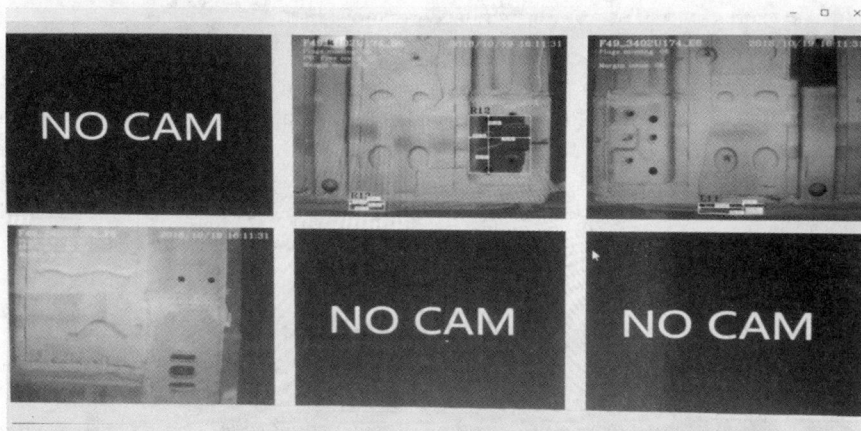

附图 B-5 相机异常图

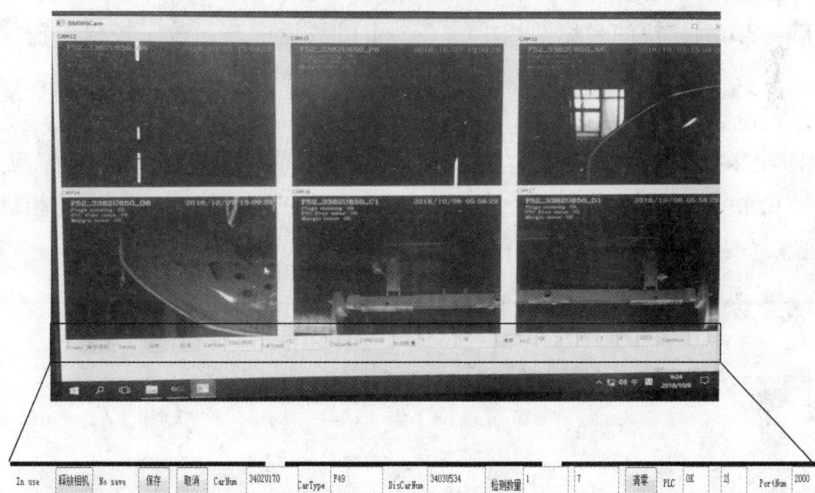

附图 B-6 功能及状态显示区

始图像空间较大，该功能仅用于为算法测试提供图像使用）。

（5）

| CarNum | 3402U170 | CarType | F49 | DisCarNum | 3403U534 |

。

1）CarNum：视觉检测工位车号。

2）CarType：视觉检测工位车型。

3）DisCarNum：大屏幕显示工位车号。

（6） 检测数量 | 1 | 7 | ，显示累计拍照次数以及检测的车辆次数。

（7）

| PLC | OK | 2 | PortNum | 2000 |

。

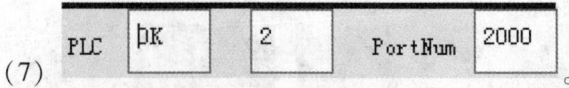

1）PLC 后两个窗口显示检测程序与主控程序的链接状态，以及 PLC 发送的拍照次数信息。若通信异常，显示 NOK。

2）PortNum：显示 PLC 通信端口号，IPC1 为 2000，IPC2 为 2001，IPC3 为 2002。

B.4　相机软件说明

桌面上 图标为相机自带的名称及 IP 地址设置软件，可用于查看相机状态。三台 IPC 均可以通过这个软件查看当前 IPC 所连接相机的名称以及 IP 地址。Device User ID 为相机的名称即相机编号，相机数量应该为该工控机应连接的相机数量，若某个编号的相机未显示，说明该相机未供电，或者网络不通，需要检查网线以及电源线。IP Address 为相机 IP 地址，Status 为相机的状态，其中 In use 为相机正在被使用，若为 OK 表示相机在线且可用。更换相机时，需要修改相机编号和 IP 地址，将默认的 Device User ID 和 IP 地址修改成相应的相机编号和 IP 地址（见附图 B-7 左下角的位置修改）。

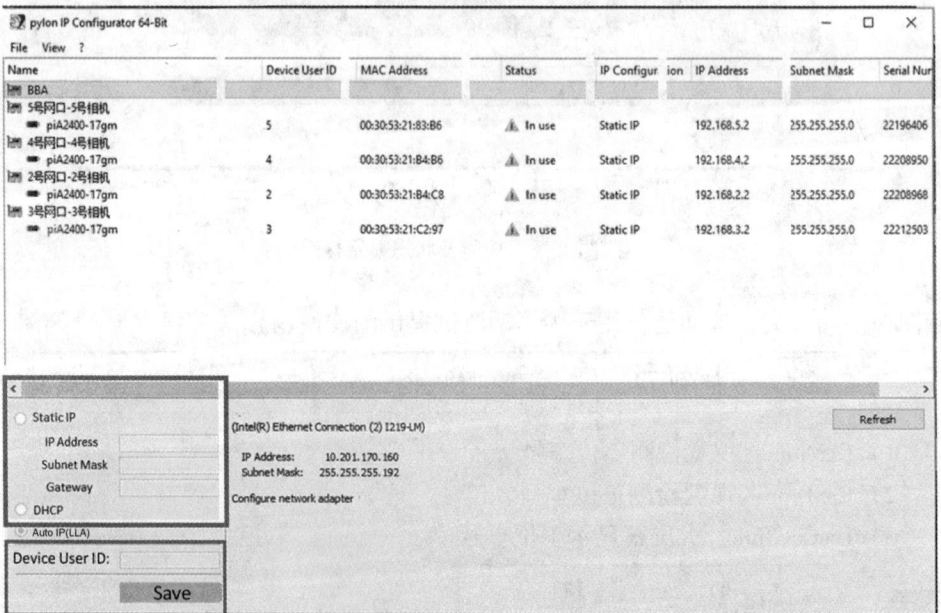

附图 B-7　相机软件说明

显示的 Device User ID 相机编号与相机外壳粘贴的标签对应，例如，ID 为 8 的相机对应现场标签为 CAM8 的相机。

B.5 主控程序接口

附图 B-8 为主控程序接口。

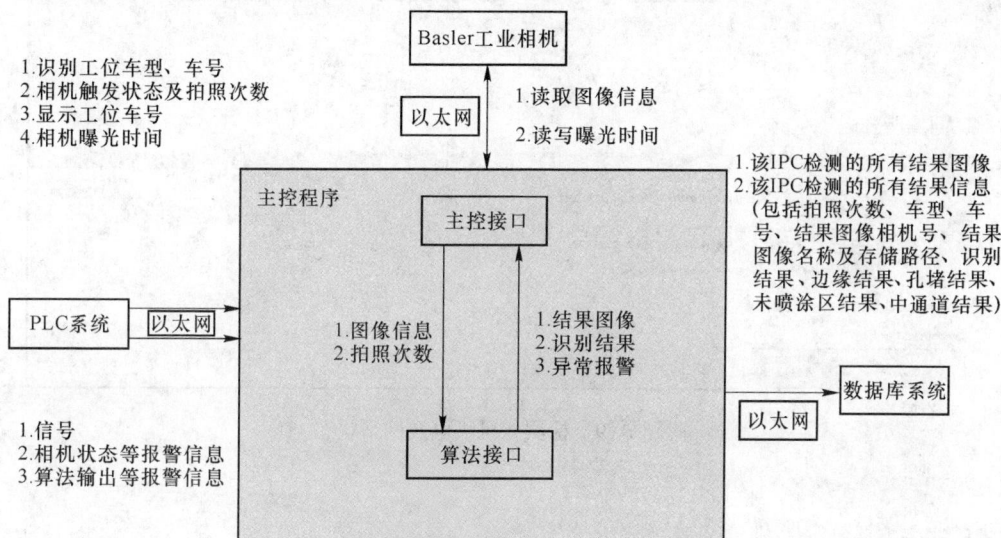

附图 B-8 主控程序接口

B.6 使用注意事项及故障处理

（1）由于图像检测对拍照顺序有严格要求，所以软件必须在车辆进入视觉检测工位之前启动，禁止在车辆已经进入检测工位后启动软件。

（2）PLC 显示为 NOK，工控机跟 PLC 通信异常。处理方法为检查 PLC 及网络通信是否正常。

（3）界面显示有 NO CAM 情况时，说明该位置相机存在异常。处理方法为检测相机供电及网络状态。附图 B-9 为检测相机供电及网络状态。

Name	Device User ID	MAC Address	Status	IP Configuration	IP Address	Subnet Mask	Serial Nur
BBA							
5号网口-5号相机							
piA2400-17gm	5	00:30:53:21:83:B6	⚠ In use	Static IP	192.168.5.2	255.255.255.0	22196406
4号网口-4号相机							
piA2400-17gm	4	00:30:53:21:B4:B6	⚠ In use	Static IP	192.168.4.2	255.255.255.0	22208950
2号网口-2号相机							
piA2400-17gm	2	00:30:53:21:B4:C8	⚠ In use	Static IP	192.168.2.2	255.255.255.0	22208968
3号网口-3号相机							
piA2400-17gm	3	00:30:53:21:C2:97	⚠ In use	Static IP	192.168.3.2	255.255.255.0	22212503

○ Static IP
IP Address:
Subnet Mask:
Gateway:
○ DHCP
◉ Auto IP(LLA)
Device User ID:
Save

(Intel(R) Ethernet Connection (2) I219-LM)
IP Address:　　10.201.170.160
Subnet Mask:　255.255.255.192
Configure network adapter

Refresh

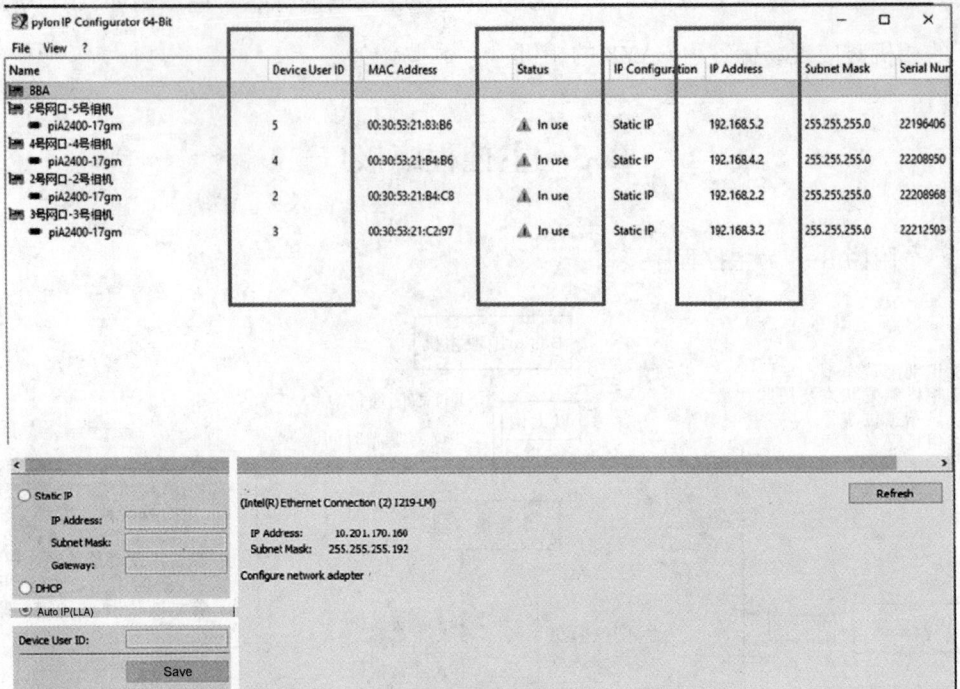

附图 B-9　检测相机供电及网络状态

附录 C PLC 程序下载和上载操作

C.1 PLC 程序下载

点击 图标打开 Step7 编程软件，如下图。

点击 "file" "open" 如下图。

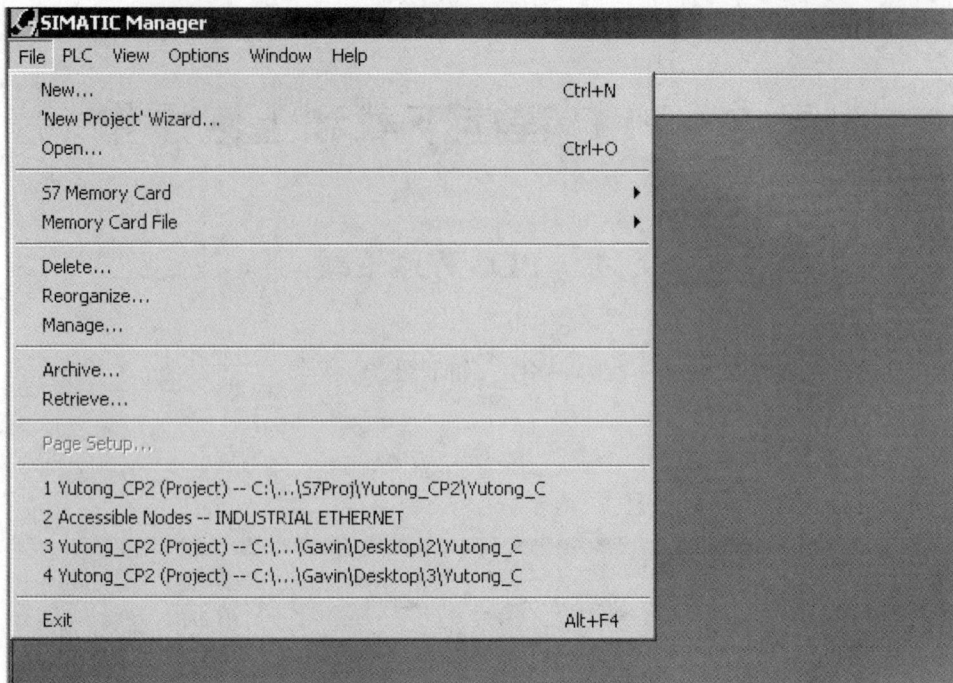

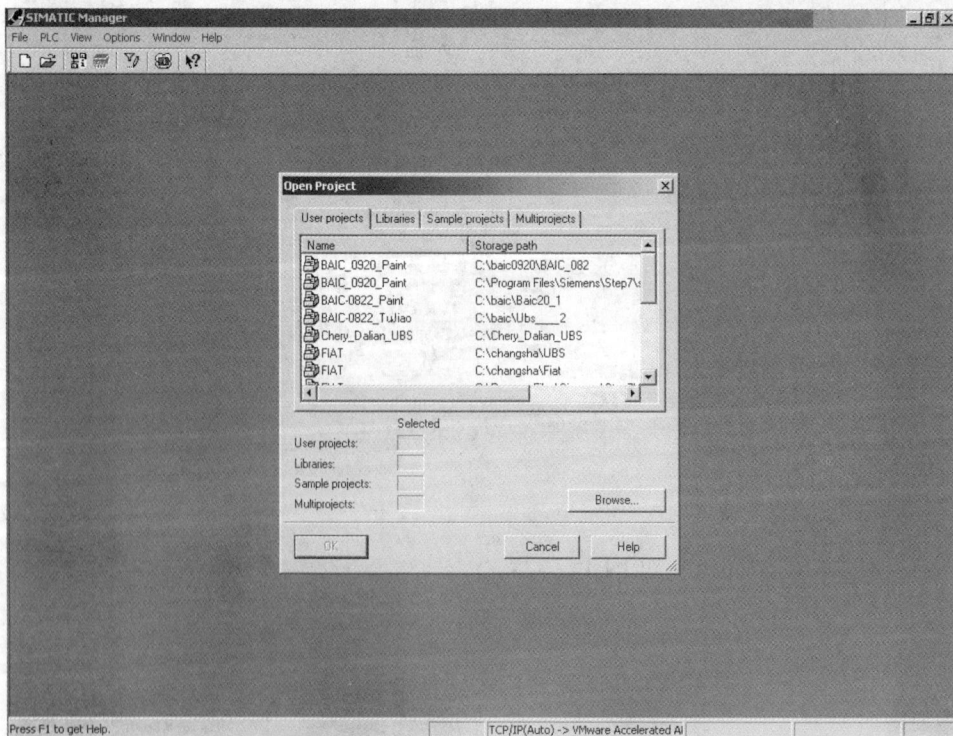

点击"Browse"选择要下载到 PLC 的程序，然后点击"OK"。

在下载和上载程序之前，必须确保电脑与 PLC 建立完整通信，在这里介绍两种方法：

（1）如果使用 MPI 电缆（物理性质为 RS-485 转 USB）连接 PLC 和电脑时，需要设置下图中的端口。

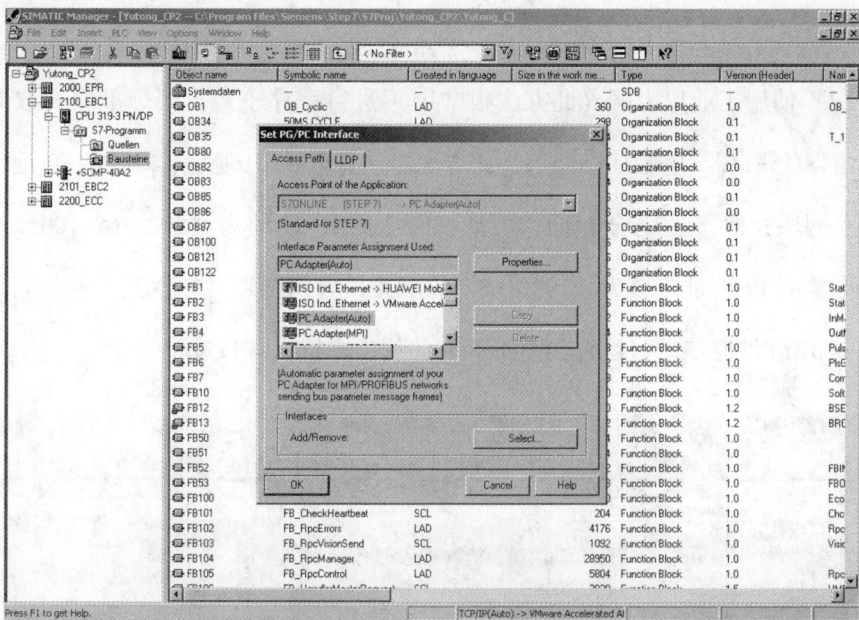

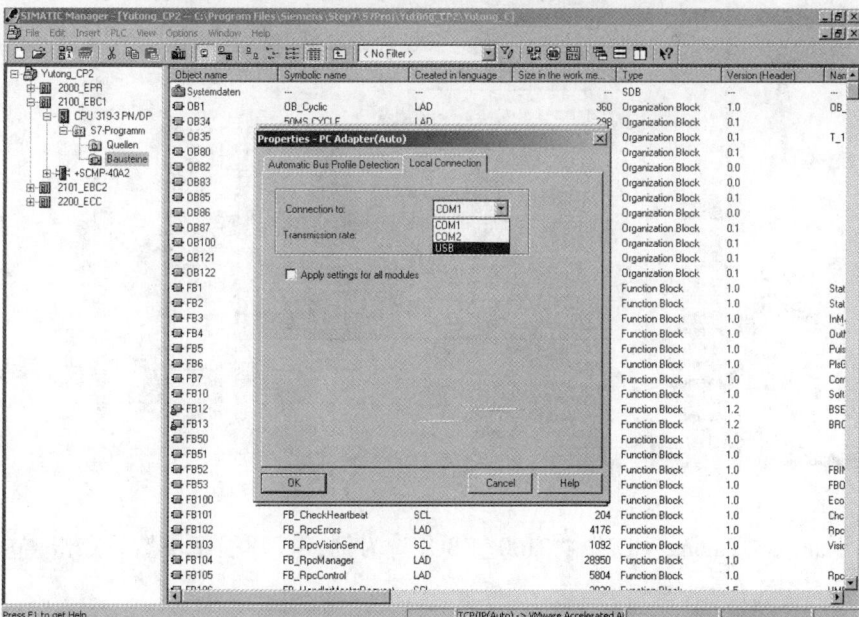

个人电脑端口驱动必须安装完整，如下图所示。

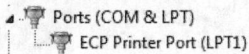

　　Ports (COM & LPT)
　　　ECP Printer Port (LPT1)

如果没有安装驱动，此处不会有"COM"之类端口出现，便不能建立通信。操作时 MPI 下载电缆 USB 端口连接电脑，RS-485 端口连接 CPU/DP 端口。

（2）使用工业以太网（此方法很常用）进行程序下载，用标准网线或者无线路由器使 PLC 与电脑建立通信，此方法需注意电脑 IP 地址、PLC 的 IP 地址需在同一网段，但不能完全相同，例如：PLC 的 IP 地址为"192.168.100.XXX"时，电脑的 IP 地址应该为"192.168.100.XXX"，但两者"XXX"不能相同。

Step7 软件通信端口设置如图所示（此例为虚拟机端口设置）。

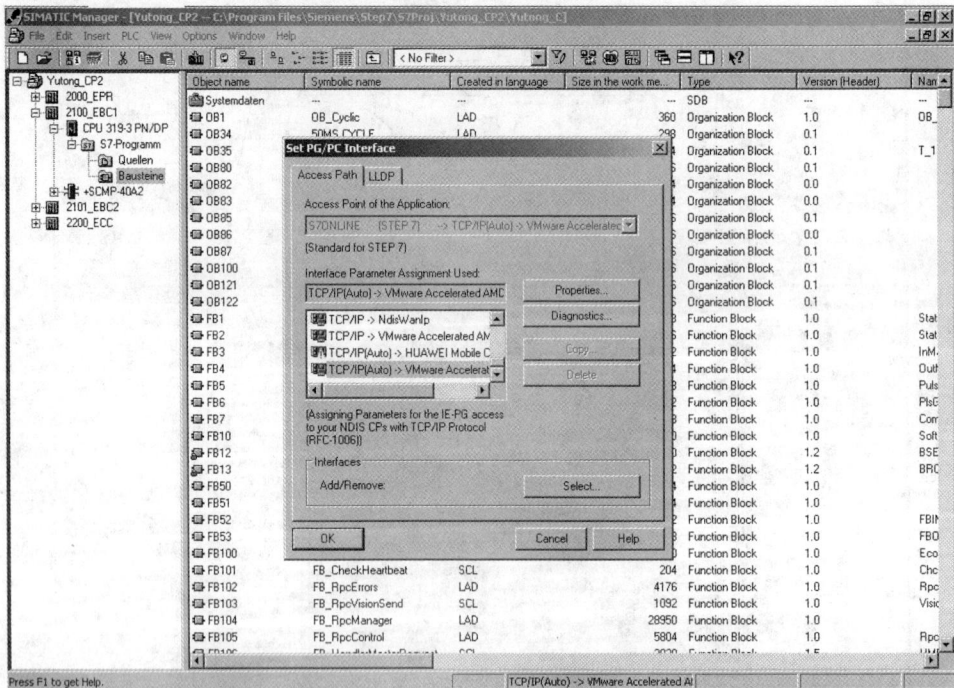

下面以"Yutong_CP2""2100_EBC1"为例，打开程序块然后点击 ▦ 图标会出现以下画面。

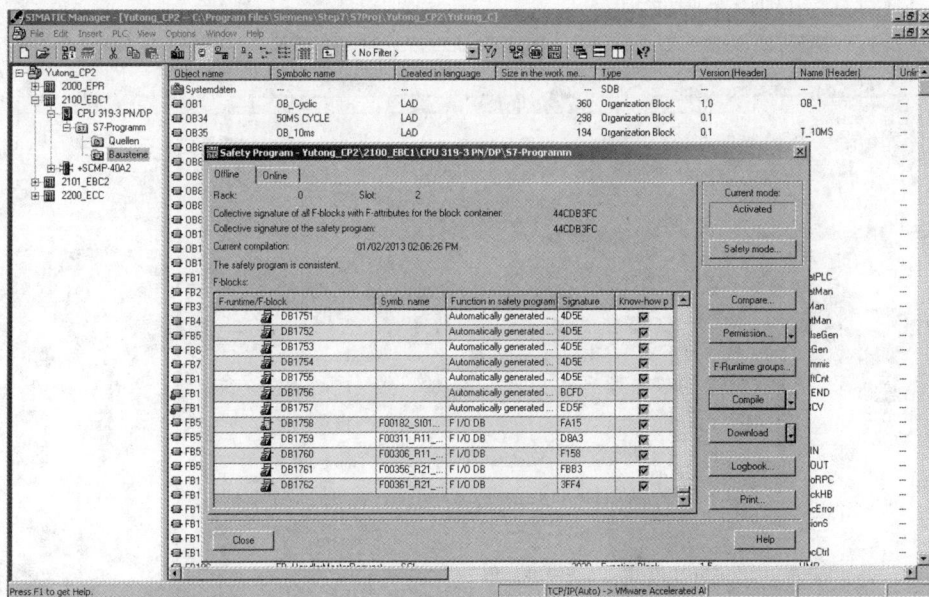

图中 F9FB8CDF 两个代码必须完全一致，才可进行下载，否则需要点击

Compile　对程序进行编译。如果只是对部分程序进行了改动，下载时我们

可以点击下图中的 "Download Changes" 进行程序下载，这样可以节省时间，如

果需要对所有程序进行下载就需要点击 "Download"。

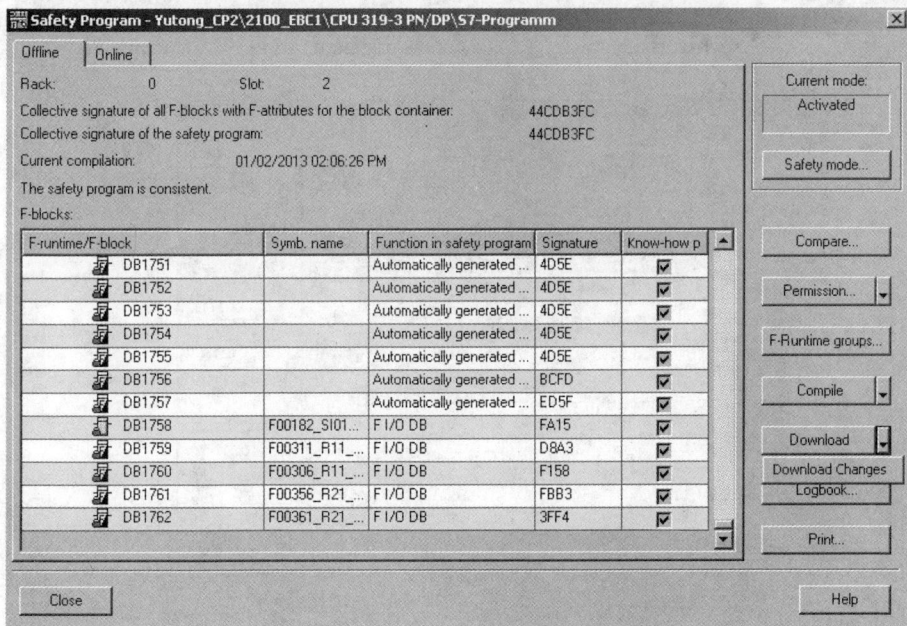

然后会出现以下画面。

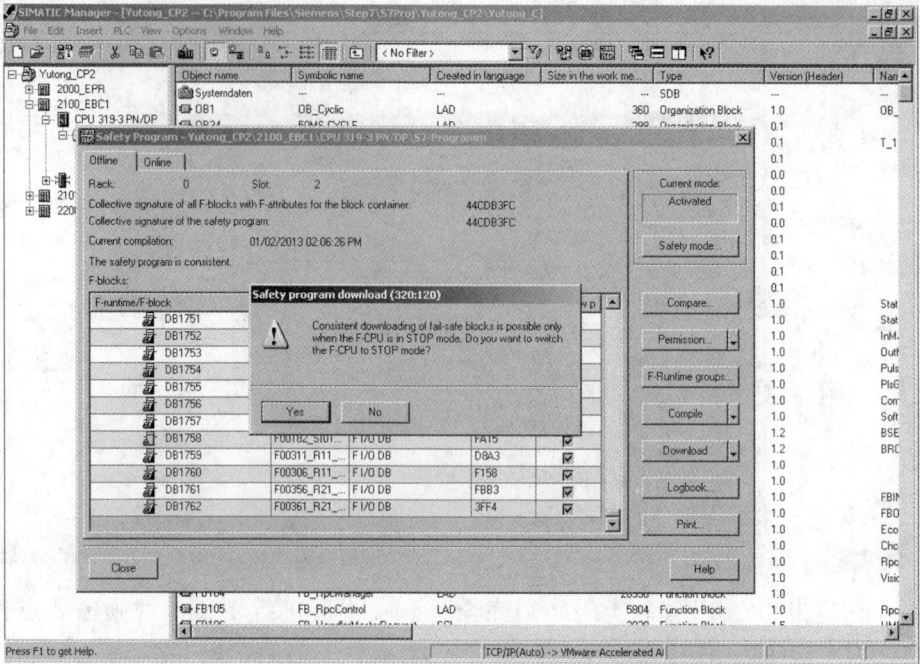

下载程序时 CPU 会从 RUN 切换到 Stop 状态，点击 YES 即可。

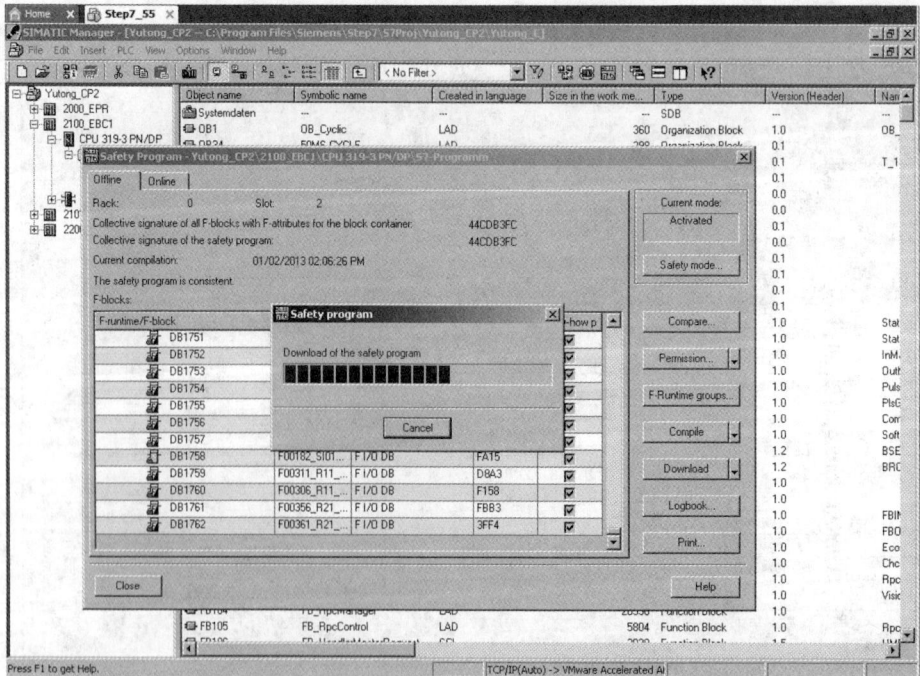

这里补充一下，每次下载程序之前最好对所有程序进行编译，然后在线将电脑与 CPU 里面的程序进行对比，看是否完全一致，具体操作如下：

编译程序：鼠标右键点击被选上图标，然后出现下图窗口。

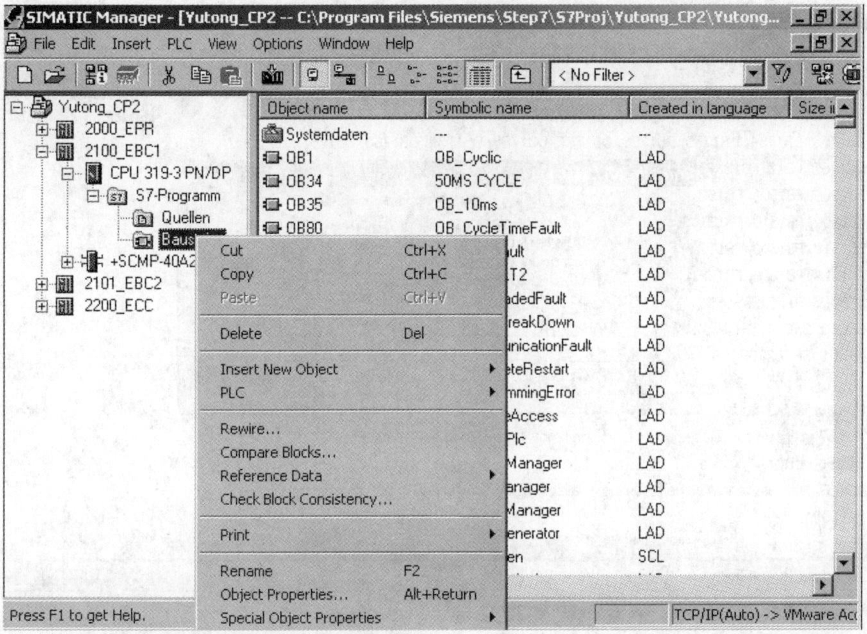

然后点击"Check block consistency…会出现下图。

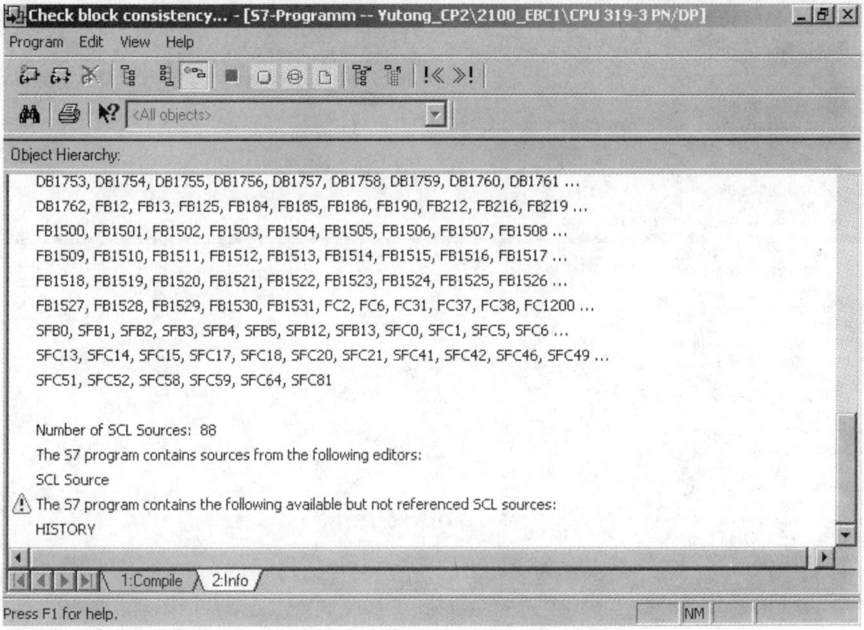

然后依次点击 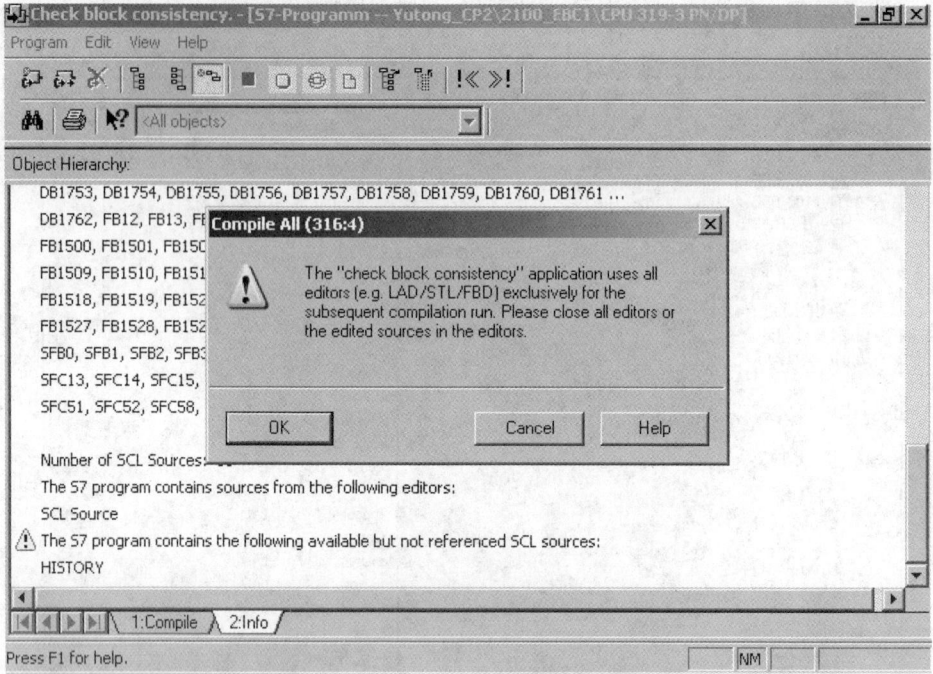 两个图标，会出现下图。

点击 "OK"。

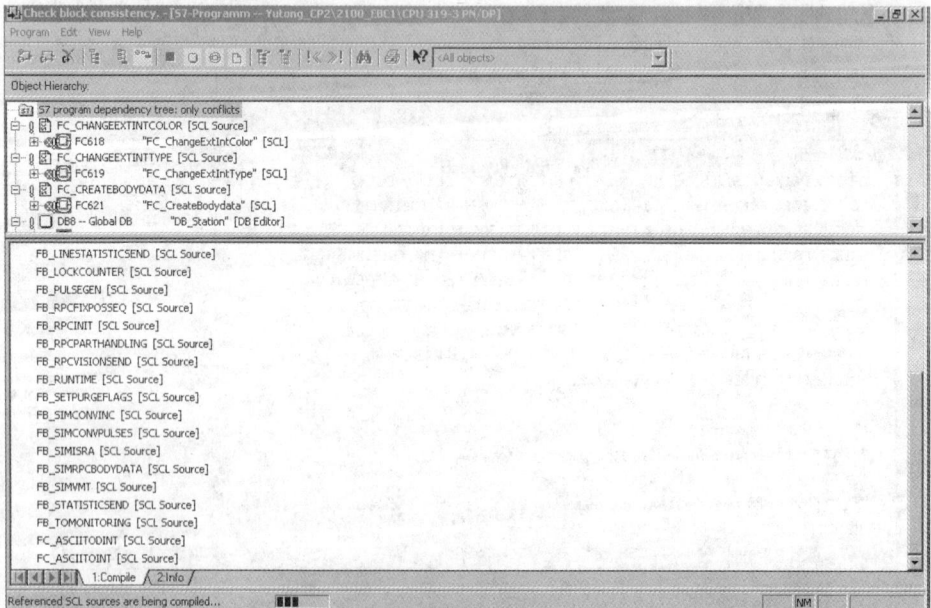

等到进度条读取完毕，看检查结果，如果无错误可进行比较。

如何在线比较程序？在下图中点击"Compare Blocks…"。

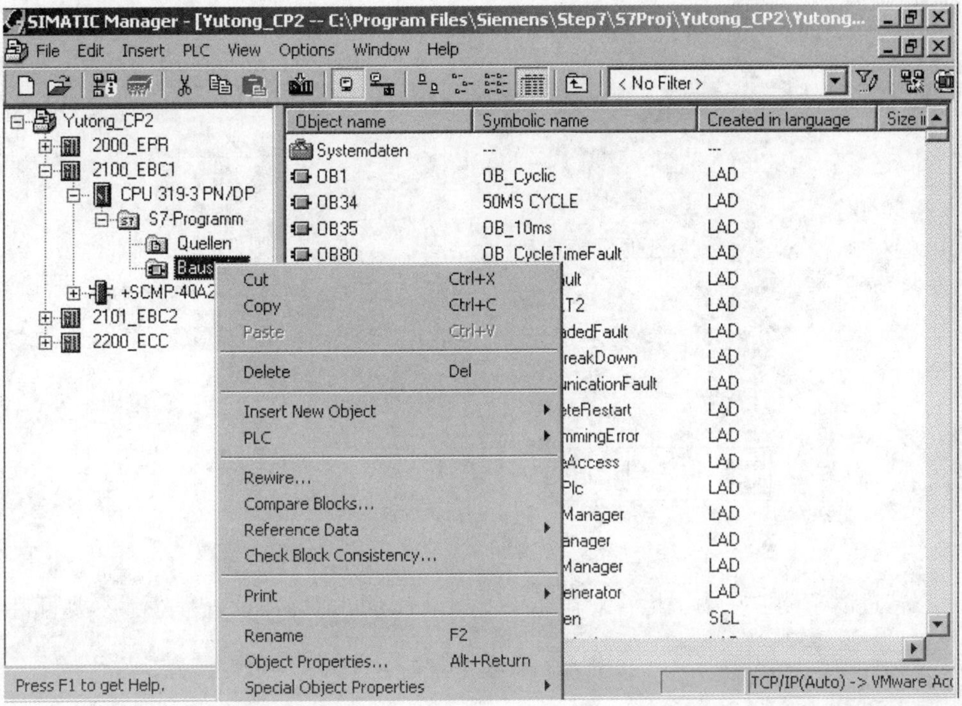

会出现下图，在线比较时选择"Compare time stamp only"，并点击"Compare"按钮进行在线比较 PLC 程序。

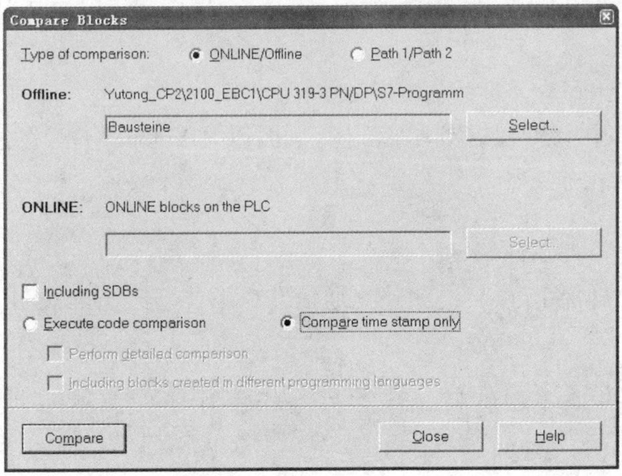

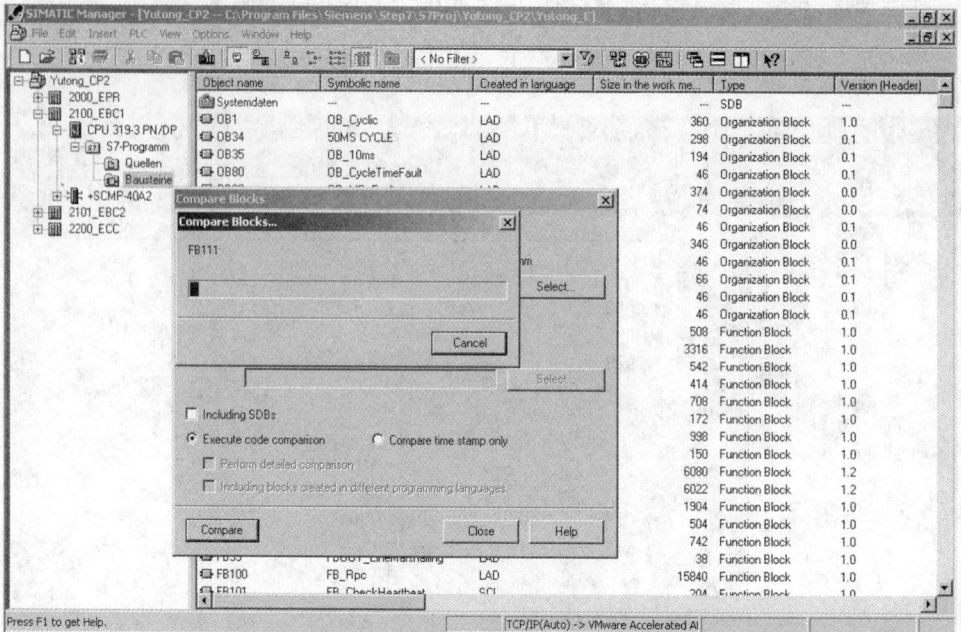

待进度条读取完毕, 检查对比结果。如果有不同之处需检查程序, 不要盲目进行下载。

C. 2 PLC 程序上载

如何从 PLC 中上传程序到电脑上? 下面以"Yutong_CP2""2101_EBC2"为例:

(1) 首先要确保 PLC 与电脑建立通信 (C.1 节已经详细说明)。

(2) 打开 编程软件, 任意打开一个程序如图所示, 然后依次点击"PLC""Upload station to PG..."。

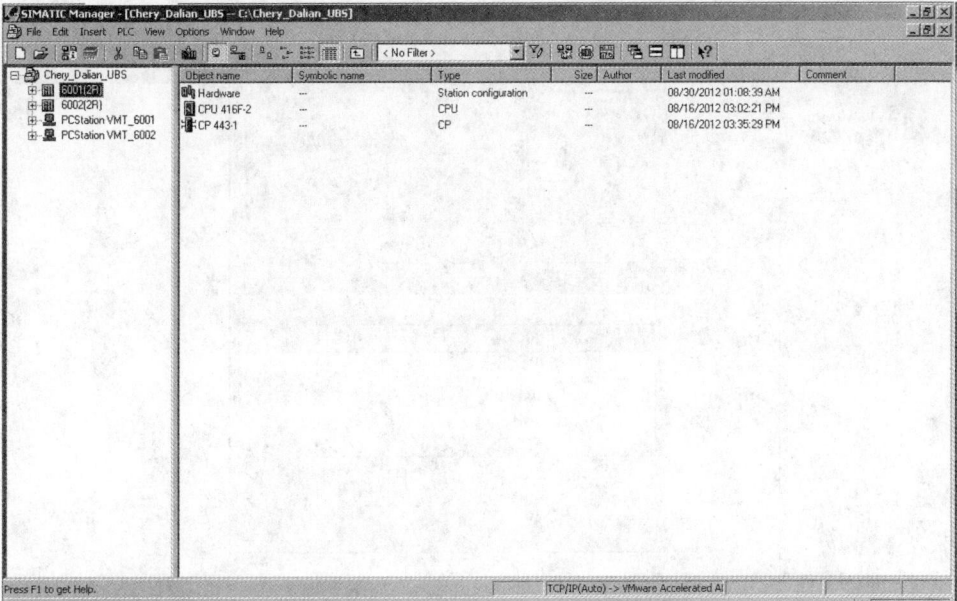

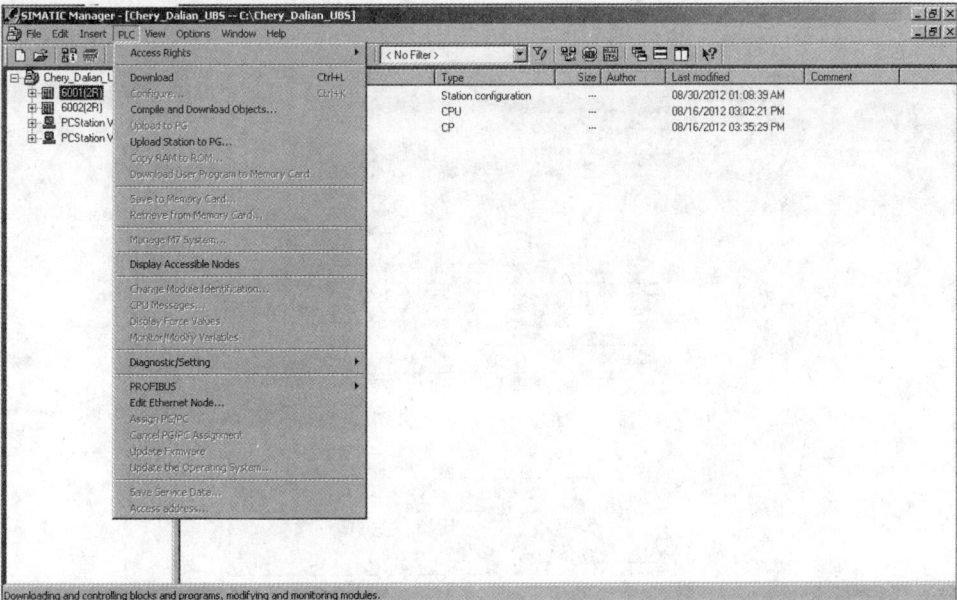

在下图中"Rack"处选择"0","Slot"处选择"2"（因为对于西门子 PLC 来说 2 号槽为 CPU 安装位置），然后点击"View"会出现下图。

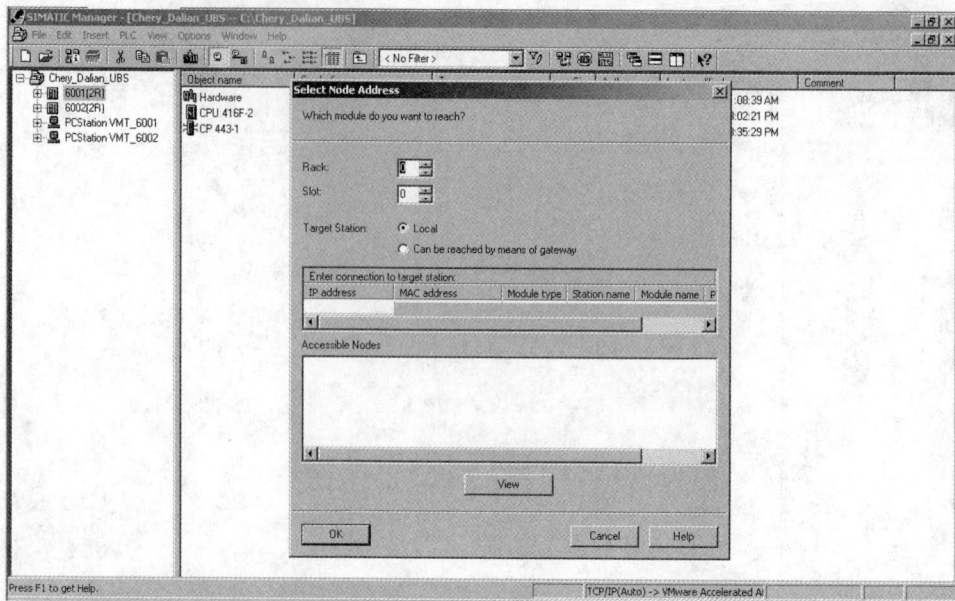

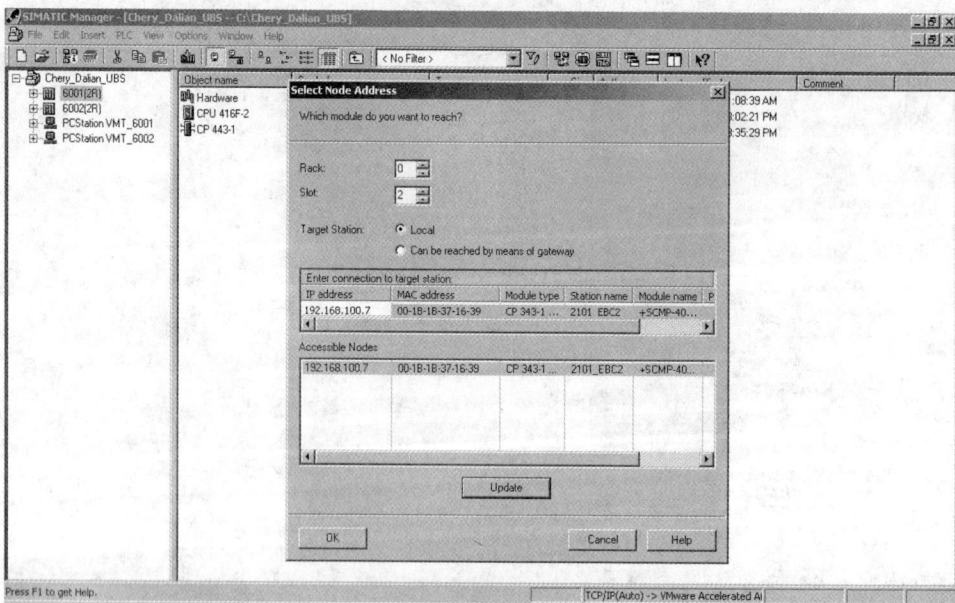

然后点击"OK",会出现下图。

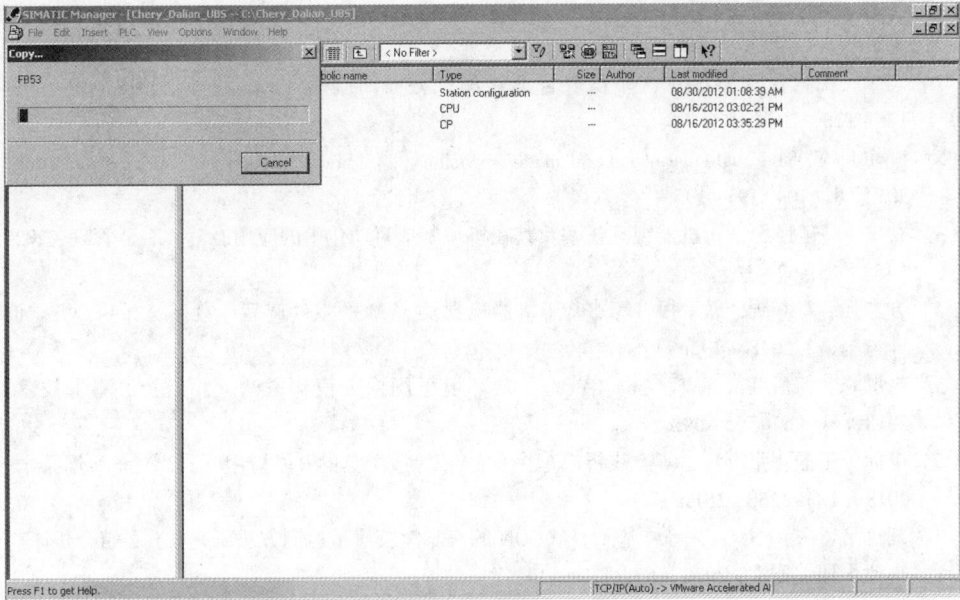

　　待进度条读取完毕后即可，上载程序会出现在下图中所示位置，这样便完成了 PLC 程序的上载操作。

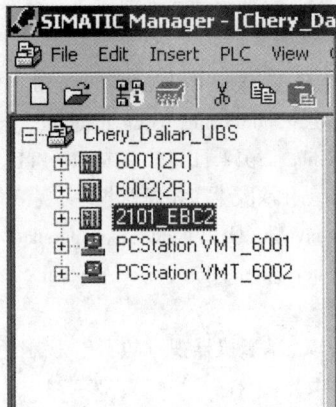

参 考 文 献

[1] 李沫. 视觉检测系统在汽车仪表自动化测试方面的应用 [J]. 软件, 2018, 39 (5): 126~128, 193.

[2] Pavlidis T. The challenge of general machine vision [J]. Signal, Image and Video Processing, 2014, 8 (1): 191~195.

[3] 甘泉, 马运强. 试析机器视觉技术及其在机械制造自动化中的应用 [J]. 冶金管理, 2020 (15): 68~69.

[4] 方志强, 肖书浩, 熊禾根, 等. 基于机器视觉及 SVM 的零件产品计数系统 [J]. 机械设计与制造, 2018, 40 (7): 37~40.

[5] 赵世峰, 何哲健. 基于 Open CV 的复杂环境下图像二值化方法 [J]. 电子测量技术, 2018, 41 (6): 55~59.

[6] 申标, 王振, 张五青, 等. 浅析汽车涂装 PVC 涂胶工具的开发应用 [J]. 汽车实用技术, 2018 (18): 260~261.

[7] 刘克平, 乔宇, 李岩, 等. 基于 HALCON 的汽车涂胶质量检测方法研究 [J]. 组合机床与自动化加工技术, 2020 (6): 111~114.

[8] 李莹, 林晓泽. PVC 车底涂料喷涂扇面缺陷控制 [J]. 现代涂料与涂装, 2018, 21 (8): 67~69.

[9] 朱立忠, 陈美洋. 一种基于机器学习的汽车涂胶缺陷检测研究 [J]. 沈阳理工大学学报, 2018, 37 (4): 18~22.

[10] 杨杨. 基于机器视觉的服务机器人智能抓取研究 [D]. 内蒙古: 内蒙古大学, 2014.

[11] 尹世斌, 任永杰, 刘涛, 等. 机器视觉技术在现代汽车制造中的应用综述 [J]. 光学学报, 2018, 38 (8): 11~22.

[12] Chethan Y D, Ravindra H V, Krishne Gowda Y T, et al. Parametric optimization in drilling EN-8 tool steel and drill wear monitoring using machine vision applied with taguchi method [J]. Procedia Materials Science, 2014, 1 (5): 1442~1449.

[13] 朱云娟, 胡瑞. 汽车前门自动化涂胶生产线规划 [J]. 装备维修技术, 2017 (Z1): 51~55.

[14] Pablo A, Castelán M, Arechavaleta G. Vision based persistent localization of a humanoid robot for locomotion tasks [J]. International Journal of Applied Mathematics and Computer Science, 2016, 15 (10): 669~682.

[15] 李奎, 陈曼龙, 燕立志, 等. 基于机器视觉的石墨密封圈表面质量检测方法 [J]. 陕西理工大学学报 (自然科学版), 2021, 37 (2): 29~34.

[16] 潘武, 张莉彦, 徐俊成. 基于机器视觉的工件的在线检测 [J]. 组合机床与自动化加工技术, 2012 (7): 124~128.

[17] 李培源. 基于主动视觉的机械臂目标抓取系统设计 [J]. 电工技术, 2018 (18): 133~135.

[18] 许凡. 视觉引导的抓取机器人控制技术的研究与开发 [D]. 无锡: 江南大学, 2014.

[19] 郭亚峰. 基于机器视觉的产品表面缺陷在线检测系统的设计 [D]. 苏州: 苏州大学, 2014.

[20] 张磊, 张鑫, 贾磊, 等. 一种基于形状匹配的零件位置检测技术 [J]. 机电一体化,

2018, 24（4）：52~57.

[21] 潘云峰，杨帆，杨斌. 基于机器视觉的零件尺寸测量系统设计研究 [J]. 山东工业技术, 2017, 20（119）：138.

[22] Nasha S, Abdullah A, Abdullah M. Machine vision for crack inspection of biscuits featuring pyramid detection scheme [J]. Journal of Food Engineering, 2014（120）：233~247.

[23] 张永波. 基于机器视觉的产品零件尺寸检测技术研究 [D]. 秦皇岛：燕山大学, 2017.

[24] 唐玲，陈明举，杨平先. 基于机器视觉的车辆距离测量系统设计 [J]. 实验室研究与探索, 2018, 35（3）：56~59.

[25] 王静强. 基于二维和三维视觉信息的钢轨表面缺陷检测 [D]. 四川：西南科技大学, 2018.

[26] Jinlin X, Lei Z, Grif T. Variable field-of-view machine vision based row guidance of an agricultural robot [J]. Elsevier Journal, 2012, 10（10）：85~91.

[27] 王俊艳. 彩色印刷图像套准视觉检测系统的设计与实现 [D]. 石家庄：河北科技大学, 2018.

[28] 陆文俊. 小孔径工件的内外壁视觉检测系统研究 [D]. 上海：上海交通大学, 2014.

[29] 赵冬媛. 图像测量中综合标定算法的研究 [D]. 沈阳：辽宁大学, 2012.

[30] 王佳炎. 基于机器视觉的车用灯泡检测系统研究 [D]. 天津：天津工业大学, 2017.

[31] 杨康. 基于机器视觉的工业镜头的设计 [D]. 福州：福建师范大学, 2013.

[32] Asadi V, Raoufat M, Nassirn S. Fresh egg mass estimation using machine vision technique [J]. De Gruyter, 2012, 102（6）：229~234.

[33] 邹源. 光环境测试系统精确性研究 [D]. 天津：天津大学, 2010.

[34] Delfin J, Hector M, Becerra, et al. Visual servo walking control for humanoids with finite-time convergence and smooth robot velocities [J]. Taylor journal, 2016, 10（10）：1342~1358.

[35] 毕竞. 关于 LED 照明灯具与传感器技术的研究 [J]. 中国战略新兴产业, 2018（10）：10~11.

[36] 李晔晔. 基于 LED 照明灯具散热片的设计与分析 [J]. 技术与市场, 2012（3）：22~26.

[37] 胡仁伟. 光滑零件表面缺陷检测系统设计与实现 [D]. 成都：电子科技大学, 2018.

[38] 张丛. 机器视觉轨道缺陷检测成像系统的研究 [D]. 南昌：南昌大学, 2017.

[39] 商会超，杨锐，段梦珍，等. 机器视觉照明系统的关键技术分析 [J]. 中原工学院学报, 2016, 27（3）：16~21.

[40] 李飞，彭佳，钟海政. 以 LED 为光源的生命医疗前沿技术进展 [J]. 生命科学仪器, 2018, 16（Z1）：144~152.

[41] 何新宇，赵时璐，赵天宇. 机器视觉的研究及应用发展趋势 [J]. 机械设计与制造, 2020（10）：281~283, 287.

[42] Pangal D J, Kugener G, Shahrestani S, et al. A guide to annotation of neurosurgical intraoperative video for machine learning analysis and computer vision [J]. World Neurosurgery, 2021, 150：26~30.

[43] 罗赟. 基于视觉识别的线缆绝缘层厚度在线检测研究 [J]. 中国设备工程, 2021（7）：216~217.

［44］ Zhuxin Z, Jian G. Ball's motion estimation using a line-scan camera ［J］. Measurement Science Review, 2011, 11 (6)：185~191.

［45］ 杨锐 . 机器视觉照明技术与装置实验研究 ［D］. 郑州：中原工学院, 2016.

［46］ 赖伊琦, 刘益民, 陈锦儒 . 机器视觉系统中的光源控制器的设计与研究 ［J］. 电脑知识技术, 2015, 11 (14)：195~196.

［47］ 聂振宇 . 金属部件表面缺陷视觉检测系统研究 ［D］. 长沙：中南大学, 2013.

［48］ 柳宗浦 . 基于机器视觉的小型金属部件表面缺陷检测系统 ［D］. 上海：东华大学, 2009.

［49］ 龚爱平 . 基于嵌入式机器视觉的信息采集与处理技术研究 ［D］. 杭州：浙江大学, 2013.

［50］ 杨欣宇, 李诚, 张宏烈 . 基于嵌入式机器视觉信息采集系统的设计与实现 ［J］. 科学技术与工程, 2016, 16 (12)：285~290.

［51］ 杨培, 陈沿锦, 贾金芳, 等 . 一种改进的快速迭代阈值选择算法 ［J］. 青海大学学报, 2018, 36 (3)：34~39.

［52］ Eric J, Gozli G, David C, et al. A new stereo matching algorithm based on adaptive weight SAD algorithm and census algorithm ［J］. Bulletin of Surveying and Mapping, 2018 (11)：11~15.

［53］ 李乐鹏, 孙水发, 夏冲, 等 . 直方图均衡技术综述 ［J］. 计算机系统应用, 2014, 23 (3)：1~8.

［54］ 李博, 陈燕, 邹湘军, 等 . 基于二次阈值分割的方向倒脚匹配工件识别 ［J］. 计算机工程与设计, 2016, 37 (3)：720~724.

［55］ 张小辉, 邹闽强, 马云青, 等 . 基于机器视觉的氮化硅陶瓷轴承表面缺陷检测技术 ［J］. 中国陶瓷工业, 2021, 28 (2)：50~52.

［56］ 赵东明, 田雷 . 基于计算机视觉的电信运营商智能巡检机器人技术研究 ［J］. 电信工程技术与标准化, 2021, 34 (4)：51~56.

［57］ 陈志伟, 李世峰, 刘锋 . 基于改进 Otsu 算法的芯片识别分类系统 ［J］. 微电子学与计算机, 2021, 38 (4)：6~10.

［58］ 王江, 柳国栋, 张玉鑫, 等 . 基于机器视觉的机械指针式仪表的读数识别方法 ［J］. 电子测试, 2021 (7)：62~64.

［59］ 付晓云 . 基于机器视觉的典型零件几何尺寸检测系统的设计 ［J］. 仪表技术, 2021 (2)：32~35.

［60］ 万江云 . 简述机器视觉技术在汽车零部件的应用 ［J］. 内燃机与配件, 2021 (6)：213~214.

［61］ 马若斌 . 基于机器视觉的小型无人直升机障碍规避系统设计与实现 ［D］. 上海：上海交通大学, 2011.

［62］ 唐雪莲 . 蜡染跟踪印花图像处理算法的研究 ［D］. 武汉：华中科技大学, 2012.

［63］ 朱阳芬, 银冬平, 邹舜章, 等 . 机器视觉在汽车行业中的发展与应用 ［J］. 汽车实用技术, 2017 (22)：8~11.

［64］ 潘磊, 赵亮, 刘丁丁, 等 . 基于车牌号码识别的机器视觉系统设计 ［J］. 中国设备工程, 2018 (11)：160~162.

[65] 邹浩，郭雨婷，李佳盈，等．基于 OPENMV 的色彩引导机器人系统研究 [J]．科技资讯，2018，16（25）：85~86.

[66] Kim W S, Oh J H, Chung Y S, et al. The detection of curve-type defects in the tft-lcd panels with machine vision [C] // Tencon 2005 IEEE Region. IEEE, 2007：1~5.

[67] Kunakornvong P, Sooraksa P. Machine vision for defect detection on the air bearing surface [C] // International Symposium on Computer, Consumer and Control. IEEE, 2016：37~40.

[68] Huang H, Hu C, Wang T, et al. Surface defects detection for mobilephone panel workpieces based on machine vision and machine learning [C] //IEEE International Conference on Information and Automation. IEEE, 2017：370~375.

[69] Baygin M, Karakose M, Sarimaden A, et al. Machine vision based defect detection approach using image processing [C] //International Artificial Intelligence and Data Processing Symposium, 2017：1~5.

[70] Mehra T, Kumar V, Gupta P. Maturity and disease detection in tomato using computer vision [C] // Fourth International Conference on Parallel, Distributed and Grid Computing. IEEE, 2017：399~403.

[71] Unay D, Gosselin B. Thresholding-based segmentation and apple grading by machine vision [C] // Signal Processing Conference, 2005, European. IEEE, 2015：630~633.

[72] Wang L, Li A, Tian X. Detection of fruit skin defects using machine vision system [C] // Sixth International Conference on Business Intelligence and Financial Engineering. IEEE, 2014：44~48.

[73] Rahman M F, Akhter S N, Alam M J, et al. Detection of cervical cancer through visual inspection of cervix with acetic acid (VIA) and colposcopy at mymensingh medical college hospital [J]. Medical Journal, 2016, 25（3）：402~409.

[74] Asadi V, Raoufat M, Nassirn S. Fresh egg mass estimation using machine vision technique [J]. International Agrophysics, 2012, 102（6）：229~234.

[75] 刘瑞媛，茅健，陆文超．汽车精密零件外观缺陷视觉检测方法研究 [J]．计算机与数字工程，2021，49（2）：383~387.

[76] Pablo A, Castelán M, Arechavaleta G. Vision based persistent localization of a humanoid robot for locomotion tasks [J]. International Journal of Applied Mathematics and Computer Science, 2016, 15（10）：669~682.

[77] Schmidt C, Denkena B, Hocke T, et al. Influence of AFP process parameters on the temperature distribution used for thermal in-process monitoring [J]. Procedia CIRP, 2017：66~69.

[78] 康晶．图像分析在工业生产中的应用 [D]．南京：南京邮电大学，2015.

[79] 赵巧敏．机器视觉行业投资分析报告 [J]．机器人技术与应用，2015（5）：12~24.

[80] 万江云．简述机器视觉技术在汽车零部件的应用 [J]．内燃机与配件，2021（6）：213~214.

[81] 林义忠，陈旭．基于机器视觉的机器人定位抓取的研究进展 [J]．自动化与仪器仪表，2021（3）：9~12.

[82] 昝杰，胥光申，金守峰．基于机器视觉算法的高速工业机械手定位控制方法 [J]．自动

化与仪器仪表, 2021 (3): 22~24, 28.

[83] 刘宇, 侯北平. 基于机器视觉的导体计数方法研究 [J]. 科技与创新, 2021 (6): 82~83, 85.

[84] 张杨. 人工智能背景下基于视觉引导的工业机器人拾取技术研究——评《工业机器人视觉技术及应用》[J]. 机械设计, 2021, 38 (3): 150.

[85] 董征, 王泰华, 耿天普. 基于机器视觉的矿用带式输送机自动调速系统 [J]. 煤矿机械, 2021, 42 (3): 60~62.

[86] Huang Y S, Chen Y C, Chen M L, et al. Comparing visual inspection, aerobic colony counts, and adenosine triphosphate bioluminescence assay for evaluating surface cleanliness at medical center [J]. American Journal of Infection Control, 2015, 43 (8): 882~886.

[87] 朱云, 凌志刚, 张雨强, 等. 机器视觉技术研究进展及展望 [J]. 图学学报, 2020, 41 (6): 871~890.

[88] 陈锦锋, 苏洪钿. 面向机器视觉的数字化 LED 光源控制器 [J]. 电子制作, 2014 (4): 56~57.

[89] 宁祎, 李显. 基于机器视觉的汽车滤芯密封性在线检测 [J]. 机床与液压, 2021, 49 (4): 107~111.

[90] 崔岳, 基于机器视觉的智能制造系统图像识别技术研究 [J]. 信息记录材料, 2020, 21 (10): 217~219.

[91] 黄志鹏, 郁汉琪, 张聪, 等. 机器视觉的发展及应用 [J]. 信息与电脑 (理论版), 2020, 32 (17): 127~129.

[92] 杜建军, 郭新宇, 王传宇, 等. 基于全景图像的玉米果穗流水线考种方法及系统 [J]. 农业工程学报, 2018, 34 (13): 195~202.

[93] 李鹏, 张安扩. 汽车涂装 PVC 免烘烤工艺应用实例 [J]. 现代涂料与涂装, 2013, 16 (2): 64~66.

[94] 黄涛, 苏松源, 杜长青. 一种基于视频的多目标追踪与分割算法 [J]. 计算机技术与发展, 2021, 31 (3): 95~99.

[95] 李兆基, 姜思旭, 刘宇奇, 等. 汽车制造中的机械自动化技术应用 [J]. 中国新技术新产品, 2020 (15): 56~57.

[96] 胡天林, 林春, 李继芳, 等. 基于多传感器信息系统的三轮全向机器人的研究 [J]. 机器人技术与应用, 2014 (1): 31~33.

[97] 陈锦儒, 刘萱, 何家忠. 基于机器视觉的边缘缺陷检测实验装置开发 [J]. 自动化与仪器仪表, 2021 (2): 116~118, 122.

[98] 刘瑞媛, 茅健, 陆文超. 汽车精密零件外观缺陷视觉检测方法研究 [J]. 计算机与数字工程, 2021, 49 (2): 383~387.

[99] 蔡聪艺. 基于稀疏成像与机器视觉的金属材料次表面缺陷检测方法 [J]. 齐齐哈尔大学学报 (自然科学版), 2021, 37 (1): 1~5, 25.

[100] 余厚云, 张辉. 汽车涡轮壳零件表面质量视觉检测 [J]. 自动化仪表, 2020, 41 (11): 6~10.

［101］张涛，刘玉婷，杨亚宁，等．基于机器视觉的表面缺陷检测研究综述［J］．科学技术与
　　　　工程，2020，20（35）：14366～14376.

［102］吴强，崔跃利，张耀．基于机器视觉的零件缺陷检测算法［J］．科学技术创新，2018
　　　　（26）：65～66.

［103］李智慧，华云松．表面缺陷检测中工件与光源相机位置关系研究［J］．电子科技，2018，
　　　　31（5）：66～68，72.